LES ZOOM'S



DOMINIQUE GRANDGUILLOT

# LE DROIT SOCIAL

## Droit du travail
## Droit de la protection sociale



17e ÉDITION
2015-2016

Gualino
lextenso éditions

## Du même auteur

### Collection Les Zoom's

- Les institutions de la France – 1re édition
- Les institutions de l'Union européenne – 1re édition

### Collection Expertise Comptable

- Carrés DCG 3 – Droit social – 2015-2016

### Collection En Poche

- Social 2015 (édition annuelle en janvier)
- Paie 2015 (édition annuelle en janvier)
- Institutions de l'Union européenne – 2015-2016
- Institutions de la Ve République – 2015-2016
- Collectivités territoriales en France – 2015-2016


70, rue du Gouverneur Général Éboué
92131 Issy-les-Moulineaux cedex
ISBN 978 - 2 - 297 - 04815 - 6
ISSN 1288-8184

# Présentation

*Les règles du Droit social** concernent, dans leur vie quotidienne, toutes les entreprises comme tous les particuliers. Elles concernent également les nombreux étudiants qui, engagés dans les filières de l'enseignement de la gestion et de l'enseignement juridique, sont confrontés à une épreuve de Droit social.*

*La nouvelle édition 2015-2016 de ce livre de la collection « **Les Zoom's** » développe en deux grandes parties l'**ensemble des règles du Droit social actuellement en vigueur** :*

- *la première, sur **le Droit du travail** traite des différents acteurs de la vie sociale, de la formation professionnelle, de la négociation collective, de l'embauche, des différents contrats de travail, des modes de rupture du contrat de travail, du salaire, des conditions de travail (la durée du travail, les congés, l'hygiène et la sécurité…), de la repésentation collective des salariés et des conflits individuels et collectifs ;*
- *la deuxième, sur **le droit de la protection sociale** traite de la Sécurité sociale, de l'assurance maladie, de l'assurance vieillesse, des accidents du travail et des maladies professionnelles, des prestations familiales, de la couverture maladie universelle (CMU), du revenu de solidarité active (RSA), de la prévoyance complémentaire et de l'indemnisation des salariés sans emploi.*

*Tout y est développé, méthodiquement décrit et expliqué pour constituer le **véritable guide social** qui permettra à l'étudiant d'apprendre et de **maîtriser les règles du Droit social**.*

*Cette 17e édition 2015-2016 est à jour de l'**ensemble des textes législatifs et réglementaires les plus récents**, notamment la loi garantissant l'avenir et la justice du système de retraite, la loi relative à la formation professionnelle, à l'emploi, à la démocratie sociale, la loi relative à l'économie sociale et solidaire, et les lois de l'été 2015 (lois Macron et Rebsamen).*

# Liste des abréviations utilisées

AAH : Allocation aux adultes handicapés
ACOSS : Agence centrale des organismes de Sécurité sociale
AGFF : Association pour la gestion du Fonds de financement de l'AGIRC et de l'ARRCO
AGIRC : Association générale des institutions de retraites des cadres
AGS : Association pour la gestion du régime d'assurance des créances des salariés
ANAEM : Agence nationale de l'accueil des étrangers et des migrantsi
APA : Allocation personnalisée d'autonomie
APEC : Association pour l'emploi des cadres
ARE : Allocation d'aide au retour à l'emploi
ARRCO : Association des régimes de retraite complémentaires
ASP : Allocation de sécurité professionnelle
ASPA : Allocation de solidarité aux personnes âgées
ASS : Allocation de solidarité spécifique
AT : Accident de travail
ATA : Allocation temporaire d'attente
BDES : Base de données économiques et sociales
CAE : Contrat d'accompagnement dans l'emploi
CAF : Caisse d'allocations familiales
CARSAT : Caisse d'assurance retraite et de la santé au travail
CC : Convention collective
CDD : Contrat à durée déterminée
CDI : Contrat à durée indéterminée
CE : Comité d'entreprise
CHSCT : Comité hygiène, sécurité et conditions de travail
CIE : Contrat initiative emploi
CIF : Congé individuel de formation
CIVIS : Contrat d'insertion dans la vie sociale
CMU : Couverture maladie universelle
CNAM : Caisse nationale d'assurance maladie
CNAF : Caisse nationale d'allocations familiales
CNAVTS : Caisse nationale d'assurance vieillesse des travailleurs salariés
COR : Conseil d'orientation des retaites
CPAM : Caisse primaire d'assurance maladie
CPF : Compte personnel de formation
CSP : Contrat de sécurisation professionnelle
CTT : Contrat de travail temporaire
CUI : Contrat unique d'insertion
DIRECCTE : Direction régionale des entreprises, de la concurrence, de la consommation, du travail et de l'emploi
DP : Délégué du personnel
DPAE : Déclaration préalable à l'embauche
DS : Délégué syndical
DUP : Délégation unique du personnel
ETT : Entreprise de travail temporaire
IJ : Indemnité journalière
IRP : Institutions représentatives du personnel
MP : Maladie professionnelle
NAO : Négociation annuelle obligatoire
ORE : Offre raisonnable d'emploi
PEE : Plan d'épargne d'entreprise
PEI : Plan d'épargne interentreprises
PERCO : Plan d'épargne pour la retraite collectif
PPAE : Projet personnalisé d'accès à l'emploi
RI : Règlement intérieur
RSA : Revenu de solidarité active
RTT : Réduction du temps de travail
SMIC : Salaire minimum interprofessionnel de croissance
SJR : Salaire journalier de référence
UNEDIC : Union nationale interprofessionnelle pour l'emploi dans l'industrie et le commerce
URSSAF : Union de recouvrement des cotisations de Sécurité sociale et d'allocations familiales
UT : Unité territoriale

# Sommaire

## 2
## Le droit de la protection sociale

# Le droit social

Chapitre 1

## 1 Les caractéristiques du droit social

Avec la création de la Sécurité sociale en 1945, ***le droit social s'est divisé en deux branches distinctes mais complémentaires***.

**Droit social**

**1945**

### Le droit du travail

- Il réglemente les relations de travail entre employeurs et salariés.
- C'est le droit protecteur du salarié. Il a pour but l'amélioration de la condition salariale.
- Il s'applique aux salariés du secteur privé et nationalisé non soumis à un statut particulier.

### Le droit de la Sécurité sociale

- Il organise la solidarité professionnelle et sociale.
- C'est le droit à la sécurité et à la garantie contre les risques sociaux d'origine professionnelle ou non.
- Il s'applique à l'ensemble de la population.

La distinction entre droit du travail et droit de la Sécurité sociale n'apparaît pas toujours nettement. Ainsi la réglementation du chômage, qui assure une protection sociale, relève du droit du travail et non du droit de la Sécurité sociale.

Le droit du travail et le droit de la Sécurité sociale ont les caractéristiques suivantes :

**Droit social**

*Droit récent*
Il est né au milieu au XIXe siècle.

*Droit autonome*
Il a ses propres tribunaux.

*Droit évolutif*
Il a d'abord été un droit octroyé pour devenir essentiellement un droit négocié.
Il doit s'adapter à l'évolution sociale et économique.

**À NOTER** • Les fonctionnaires ont un régime particulier : le statut de la fonction publique. Ils dépendent du droit administratif.

# 2 L'évolution historique

## *L'ancien régime*

De l'Antiquité (*l'esclavagisme*) au Moyen Âge (*le servage*), le travailleur n'a aucun droit. Avec l'apparition des corporations au XIe siècle, la situation s'améliore légèrement pour les compagnons et apprentis. Cependant, ce sont toujours les maîtres qui édictent et imposent les règlements.

## *La Révolution française de 1789*

La Révolution française de 1789 pose le principe fondamental de la liberté du travail (décret Allarde). En conséquence, elle interdit tout groupement professionnel (loi Le Chapelier). Elle modifie ainsi totalement les rapports de travail.

*On libère l'individu mais on isole le travailleur face à l'employeur.*

La révolution industrielle accentue la détérioration de la situation du travailleur (salaire, conditions de travail, hygiène...), d'où la nécessité d'une législation protégeant ce dernier.

## *La naissance de la législation sociale*

1841 – Réduction de la durée du travail des enfants.
1864 – Reconnaissance du droit de grève.
1874 – Création de l'Inspection du travail.
1884 – Reconnaissance de la liberté syndicale.
1898 – Loi sur les accidents du travail.
1906 – Code du travail – Institution du repos hebdomadaire obligatoire.
1919 – Semaine de 48 h – Création de l'enseignement technique.
1928 – Création des assurances sociales.
1936 – Accords de Matignon : semaine de 40 h – 2 semaines de congés payés – Conventions collectives – Institution des délégués du personnel.
1945 – Création de la Sécurité sociale – Institution des comités d'entreprise.
1950 – Loi sur les conventions collectives – Création du SMIG.
1956 – 3 semaines de congés payés.
1958 – Création de l'assurance-chômage (UNEDIC et ASSEDIC).
1962 – Retraite complémentaire pour tous les salariés.
1967 – Participation des salariés aux résultats de l'entreprise – Création de l'ANPE.
1968 – Accords de Grenelle : revalorisation des salaires – Reconnaissance de la section syndicale.
1969 – 4 semaines de congés payés.
1971 – Loi sur la formation professionnelle continue.
1973 – Réglementation du licenciement.
1978 – Loi sur la mensualisation des salaires.
1982 – Semaine de 39 h – 5 semaines de congés payés – Réglementation des contrats à durée déterminée – Lois Auroux : institutions représentatives, négociation collective, CHSCT.
1983 – Retraite à 60 ans – Égalité professionnelle entre les hommes et les femmes.
1989 – Réforme du droit de licenciement, mise en place du RMI.
1990 – Réforme du travail précaire – Loi relative au crédit-formation.
1991 – Réforme de la formation professionnelle.
1992 – Réforme de l'apprentissage.
1996 – Réforme de la Sécurité sociale.
1998 – Loi d'orientation et d'incitation à la réduction du temps de travail (Aubry I).
2000 – 1er janvier 2000 : passage aux 35 heures pour les entreprises de plus de 20 salariés.
– Loi relative à la réduction négociée du temps de travail (Aubry II).
– Loi relative à la création d'une couverture maladie universelle (CMU).
2002 – 1er janvier 2002 : passage aux 35 heures pour les entreprises de 20 salariés et moins.
– Loi sur la modernisation sociale du 17 janvier 2002.
2003 – Réforme du système de retraite.

| | |
|---|---|
| 2004 | – Loi sur la formation professionnelle et le dialogue social. |
| | – Réforme de l'assurance maladie. |
| 2005 | – Loi portant réforme de l'organisation du temps de travail dans l'entreprise. |
| 2006 | – Loi pour l'égalité des chances. |
| 2007 | – Loi de modernisation du dialogue social. |
| 2008 | – Loi réformant l'organisation du service public de l'emploi. |
| | – Loi de modernisation du marché du travail. |
| | – Loi portant rénovation de la démocratie sociale et réforme du temps de travail. |
| | – Loi relative aux droits et aux devoirs des demandeurs d'emploi. |
| | – Loi généralisant le revenu de solidarité active et réformant les politiques d'insertion. |
| | – Mise à la retraite d'office par l'employeur à partir de 70 ans au lieu de 65 ans. |
| 2009 | – Loi réaffirmant le principe du repos dominical et visant à adapter les dérogations à ce principe. |
| | – Loi relative à l'orientation et à la formation professionnelle tout au long de la vie. |
| 2010 | – Loi portant réforme du système des retraites. |
| 2011 | – Loi pour le développement de l'alternance et la sécurisation des parcours professionnels. |
| | – Loi relative à l'organisation de la médecine du travail. |
| 2012 | – Loi portant création des emplois d'avenir. |
| 2013 | – Loi portant création du contrat de génération. |
| | – Loi relative à la sécurisation de l'emploi. |
| 2014 | – Loi garantissant l'avenir et la justice du système de retraites. |
| | – Loi relative à la formation professionnelle, à l'emploi et à la démocratie sociale. |
| | – Loi tendant au développement, à l'encadrement des stages et à l'amélioration du statut des stagiaires. |
| | – Loi pour l'égalité réelle entre les femmes et les hommes. |
| | – Loi relative à l'économie sociale et solidaire. |
| 2015 | – Loi pour la croissance, l'activité et l'égalité des chances économiques (dite loi Macron). |
| | – Loi relative au dialogue social et à l'emploi (dite loi Rebsamen). |

## 3 Les sources du droit du travail

### A – Les origines nationales

*Le droit d'origine étatique* :

- ***la Constitution de 1958*** consacre un certain nombre de droits économiques et sociaux : le droit de grève, la liberté syndicale, le droit au travail... ;
- ***les lois et les ordonnances*** fixent les principes fondamentaux qui déterminent les droits et les obligations applicables à tous les salariés et employeurs. Les règlements et ***les décrets*** précisent l'application des lois.

***Le droit conventionnel*** est une source essentielle du droit du travail. Il s'agit de conventions et accords collectifs conclus entre les syndicats de salariés et d'employeurs.

***Le contrat de travail*** est une convention conclue entre l'employeur et le salarié déterminant les conditions d'emploi de ce dernier.

***Les usages professionnels*** sont des règles non-écrites, applicables dans la profession ou l'entreprise. Ils sont aujourd'hui pour l'essentiel intégrés dans les lois et conventions ou accords collectifs.

***La jurisprudence*** représente l'interprétation faite par les tribunaux des textes de lois et conventions à l'occasion de litiges entre salariés et employeurs. Elle a une influence sur l'évolution du droit social.

## B – Les origines internationales

***Les traités bilatéraux*** sont des traités passés entre la France et un pays étranger. Ils n'engagent que leurs signataires dans le cadre d'une réciprocité et sur un sujet limité (conditions d'immigration...).

***Les conventions*** de l'Organisation internationale du travail (OIT) :

- ***les recommandations*** : elles sont non-obligatoires. Elles invitent les États à des réformes sociales ;
- ***les conventions internationales*** : elles s'appliquent aux États qui les ont ratifiées.

***Le droit européen*** : les États membres de l'Union européenne posent dans le domaine social les principes de la libre circulation des salariés et de l'harmonisation des législations sociales (exemples : l'égalité professionnelle entre les hommes et les femmes, l'équivalence des congés payés...).

Le droit du travail français doit se développer en fonction de ce cadre.

## C – La hiérarchie des sources

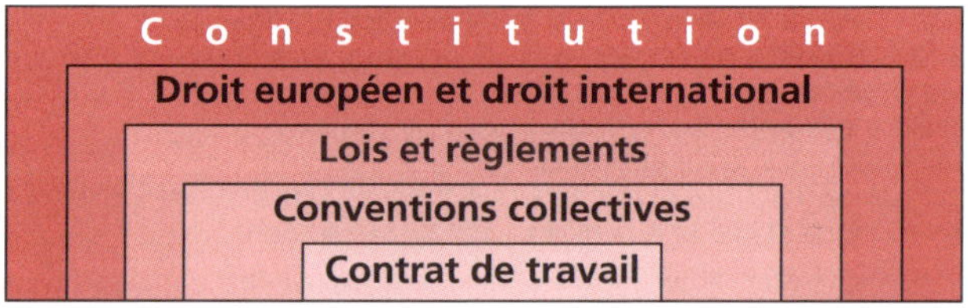


# 4 La codification

L'ensemble des textes relatifs au droit social sont codifiés (numérotation) et regroupés au sein du Code du travail et du Code de la Sécurité sociale.

Le Code du travail, promulgué en 1910, connaît aujourd'hui une nouvelle codification :

- ***une partie législative*** : textes législatifs (lettre L) ;
- ***une partie réglementaire*** : les décrets en Conseil d'État (lettre R) ainsi que les décrets simples (lettre D). Les 2 séries d'articles sont numérotées en continu ;

***Exemple*** : article L. 1221-1.

# PARTIE 1

# *Le droit du travail*

# *L'inspection du travail*

Chapitre
2

## 1 L'organisation de l'inspection du travail

L'inspection du travail est composée d'inspecteurs du travail, de contrôleurs du travail dont le champ d'action est limité aux entreprises de moins de 50 salariés et de médecins inspecteurs du travail. Ce sont des fonctionnaires. Ils sont tenus au secret professionnel.

***L'inspection du travail dépend des directions régionales des entreprises, de la concurrence, de la consommation, du travail et de l'emploi (DIRECCTE)***. Chaque DIRECCTE est composée d'unités territoriales (UT), une par département.

L'inspection du travail comprend :

- ***des unités de contrôle territoriales*** : dans chaque région sont créées des unités de contrôle infra-départementales, départementales ou interdépartementales qui sont l'échelon généraliste de proximité. Des unités de contrôle interdépartementales, rattachées à une d'unité territoriale, et des unités de contrôle interrégionales, rattachées à une DIRRECTE, peuvent aussi être créées. Ces unités de contrôle sont composées de sections. Chaque section constitue le territoire géographique d'intervention dans lequel un inspecteur du travail ou un contrôleur du travail exerce ses compétences ;
- ***des instances spécialisées*** : dans chaque région est créée une unité régionale d'appui et de contrôle chargée de la lutte contre le travail illégal. Une ou plusieurs unités de contrôle régionales peuvent être créées afin d'opérer un contrôle sectoriel ou thématique ou de prévenir un risque particulier ;
- ***une instance nationale*** : au niveau national est créé un groupe national de veille, d'appui et de contrôle chargé de mener ou d'apporter un appui à des opérations nécessitant une expertise particulière, un accompagnement des services, un contrôle spécifique ou une coordination des contrôles.

L'inspection du travail peut intervenir dans toutes les entreprises privées employant des salariés à l'exception de celles relevant d'un contrôle particulier (les industries électriques et gazières, les mines et carrières, les établissements de la défense nationale).

À NOTER • Les médecins-inspecteurs du travail sont chargés de la protection de la santé des salariés au lieu de travail. Leur action porte notamment sur l'organisation et le fonctionnement de la médecine du travail. Ils agissent en liaison avec les inspecteurs du travail, avec lesquels ils coopérent, à l'application de la règlementation relative à la santé au travail (*cf.* chapitre 16).

## 2 Les attributions de l'inspecteur du travail

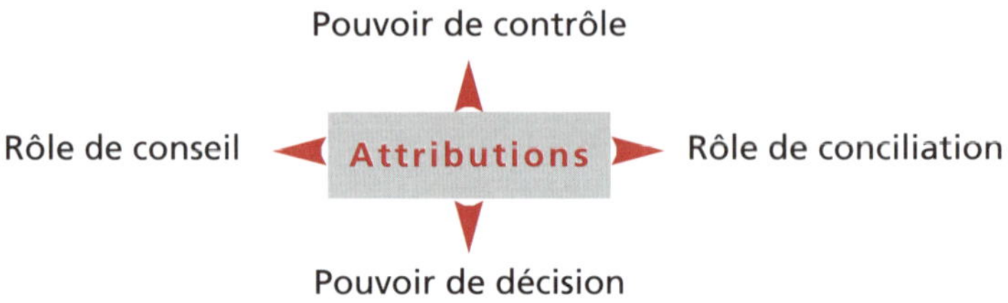


*Pouvoir de contrôle* : l'inspecteur du travail est chargé de veiller à l'application des dispositions du Code du travail et des lois et règlements non codifiés relatifs au régime du travail ainsi qu'à celles des stipulations des conventions et accords collectifs. Il est également chargé de constater les infractions à ces dispositions.

*Rôle de conseil* : l'inspecteur du travail répond à toute demande de renseignements – concernant la législation – formulée par l'employeur ou le salarié. Il peut aussi donner un avis sur un différend.

*Rôle de conciliation* : l'inspecteur du travail peut exercer à la demande des parties un rôle de conciliation pour prévenir les conflits individuels ou collectifs ou concilier les parties en présence.

*Pouvoir de décision* : l'inspecteur du travail est amené dans certains cas à donner son autorisation ou, dans certains litiges, à donner son avis : l'autorisation préalable en cas de licenciement ou en cas de rupture conventionnelle d'un salarié protégé, le contrôle de la procédure d'élaboration du règlement intérieur, l'autorisation pour des dérogations à la réglementation relative à la durée du travail, l'organisation de la représentation du personnel, l'aptitude physique d'un salarié…

*Attributions diverses* : l'inspecteur du travail doit pour sa circonscription :

– établir des statistiques concernant les accidents du travail, le chômage, les conflits collectifs ;

– rédiger un rapport annuel sur l'application du droit du travail.

## 3 Les moyens d'action de l'inspecteur du travail

*Le droit de visite* : l'inspecteur du travail peut pénétrer librement et sans avertissement préalable, dans tout établissement assujetti à son contrôle et cela à toute heure du jour ou de la nuit. Au sein de l'entreprise, il circule librement accompagné ou non de l'employeur et/ou d'un délégué du personnel.

Il peut mener des enquêtes, entendre des témoins sur des problèmes précis (suite à un accident du travail par exemple). Il peut aussi décider de faire procéder à des prélèvements – sur les matières et produits utilisés, l'atmosphère des locaux – à fin d'analyse.

*Le droit de communication* : l'inspecteur du travail peut se faire communiquer les registres dont la tenue est obligatoire : le registre unique du personnel, le livre de paie ou le double des bulletins de salaire, le registre unique d'hygiène et de sécurité, le registre des délégués du personnel…

**À NOTER** • Tout obstacle mis à l'accomplissement de la mission de l'inspecteur du travail constitue un délit passible d'un emprisonnement d'un an au plus et/ou d'une amende de 3 750 €.

## 4 La constatation des infractions

L'inspecteur du travail qui constate une infraction a le pouvoir d'appréciation sur les suites qu'il entend donner.

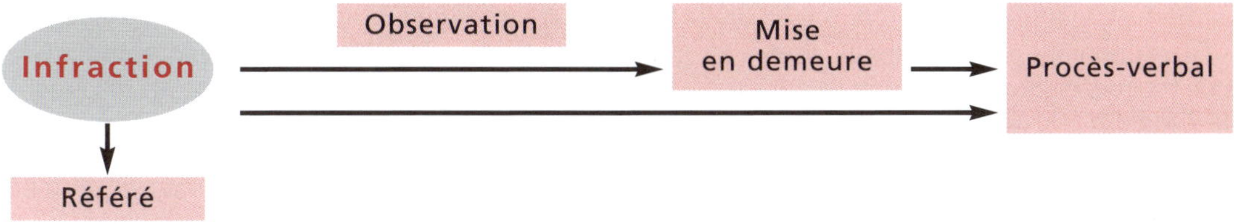


- ***L'observation*** : elle constitue un simple avertissement à l'employeur pour qu'il fasse cesser sans délai l'infraction.
- ***La mise en demeure*** : elle met l'employeur dans l'obligation de faire cesser l'infraction dans un délai déterminé par l'inspecteur du travail. Elle est obligatoire pour toute infraction concernant les règles de l'hygiène et de la sécurité.
- ***Le procès-verbal*** : il est transmis au Préfet et au parquet. Ce dernier décidera, selon la gravité, de classer le dossier ou d'entamer des poursuites.
- ***Le référé*** : l'inspecteur du travail peut saisir le juge des référés (le président du tribunal de grande instance) pour qu'il ordonne toute mesure d'urgence propre à faire cesser un risque de danger grave et imminent pour des salariés : fermeture temporaire de l'entreprise, atelier, saisie des matériels...

L'inspecteur peut, en cas de danger grave et imminent, faire arrêter les travaux sur un chantier (ex. : risques de chute en hauteur, travaux exposant les salariés à l'amiante…).

***Les observations et mises en demeure,*** formulées par l'inspecteur du travail, ***relatives à des questions d'hygiène, de sécurité, de médecine du travail et de prévention des risques*** doivent être conservées, par l'employeur, pendant ***5 ans***.

Les observations et mises en demeure doivent être communiquées aux membres du CHSCT, aux délégués du personnel et au médecin du travail. Elles sont aussi tenues à la disposition de l'inspecteur du travail et des agents des services de prévention des organismes de Sécurité sociale.

**La réforme des pouvoirs de l'inspecteur du travail**

La loi pour la croissance, l'activité et l'égalité des chances économiques, adoptée par la Parlement fin juillet 2015, autorise le Gouvernement, dans un délai de 9 mois à compter de sa promulgation, à procéder par ordonnance pour réformer les pouvoirs de l'inspecteur du travail notamment par :
- l'élargissement de la procédure d'arrêt des travaux en cas de situation dangereuse ;
- la mise en place d'amendes administratives en cas de non-respect de certaines dispositions du Code du travail ;
- l'instauration d'une transaction pénale pour certaines infractions au Code du travail ;
- l'accès facilité aux documents utiles au contrôle…

## 5 Les recours contre les décisions de l'inspecteur du travail

Les décisions des inspecteurs du travail sont obligatoirement motivées lorsqu'il s'agit de décisions individuelles défavorables.

Les mises en demeure ainsi que les décisions relevant de l'arbitrage n'ont pas à être motivées.

À l'exception des procès-verbaux, toutes les décisions de l'inspecteur du travail peuvent donner lieu à un recours de la part de l'employeur ou du salarié concerné. Le délai de recours est normalement de 2 mois.

Les différents recours sont :

– le recours gracieux auprès de l'inspecteur du travail ;

– le recours hiérarchique auprès du ministre du Travail ;

– le recours devant le tribunal administratif.

### Registres et affichages obligatoires

**Registres obligatoires :**

– le registre unique du personnel (*cf.* chapitre 6) ;

– le registre des délégués du personnel (*cf.* chapitre 11) ;

– le registre des mises en demeure (*cf.* chapitre 2) ;

– le registre du CHSCT, peut être regroupé avec le registre des mises en demeure (*cf.* chapitre 16) ;

– le registre des contrôles techniques de sécurité (*cf.* chapitre 16) ;

– le registre des accidents bénins (*cf.* chapitre 16).

**Affichages obligatoires :**

– l'inspecteur du travail : nom, adresse, téléphone (*cf.* chapitre 2) ;

– le service médical du travail : adresse, téléphone (*cf.* chapitre 16) ;

– les secours d'urgence : pompiers, SAMU, hôpital, centre anti-poison, protection civile ;

– le règlement intérieur (*cf.* chapitre 10) ;

– l'avis d'existence d'une convention collective (*cf.* chapitre 3) et/ou d'un accord de participation (*cf.* chapitre 15) ;

– la durée du travail, les heures et la durée des repos, le repos hebdomadaire autre que le dimanche (*cf.* chapitres 12 et 13) ;

– les textes relatifs à l'égalité professionnelle entre les hommes et les femmes ;

– les textes relatifs à la lutte contre le harcèlement moral ou sexuel et contre les discriminations ;

– le numéro de téléphone du service de lutte contre la discrimination raciale ;

– les consignes d'incendie (+ 50 salariés) ;

– la liste nominative des membres du CHSCT (*cf.* chapitre 16) ;

– l'ordre des départs en congés (*cf.* chapitre 13).

***L'obligation d'information par l'affichage de certains documents peut être remplie par tout moyen*** (page intranet, affichage, document remis aux intéressés...).

# La négociation collective

Chapitre
3

## 1 Le dialogue social

Lorsque le Gouvernement envisage un projet de réforme qui porte sur les relations individuelles et collectives du travail, l'emploi et la formation professionnelle et qui relève du champ de la négociation nationale et interprofessionnelle, il doit, sauf en cas d'urgence, organiser une concertation préalable avec les organisations syndicales de salariés et d'employeurs représentatives au niveau national et interprofessionnel en vue de l'ouverture éventuelle d'une telle négociation. Lorsqu'elles font connaître leur intention d'engager une telle négociation, les organisations indiquent également au Gouvernement le délai qu'elles estiment nécessaire pour conduire la négociation.

Le Gouvernement leur soumet les projets de textes législatifs et réglementaires élaborés au vu des résultats de la procédure de concertation et de négociation.

Chaque année, les orientations de la politique du Gouvernement dans les domaines des relations individuelles et collectives du travail, de l'emploi et de la formation professionnelle, ainsi que le calendrier envisagé pour leur mise en œuvre sont présentés pour l'année à venir devant la Commission nationale de la négociation collective.

## 2 Les dispositions communes aux conventions et accords collectifs de travail

Les conventions et accords collectifs portent sur les conditions d'emploi et de travail des salariés et leurs garanties sociales. Ils visent à assurer une meilleure protection des salariés. Leur finalité est donc d'améliorer la situation des salariés à chaque fois que cela est possible. Ainsi, conventions et accords collectifs ne peuvent comporter des dispositions moins favorables aux salariés que celles des lois et règlements en vigueur, sauf si la loi l'autorise expressément.

L'ensemble des salariés du secteur privé est concerné par l'existence de conventions et accords collectifs de travail. Les salariés du secteur public ou nationalisé à caractère industriel ou commercial, non soumis à un statut particulier, sont aussi concernés.

Les conventions et accords collectifs de travail doivent répondre aux conditions suivantes :

- ***les parties à la négociation*** : la négociation collective se déroule entre :
  - d'une part, une ou plusieurs organisations syndicales de salariés représentatives dans le champ d'application de la convention ou de l'accord (dans certains cas la négociation a lieu avec les représentants du personnel ou avec un salarié mandaté),
  - et d'autre part, une ou plusieurs organisations syndicales d'employeurs, ou groupement d'employeurs ou un ou plusieurs employeurs pris individuellement ;
- ***la validité des conventions et accords collectifs de travail*** : les règles de validité d'un accord collectif, que ce soit au niveau de l'entreprise ou du groupe, au niveau de la branche ou au niveau interprofessionnel, sont les suivantes :
  - ***avoir été signé par une ou plusieurs organisations syndicales de salariés représentatives ayant recueilli, aux élections prises en compte pour la mesure de l'audience des syndicats, au moins 30 % des suffrages exprimés*** en faveur d'organisations syndicales reconnues représentatives au niveau de la négociation concernée, quel que soit le nombre de votants (*cf.* chapitre 11),
  - ***ne pas faire l'objet de l'opposition d'une ou de plusieurs organisations syndicales de salariés représentatives ayant recueilli, à ces mêmes élections, la majorité des suffrages exprimés***, quel que soit le nombre de votants. L'opposition à l'accord doit être exprimée dans un délai de 15 jours à compter de la date de notification de l'accord ou de la convention (8 jours lorsqu'il s'agit d'un accord d'entreprise ou d'établissement). Elle est écrite, motivée et précise les points de désaccord.

  Si l'accord ne concerne qu'une catégorie professionnelle déterminée relevant d'un collège électoral, sa validité répond aux mêmes conditions mais appliquées à ce seul collège ;
- ***le champ d'application*** : il doit être déterminé dans deux domaines :
  - *territorial* : il est national, régional, départemental, local ou pour une entreprise,
  - *professionnel* : il énonce les activités économiques concernées ;
- ***la durée d'application*** : l'accord collectif est conclu pour une durée déterminée qui ne peut excéder 5 ans maximum ou pour une durée indéterminée, dans ce cas, il peut être dénoncé à tout moment ;
- ***le renouvellement et la révision*** : les modalités de leur renouvellement ou de leur révision doivent être mentionnées ;
- ***la dénonciation*** : elle ne peut être unilatérale que si la convention a été conclue pour une durée indéterminée :
  - si la dénonciation émane de la totalité des signataires ou seulement des employeurs, la convention reste applicable jusqu'à la conclusion d'un nouvel accord ou à défaut pendant 1 an. Au-delà, seuls les salariés déjà embauchés au jour de la dénonciation conservent le bénéfice des avantages individuels acquis,
  - si la dénonciation émane des syndicats de salariés, les clauses qui leur sont applicables cessent de s'appliquer au terme du même délai de prorogation ;

- ***la forme et la publicité*** : la forme est obligatoirement écrite. Le texte doit être déposé :
  - en 2 exemplaires (une version sur support papier signée et une version sur support électronique) auprès des services centraux du ministre chargé du Travail ou auprès de l'UT DIRECCTE pour les accords collectifs d'entreprise,
  - en 1 exemplaire au secrétariat-greffe du conseil de prud'hommes.

  L'employeur concerné affiche un avis informant les salariés de l'existence d'un accord, informe chaque salarié au moment de l'embauche, procure un exemplaire au CE, aux DP et aux délégués syndicaux, tient un exemplaire à la disposition du personnel et si l'entreprise est dotée d'un intranet met sur celui-ci un exemplaire à jour à disposition des salariés ;
- ***la date d'application*** : en principe, la date d'application de l'accord est celle du jour qui suit son dépôt à la l'UT DIRECCTE ;
- ***les assujettis*** : les salariés concernés par l'application d'un accord collectif sont ceux dont l'employeur est signataire ou membre d'une organisation patronale signataire.

  La convention collective applicable est celle dont relève l'activité principale exercée par l'employeur. Le code NAF conféré par l'INSEE n'est pas à lui seul déterminant pour définir celle-ci. D'autres critères peuvent être pris en compte (affiliation syndicale de l'employeur, chiffre d'affaires le plus élevé…). En cas de pluralité d'activités, les conventions collectives et les accords professionnels peuvent, par des clauses réciproques et de nature identique, prévoir les conditions dans lesquelles l'entreprise détermine les conventions et accords qui lui sont applicables.

Il existe différents types de conventions et accords collectifs de travail :

- ***les accords professionnels ou interprofessionnels*** : ils sont conclus au niveau d'une branche professionnelle ou de l'ensemble des professions. Ils portent sur un thème particulier concernant une branche professionnellle ou l'ensemble des professions ;
- ***les conventions collectives de branche*** : elles sont conclues au niveau des branches d'activité. Elles ont pour vocation de définir l'ensemble des conditions d'emploi et de travail ainsi que les garanties sociales des salariés concernés. Une branche d'activité regroupe un ensemble de professions ;
- ***les accords collectifs d'entreprise*** : ils sont conclus au niveau d'une entreprise ou d'un établissement. L'objectif est d'adapter la convention collective de branche ou l'accord collectif au niveau de l'entreprise ou de l'établissement. Ils peuvent comporter des dispositions nouvelles et des clauses plus favorables aux salariés. Un accord collectif d'entreprise ou d'établissement peut être négocié même en l'absence d'une convention collective de branche.

## 3 La convention collective de branche et l'accord professionnel

Une convention collective de branche ou un accord collectif professionnel ou interprofessionnel peut comporter des dipositions moins favorables aux salariés que celles qui leur sont applicables en vertu d'une convention ou accord couvrant un champ territorial ou professionnel plus large à la condition que les signataires de cette convention ou de cet accord aient expressément stipulé qu'il pourrait y être dérogé en tout ou en partie.

Les conventions et les accords collectifs de branche se divisent en 2 catégories :

– ***ordinaires*** : applicables seulement aux salariés dont l'employeur est signataire ou membre d'une organisation patronale signataire ;

– ***étendus*** : applicables à l'ensemble des employeurs et salariés d'une profession ou d'une branche.

La convention collective de branche ou l'accord professionnel peut être :

– ***étendu*** : il doit avoir été négocié en commission mixte où était convoqué l'ensemble des organisations représentatives. Pour être étendue, la convention collective de branche doit comporter une série de dispositions obligatoires (droit syndical, classification, conditions de travail, formation, la suppression des écarts de rémunération entre les femmes et les hommes...) ;

– ***élargi*** : l'élargissement est un acte administratif qui consiste à rendre obligatoire dans un secteur territorial ou professionnel une convention ou un accord collectif déjà étendu à un secteur territorial différent ou à un autre secteur professionnel. L'élargissement n'est possible que lorsqu'il y a carence des partenaires sociaux à conclure une convention ou un accord collectif dans une branche d'activité ou sur un secteur territorial donné.

***Une convention ou un accord de groupe*** peut être conclu entre l'employeur de l'entreprise dominante ou un ou plusieurs représentants, mandatés à cet effet, des employeurs des entreprises concernées par le champ de la convention ou de l'accord et les organisations syndicales de salariés représentatives dans le groupe. L'accord de groupe est conclu selon les mêmes règles que l'accord d'entreprise et emporte les mêmes effets. Il ne peut comporter des dispositions dérogatoires à celles qui sont applicables en vertu de conventions ou d'accords de branche dont relèvent les entreprises appartenant à ce groupe, sauf disposition expresse de ces conventions ou accords de branche.

Des ***observatoires paritaires de la négociation collective*** sont institués par les conventions collectives de branche ou par les accords professionnels. En dehors des missions fixées par voie conventionnelle, les observatoires ont pour fonction obligatoire de suivre les accords d'entreprise ou d'établissement conclus pour la mise en œuvre d'une disposition législative.

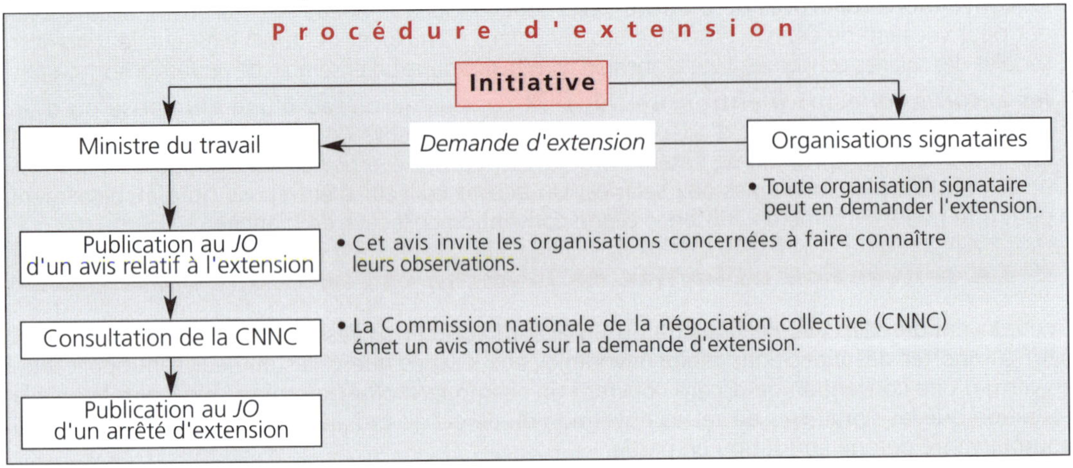

## 4 Les négociations au niveau de la branche professionnelle

Les organisations signataires de conventions collectives de branche ou d'accords collectifs sont tenues à une ***négociation périodique obligatoire*** :

- *une fois par an* (ou chaque fois que le salaire minimum conventionnel des salariés sans qualification est inférieur au SMIC) : la négociation porte sur les salaires. Elle est l'occasion d'un examen de l'évolution et des prévisions annuelles ou pluriannuelles d'emploi établies dans la branche et des actions éventuelles de prévention envisagées. La négociation prend en compte l'objectif d'égalité professionnelle entre les femmes et les hommes ;
- *une fois tous les 3 ans* : les négociations portent :
  - sur l'égalité professionnelle entre les femmes et les hommes et sur les mesures de rattrapage tendant à remédier aux inégalités constatées,
  - sur les conditions de travail et la gestion prévisionnelle des emplois et des compétences des salariés âgés et sur la prise en compte de la pénibilité au travail. La négociation peut également porter sur le contrat de génération,
  - sur les mesures tendant à l'insertion professionnelle et au maintien dans l'emploi des travailleurs handicapés,
  - sur les priorités, les objectifs et les moyens de la formation professionnelle des salariés ;
- *une fois tous les 5 ans* : les négociations portent :
  - sur les classifications professionnelles, la négociation prend en compte l'objectif d'égalité professionnelle entre les femmes et les hommes,
  - sur l'épargne salariale : l'institution d'un ou plusieurs plans d'épargne interentreprises ou plans d'épargne salariale pour la retraite collectif (PERCO) interentreprises lorsqu'il n'existe aucun accord conclu à ce niveau en la matière.

## 5 L'accord collectif d'entreprise

Un accord collectif peut être conclu dans toute entreprise ou établissement qu'il existe ou non des sections syndicales représentatives avec nomination de délégués syndicaux :

- ***accord d'entreprise conclu avec un délégué syndical*** : l'accord d'entreprise ou d'établissement est valide dans les conditions fixées par les dispositions communes aux conventions et accords collectifs de travail. En cas de carence d'élections professionnelles, lorsqu'un représentant de la section syndicale a été désigné dans l'entreprise ou dans l'établissement, la validité d'un accord d'entreprise ou d'établissement signé par ce représentant est subordonnée à son approbation par les salariés à la majorité des suffrages exprimés. Faute d'approbation, l'accord est réputé non-écrit ;
- ***accord d'entreprise conclu avec les représentants du personnel*** : dans toute entreprise de moins de 200 salariés, en l'absence de délégués syndicaux, les représentants élus du personnel

au CE ou à la DUP ou, à défaut, les DP, peuvent négocier et conclure des accords collectifs de travail sur des mesures dont la mise en œuvre est subordonnée par la loi à un accord collectif.

Le temps passé à la négociation n'est pas imputable sur les heures de délégation. De plus, chaque élu titulaire dispose du temps nécessaire à la préparation des réunions dans la limite d'une durée qui, sauf circonstances exceptionnelles, ne peut excéder 10 heures par mois.

Les organisations syndicales représentatives dans la branche dont relève l'entreprise sont informées par l'employeur de sa décision d'engager des négociations.

La validité de l'accord est subordonnée à la conclusion par des membres titulaires élus au CE ou, à défaut, des DP titulaires représentant la majorité des suffrages exprimés lors des dernières élections professionnelles et à l'approbation par la commission paritaire de branche qui doit se prononcer sur la validité de l'accord dans les 4 mois suivant sa transmission ; à défaut, l'accord est réputé avoir été validé. Si l'une des deux conditions n'est pas remplie, l'accord est réputé non-écrit ;

– ***accord d'entreprise conclu avec un ou plusieurs salariés mandatés*** : dans toute entreprise dépourvue de délégué syndical et en cas de carence d'élections professionnelles, des accords collectifs de travail sur des mesures dont la mise en œuvre est subordonnée par la loi à un accord collectif peuvent être conclus par un ou plusieurs salariés expressément mandatés par une ou plusieurs organisations syndicales représentatives dans la branche.

  Les organisations syndicales représentatives dans la branche de laquelle relève l'entreprise sont informées par l'employeur de sa décision d'engager des négociations. Chaque organisation syndicale ne peut mandater qu'un seul salarié. Le salarié mandaté dispose du temps nécessaire à l'exercice de ses fonctions dans les limites d'une durée qui, sauf circonstances exceptionnelles, ne peut excéder 10 heures par mois.

  La validité de l'accord signé par ce salarié mandaté est subordonnée à l'approbation de la majorité des salariés. Faute d'approbation, l'accord est réputé non-écrit.

Les accords d'entreprise conclus avec les représentants du personnel ou avec un salarié mandaté peuvent être renouvelés, révisés ou dénoncés selon les mêmes modalités respectivement par l'employeur signataire, les représentants élus du personnel ou un salarié mandaté à cet effet.

Un accord d'entreprise peut comporter, sauf en matière de salaires minima, de classifications et de prévoyance collective, des clauses dérogeant à celles contenues dans les conventions de branche ou accords professionnels ou interprofessionnels sauf si la convention ou l'accord en dispose autrement.

## 6 La négociation obligatoire en entreprise

Dans les entreprises où sont constituées une ou plusieurs sections syndicales représentatives avec nomination de délégués syndicaux, l'employeur engage chaque année une négociation sur les matières fixées par la loi. L'employeur doit prendre l'initiative d'engager la négociation dans les 12 mois qui suivent la précédente négociation. À défaut d'initiative de sa part, elle s'engage obligatoirement à la demande d'une organisation syndicale représentative dans les 15 jours suivant celle-ci.

***L'obligation de négocier annuellement est une obligation de moyens***. Elle n'impose pas à l'employeur et aux organisations syndicales de parvenir à un accord.

***Chaque année, l'employeur engage une négociation annuelle obligatoire (NAO)*** portant sur :

- ***les salaires effectifs*** ;
- ***la durée effective et l'organisation du temps de travail***, notamment la mise en place du travail à temps partiel ou l'augmentation de la durée du travail à la demande des salariés.

La NAO peut également porter sur la formation et/ou la réduction du temps de travail. Elle est aussi l'occasion d'un examen par les parties de l'évolution de l'emploi et du travail précaire ainsi que les prévisions annuelles et pluriannuelles d'emploi établies dans l'entreprise. Elle donne lieu à une information par l'employeur sur les mises à disposition de salariés auprès des organisations syndicales ou des associations d'employeurs.

***Chaque année, dans le cadre d'une négociation distincte ou non de la NAO, l'employeur engage une négociation sur*** :

- ***les objectifs en matière d'égalité professionnelle et salariale entre les femmes et les hommes, ainsi que sur les mesures permettant de les atteindre***. Dès lors qu'un accord a été conclu dans l'entreprise, cette obligation devient triennale ;
- ***l'épargne salariale*** dès lors que les salariés de l'entreprise ne sont pas couverts par un accord de branche ou d'entreprise ayant mis en place un de ces dispositifs : participation, intéressement, plan d'épargne d'entreprise (PEE), plan d'épargne interentreprises (PEI), plan d'épargne pour la retraite collectif (PERCO) ;
- ***la création d'un régime de prévoyance complémentaire***, dès lors que les salariés de l'entreprise ne sont pas couverts par un accord de branche ou d'entreprise sur ce thème ;
- ***l'accès et le maintien dans l'emploi des travailleurs handicapés*** et leur accès à la formation professionnelle. Dès lors qu'un accord a été conclu dans l'entreprise, cette obligation devient triennale.

***La négociation triennale concerne les entreprises*** et les groupes d'entreprises ***qui occupent au moins 300 salariés***, ainsi que dans les entreprises et groupes de dimension communautaire comportant au moins un établissement ou une entreprise d'au moins 150 salariés en France. Dans ces entreprises, l'employeur est tenu d'engager tous les 3 ans, notamment sur le fondement des orientations stratégiques de l'entreprise et leurs conséquences, une négociation portant sur :

- la mise en place d'un dispositif de gestion prévisionnelle des emplois et des compétences (GPEC) sur laquelle le CE est informé, ainsi que sur les mesures d'accompagnement susceptibles de lui être associées, en particulier en matière de formation notamment sur l'abondement du compte personnel de formation, de VAE, de bilan de compétences ainsi que d'accompagnement de la mobilité professionnelle et géographique des salariés ;
- les grandes orientations à 3 ans de la formation professionnelle dans l'entreprise et les objectifs du plan de formation, en particulier les catégories de salariés et d'emplois auxquels ce dernier est consacré en priorité et les compétences et qualifications à acquérir pour atteindre cet objectif pour les 3 années de validité de l'accord ;
- les modalités d'abondement, par l'employeur, du compte personnel de formation des salariés ;

– les perspectives de recours par l'employeur aux différents contrats de travail, au travail à temps partiel et aux stages, ainsi que les moyens mise en œuvre pour diminuer le recours aux emplois précaires dans l'entreprise au profit des CDI ;
– les conditions dans lesquelles les entreprises sous-traitantes sont informées des orientations stratégiques de l'entreprise ayant un effet sur leurs métiers, l'emploi et les compétences ;
– le déroulement de carrière des salariés exerçant des responsabilités syndicales et l'exercice de leurs fonctions.

La négociation peut également porter sur les thèmes abordés par les accords de méthode (*cf.* chapitre 9), sur la qualification des catégories d'emplois menacés par les évolutions économiques et technologiques, sur les modalités de l'association des entreprises sous-traitantes au dispositif de GPEC de l'entreprise ainsi que sur les conditions dans lesquelles l'entreprise participe aux actions de gestion prévisionnelle des emplois et des compétences mises en œuvre à l'échelle des territoires où elle est implantée.

L'employeur peut aussi engager une négociation triennale portant sur les conditions de la mobilité professionnelle ou géographique interne à l'entreprise dans le cadre de mesures collectives d'organisation courante sans projet de réduction d'effectifs (*cf.* p 69).

**Procédure de la négociation obligatoire en entreprise**

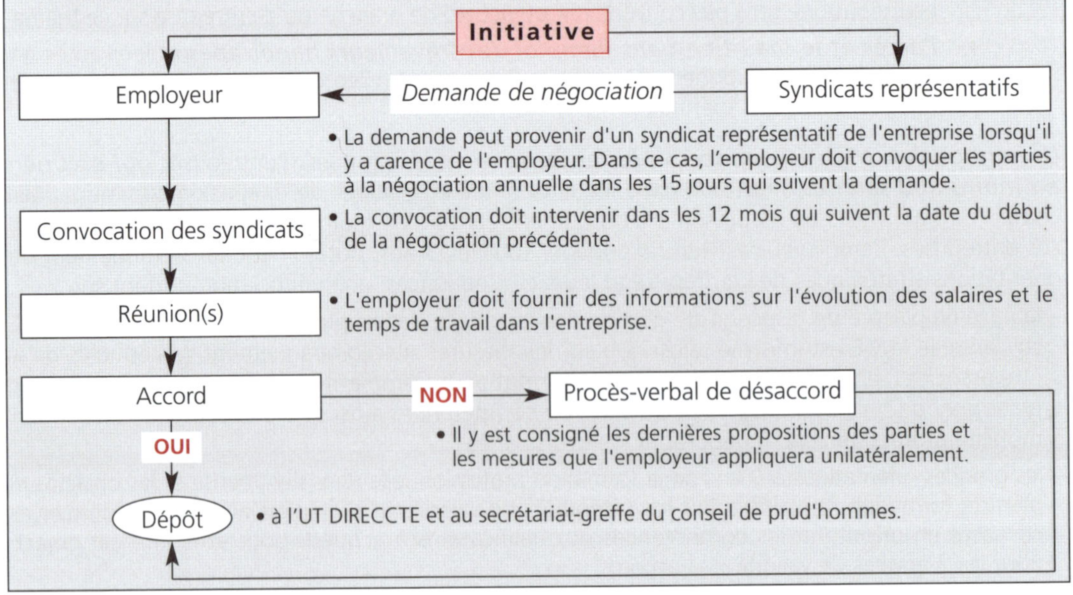

Chapitre
**4**

# La formation en alternance

## 1 L'éducation permanente

***L'éducation permanente est le droit à la formation***. Elle intègre la scolarité (obligatoire jusqu'à 16 ans) et elle permet pendant la vie active de suivre des formations de son choix.

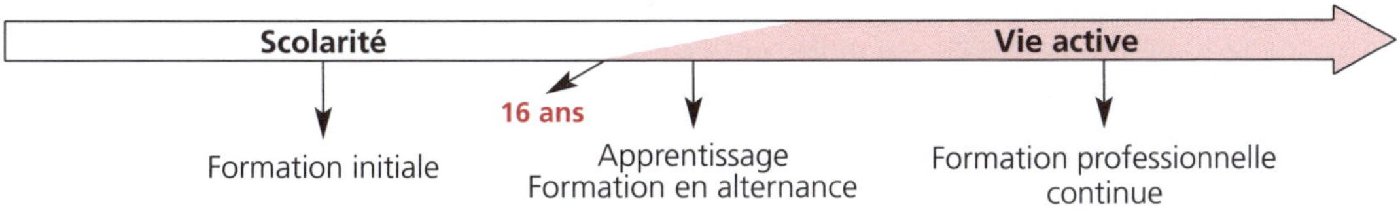


À l'issue de la formation initiale, plusieurs voies existent pour acquérir une formation professionnelle.

## 2 La formation professionnelle initiale

Les établissements scolaires (publics ou privés) dispensent une formation générale permettant d'accéder à une formation professionnelle avant l'entrée dans la vie active.

***Le service public de l'orientation tout au long de la vie*** garantit à toute personne, les jeunes et les moins jeunes, l'accès à une information gratuite, complète et objective sur les métiers, les formations, les certifications, les débouchés et les niveaux de rémunération, ainsi que l'accès à des services de conseil et d'accompagnement en orientation de qualité et organisés en réseaux. Ce service public repose sur 3 dispositifs majeurs : une plate-forme téléphonique gratuite d'informations et de conseils, un site Internet (*www.orientation-pour-tous.fr*) et un service local de proximité par la labellisation de structures d'accueil, d'information et d'orientation du public.

Une nomenclature des niveaux de formation professionnelle existe. Elle correspond à la hiérarchie des catégories professionnelles utilisées dans les entreprises.

| Niveau VI | Niveau V | Niveau IV | Niveau III | Niveau II et I |
|---|---|---|---|---|
| Aucune formation | CAP, BEP | BAC technologique<br>BAC professionnel | BTS, DUT | Diplômes ingénieur<br>licences… |
| Manœuvre | Employé<br>Ouvrier qualifié | Agent technique<br>Technicien | Agent de maîtrise | Ingénieur<br>Cadre supérieur |

## 3 Le contrat d'apprentissage

### A – L'apprentissage

L'apprentissage est une forme d'éducation alternée. Il a pour but de donner à des jeunes travailleurs ayant satisfait à l'obligation scolaire une formation générale – théorique et pratique – en vue de l'obtention d'une qualification professionnelle sanctionnée par un diplôme (CAP ou BEP, Baccalauréat professionnel, BTS, licence, master...) ou un titre à finalité professionnelle enregistrée au répertoire national des certifications professionnelles.

La formation fait l'objet d'un contrat de travail de type particulier : ***le contrat d'apprentissage***.

La formation de l'apprenti est assurée par :

- ***l'entreprise***, pour la formation pratique qui doit être méthodique et complète ;
- ***le centre de formation d'apprentis (CFA)***, pour la formation théorique (enseignement général et technologique).

La durée de la formation dispensée dans le CFA ne peut être inférieure à 400 heures par an en moyenne (240 heures en cas de redoublement) sur les années d'application du contrat. Elle tient compte des exigences propres à chaque niveau de qualification. Le temps consacré par l'apprenti aux enseignements et activités pédagogiques est compris dans l'horaire de travail. Pour le reste du temps, et dans la limite de l'horaire de travail applicable dans l'entreprise, il est tenu d'effectuer le travail qui lui est confié par l'employeur. Ce travail doit être en relation directe avec sa formation.

L'apprenti a ***le statut de salarié***. Il a aussi le statut d'apprenti étudiant des métiers. Une carte portant la mention « ***étudiant des métiers*** » est délivrée à l'apprenti par son CFA.

### B – La définition du contrat d'apprentissage

Le contrat d'apprentissage est un ***contrat de travail de type particulier par lequel un employeur s'engage, outre le versement d'un salaire, à assurer une formation méthodique et complète à un jeune travailleur qui s'oblige en retour à travailler pour lui pendant la durée du contrat.***

Le contrat d'apprentissage est un contrat de travail à durée déterminée (CDD) ou un contrat de travail à durée indéterminée (CDI). Lorsqu'il est conclu avec un CDI, il débute par une période d'apprentissage pendant laquelle les dispositions concernant le contrat d'apprentissage s'appliquent. À l'issue de cette période, la relation contractuelle se poursuit sans qu'aucune période d'essai ne soit imposée.

### C – La forme et la procédure du contrat d'apprentissage

Le contrat d'apprentissage fait l'objet d'***un écrit*** établi, à l'aide du contrat-type, ***en 3 exemplaires originaux*** : un pour l'employeur, un pour l'apprenti et un pour le service chargé de l'enregistrement, ***ou d'une dématérialisation par voie électronique*** pour simplifier la procédure d'enregistrement.

Le contrat est adressé, pour ***enregistrement***, à la chambre consulaire du lieu d'exécution du contrat (chambre de commerce, chambre des métiers ou chambre d'agriculture) avant le début de l'exécution du contrat d'apprentissage ou, au plus tard, dans les 5 jours ouvrables qui suivent celui-ci, accompagné du visa du directeur du CFA attestant de l'inscription de l'apprenti.

## D – Le contenu du contrat d'apprentissage

***Le contrat d'apprentissage*** comporte des mentions obligatoires :

- le nom et l'adresse de l'employeur, de l'apprenti et de son représentant légal si nécessaire ;
- la désignation de la formation assurée par la mention du diplôme sanctionnant cette formation ;
- la date de début et de fin du contrat ainsi que sa durée ;
- le salaire de l'apprenti pour chaque année de l'apprentissage ;
- la dénomination et l'adresse du CFA ;
- le nom du ou des maîtres d'apprentissage avec les titres ou diplômes dont ils sont titulaires, ainsi que la durée de leur expérience professionnelle.

## E – Les capacités et les obligations de l'employeur

***Tout employeur peut engager un apprenti*** s'il déclare à l'autorité administrative prendre les mesures nécessaires à l'organisation de l'apprentissage et s'il garantit que les compétences professionnelles et pédagogiques des personnes responsables de la formation de l'apprenti sont de nature à permettre une formation satisfaisante. Le contrat d'apprentissage établit à l'aide du contrat-type vaut déclaration en vue de la formation d'apprentis. Cette déclaration est soumise à un contrôle *a posteriori* de l'administration.

***Le maître d'apprentissage*** est choisi sur la base du volontariat parmi les salariés de l'entreprise, notamment en fonction de ses diplômes, de son expérience professionnelle et de son niveau de qualification (dans les petites entreprises, il peut s'agir de l'employeur lui-même.) Il doit bénéficier, si nécessaire, d'une formation spécifique à cette fonction.

***Les obligations de l'employeur*** sont :

- celles liées habituellement au contrat de travail (*cf.* chapitre 7) ;
- d'inscrire l'apprenti à un CFA et de lui faire suivre les cours ;
- d'assurer la formation pratique de l'apprenti ;
- d'inscrire l'apprenti à l'examen correspondant à la formation dispensée ;
- de prévenir les parents en cas d'absence de l'apprenti (mineur).

## F – Les capacités et les obligations de l'apprenti

***L'apprenti doit*** :

- ***être âgé de 16 ans au moins à 25 ans au plus*** au début de l'apprentissage ; dérogations possibles dans certains cas :
  - 15 ans effectif s'il justifie avoir effectué la scolarité du 1er cycle de l'enseignement secondaire,
  - plus de 25 ans lorsque le contrat est souscrit par une personne à laquelle la qualité de travailleur handicapé est reconnue, lorsque le contrat conduit à un diplôme supérieur à celui obtenu à l'issue du contrat précédent, lorsqu'il y a eu rupture de contrat pour des causes indépendantes de la volonté de l'apprenti ou suite à une inaptitude physique et temporaire de celui-ci. L'âge

de l'apprenti au moment de la conclusion du contrat ne peut être supérieur à 30 ans (sauf s'il a la qualité de travailleur handicapé),

- ***plus de 25 ans lorsque le contrat est souscrit par une personne qui a un projet de création ou de reprise d'entreprise dont la réalisation est subordonnée à l'obtention du diplôme*** ou titre sanctionnant la formation poursuivie ;

– avoir subi ***une visite médicale d'embauche*** par la médecine du travail.

***Les obligations de l'apprenti*** sont :

- celles liées habituellement au contrat de travail (*cf.* chapitre 7) ;
- d'effectuer le travail qui lui est confié, celui-ci devant être en relation directe avec sa formation ;
- de suivre les enseignements dispensés par le CFA ;
- de se présenter à l'examen préparé.

Pour la préparation de son examen, l'apprenti a droit à un congé supplémentaire de 5 jours ouvrables avec maintien du salaire dans le mois qui précède les épreuves du diplôme préparé en vue de suivre les enseignements spécialement dispensés par le CFA, si l'organisation en a été prévue. En l'absence de cours organisés par le CFA, le congé reste dû. Il n'est pas imputable sur le congé annuel, ni sur le temps de formation en CFA.

Afin de procéder à une première évaluation du déroulement de la formation et, le cas échéant, d'adapter cette dernière, l'apprenti est convié par le CFA, dans les 2 mois suivant la conclusion du contrat, à un entretien auquel participent l'employeur, le maître d'apprentissage, un enseignant du CFA et, si besoin est, les parents de l'apprenti ou son représentant légal.

## G – La durée du contrat d'apprentissage

***La durée du contrat ou de la période d'apprentissage peut varier entre 1 et 3 ans*** en fonction de la durée du cycle de formation et/ou du type de profession et du niveau de qualification préparés (portée éventuellement à 4 ans lorsque la qualité de travailleur handicapé est reconnue à l'apprenti). Cette durée peut être adaptée pour tenir compte du niveau initial de l'apprenti.

Elle peut varier entre 6 mois et 1 an lorsque la formation a pour objet l'acquisition d'un diplôme de même niveau et en rapport avec un premier diplôme obtenu dans le cadre d'un précédent contrat d'apprentissage, de niveau inférieur à un diplôme déjà obtenu, dont une partie a été obtenue par la validation des acquis de l'expérience ou dont la préparation a été commencée sous un autre statut.

En cas d'échec à l'examen, le contrat peut être prolongé pour une durée d'un an au plus soit par prorogation du contrat initial, soit par conclusion d'un nouveau contrat avec un autre employeur.

Sauf dérogation, ***la date du début de l'apprentissage ne peut être antérieure de plus de 3 mois ni postérieure de plus de 3 mois au début du cycle du CFA***.

Le CDI peut, par accord entre le salarié et l'employeur, être suspendu pendant la durée d'un contrat d'apprentissage conclu avec le même employeur. La durée de la suspension est égale à la durée de la formation nécessaire à l'obtention de la qualification professionnelle recherchée.

## *H – La rémunération de l'apprenti*

Sauf dispositions conventionnelles plus favorables, ***l'apprenti perçoit un salaire déterminé en pourcentage du SMIC qui varie en fonction de l'âge du bénéficiaire et de sa progression dans le ou les cycles de formation faisant l'objet de l'apprentissage*** (barème fixé par décret).

**Barème pour la détermination du salaire de l'apprenti**

| Âge de l'apprenti | Année d'exécution du contrat | | |
|---|---|---|---|
| | 1re année | 2e année | 3e année |
| 16 – 17 ans | 25 % du SMIC | 37 % du SMIC | 53 % du SMIC |
| 18 – 20 ans | 41 % du SMIC | 49 % du SMIC | 65 % du SMIC |
| 21 ans et plus[1] | 53 % du SMIC | 61 % du SMIC | 78 % du SMIC |

1. Si le salaire minimal conventionnel est plus favorable, les pourcentages s'appliquent sur celui-ci.

Les années d'apprentissage sont déterminées de date à date à partir de la naissance du contrat. Le pourcentage, qui varie en fonction de l'âge, est appliqué à compter du mois qui suit celui au cours duquel l'apprenti a atteint l'âge.

***Cas particuliers pour la détermination du pourcentage à appliquer*** :

– ***adaptation de la durée du contrat en fonction du niveau initial de compétence de l'apprenti*** :
  - *durée inférieure à la durée normale* : l'apprenti est considéré, en ce qui concerne la rémunération, comme ayant déjà effectué une durée d'apprentissage égale à la différence entre ces deux durées,
  - *durée supérieure à la durée normale* : la rémunération minimale pendant la période excédentaire est celle de l'année d'exécution du contrat correspondant à cette période (sauf prolongation d'un an en raison d'un handicap de l'apprenti : majoration de 15 points) ;

– ***prolongation du contrat en cas d'échec à l'examen*** : la rémunération minimale pendant la prolongation – ou pour un nouveau contrat d'un an chez un autre employeur – est celle de la dernière année précédant la prolongation ;

– ***contrats successifs*** : lorsqu'un nouveau contrat d'apprentissage est conclu avec le même employeur ou avec un employeur différent, la rémunération de l'apprenti est au moins égale à celle qu'il percevait lors de la dernière année d'exécution du contrat précédent, sauf lorsque l'application des rémunérations en fonction de son âge est plus favorable.

Les modalités de rémunération des heures supplémentaires sont celles qui sont applicables au personnel de l'entreprise (*cf.* chapitre 16).

## *I – La résiliation anticipée du contrat d'apprentissage*

***Le contrat d'apprentissage peut être rompu par l'une ou l'autre des parties jusqu'à l'échéance des 45 premiers jours, consécutifs ou non, de formation pratique en entreprise effectuée par l'apprenti.***

***À l'issue de cette période, le contrat d'apprentissage peut être résilié par accord entre les deux parties, être résilié par le conseil de prud'hommes*** (faute grave, inaptitude...), ***être résilié en cas de liquidation judiciaire sans maintien de l'activité*** ou ***être résilié à l'initiative de l'apprenti en cas d'obtention du diplôme préparé*** (délai de prévenance de 2 mois).

Un médiateur, désigné par les chambres consulaires, peut être sollicité par les parties pour concilier les litiges entre l'employeur et l'apprenti, au sujet de l'exécution ou de la résiliation du contrat.

***La rupture de plein droit*** du contrat d'apprentissage peut être prononcée selon 2 procédures :

- ***la procédure dite de droit commun*** : le préfet peut s'opposer à l'engagement d'apprentis en cas de non-respect par l'employeur des dispositions applicables aux apprentis ;
- ***la procédure d'urgence*** : le directeur de l'UT DIRECCTE peut suspendre, voire rompre, le contrat en cas de risque sérieux d'atteinte à la santé et à l'intégrité physique ou morale de l'apprenti.

En cas de rupture de plein droit du contrat, l'employeur est tenu de verser à l'apprenti les sommes dont il aurait été redevable si le contrat d'apprentissage s'était poursuivi jusqu'à son terme.

### J – Les contrats d'apprentissage successifs

***L'apprenti peut souscrire des contrats d'apprentissage successifs*** – avec ou non le même employeur – pour préparer des diplômes ou titres sanctionnant des qualifications différentes de même niveau (limité à 3) ou de niveaux différents.

## 4 Le contrat de professionnalisation

***Le contrat de professionnalisation a pour objet de permettre à son bénéficiaire d'acquérir un diplôme ou un titre à finalité professionnelle*** enregistré au répertoire national des certifications professionnelles, une qualification reconnue par la convention collective ou une qualification figurant sur une liste établie par une commission paritaire nationale pour l'emploi ***et de favoriser son insertion ou sa réinsertion professionnelle***.

Le bénéficiaire d'un contrat de professionnalisation doit être âgé :

- de 16 à 25 ans révolus en vue de compléter sa formation initiale ;
- de 26 ans et plus s'il est demandeur d'emploi, bénéficiaire du RSA, de l'ASS ou de l'AAH, ou s'il sort d'un contrat unique d'insertion.

L'employeur s'engage à assurer au titulaire du contrat une formation – dispensée par un organisme de formation ou par l'entreprise si elle dispose de son propre service de formation – lui permettant d'acquérir une qualification professionnelle et à lui fournir un emploi en relation avec cet objectif pendant la durée du CDD ou de l'action de professionnalisation du CDI.

***Les caractéristiques du contrat de professionnalisation*** :

- ***forme*** : obligatoirement conclu par écrit et déposé auprès de de l'UT DIRECCTE ;
- ***durée de l'action de professionnalisation*** : la durée minimale de l'action de professionnalisation est comprise entre *6 et 12 mois*. Elle peut être allongée jusqu'à 24 mois, si le bénéficiaire est sans qualification professionnelle reconnue, ou si la nature de la qualification visée l'exige ;

– ***type de contrat*** : le contrat de professionnalisation peut prendre la forme :
  - d'un *CDI* : l'action de professionnalisation se situe au début du contrat,
  - d'un *CDD* : la durée du contrat correspond à la durée de l'action de professionnalisation. Le CDD peut être renouvelé une fois si le bénéficiaire :
    – ayant obtenu la qualification visée, prépare une qualification supérieure ou complémentaire,
    – n'a pu obtenir la qualification envisagée pour cause d'échec à l'examen, de maternité, de maladie, d'accident du travail ou de défaillance de l'organisme de formation ;

– ***période d'essai*** : sa durée correspond à celle applicable au CDI ou au CDD ;

– ***durée hebdomadaire du travail*** : elle ne peut excéder la durée hebdomadaire de travail pratiquée dans l'entreprise, temps de formation compris ;

– ***formation*** : la durée minimale de formation est comprise entre 15 %, sans être inférieure à 150 heures, et 25 % de la durée totale du CDD ou de l'action de professionnalisation dans le cas d'un CDI. La durée des actions de formation peut être portée au-delà de 25 % du temps de travail par voie conventionnelle. L'employeur doit désigner un tuteur chargé d'accueillir et de guider le bénéficiaire du contrat dans l'entreprise ;

– ***rémunération*** : pendant la durée du CDD, ou de l'action de professionnalisation dans le cas d'un CDI, la rémunération est calculée en pourcentage du SMIC en fonction de l'âge du bénéficiaire :
  - *moins de 26 ans* :
    – 55 % du SMIC pour les moins de 21 ans,
    – 70 % du SMIC pour les moins de 26 ans.

    Si le bénéficiaire est titulaire d'un baccalauréat professionnel ou d'un titre équivalent, ces taux sont augmentés de 10 %,
  - *26 ans et plus* : la rémunération ne peut être inférieure ni au SMIC ni à 85 % du salaire minimum conventionnel (la solution la plus favorable au salarié est retenue).

## 5 Les stages en entreprise

Les enseignements scolaires et universitaires peuvent comporter, respectivement, des périodes de formation en milieu professionnel ou des stages. Ils sont soumis aux mêmes règles. Les stages et les périodes de formation professionnelle correspondent à des périodes temporaires de mise en situation en milieu professionnel au cours desquelles l'élève ou l'étudiant acquiert des compétences professionnelles et met en œuvre les acquis de sa formation en vue de l'obtention d'un diplôme ou d'une certification et de favoriser son insertion professionnelle.

***La conclusion d'une convention de stage entre le stagiaire, l'établissement d'enseignement et l'entreprise d'accueil est obligatoire***. Elle précise les engagements respectifs des parties à la convention. Pour le suivi du stagiaire, l'établissement d'enseignement désigne un enseignant référent et l'entreprise d'accueil un tuteur.

Aucune convention de stage ne peut être conclue pour exécuter une tâche régulière correspondant à un poste de travail permanent, pour faire face à un accroissement temporaire de l'activité de l'entreprise d'accueil, pour occuper un emploi saisonnier ou pour remplacer un salarié en cas d'absence ou de suspension de son contrat de travail.

L'entreprise doit respecter un délai de carence égal au tiers de la durée du stage précédent avant la conclusion d'une nouvelle convention et le nombre de stagiaires qu'elle accueille ne peut être supérieur à un pourcentage de l'effectif de l'entreprise (fixé par décret, il devrait être de 10 %).

Le stage est intégré à un cursus pédagogique. Sa durée ne peut dépasser ***6 mois renouvellement inclus***. Il s'effectue sous le contrôle de l'établissement d'enseignement. Le stagiaire n'étant pas sous la subordination juridique de l'employeur conserve son statut d'élève ou d'étudiant ; cependant, il bénéficie des mêmes droits que les salariés de l'entreprise d'accueil.

L'entreprise d'accueil doit respecter les obligations suivantes :

- faire passer une visite médicale au stagiaire ;
- respecter les règles relatives à la durée du travail ainsi que les dispositions relatives à l'hygiène, à la sécurité et aux conditions de travail en vigueur dans l'entreprise ;
- ***verser une gratification au stagiaire dès lors que le stage est d'une durée supérieure à 2 mois consécutifs ou non, au cours de l'année d'enseignement***. À défaut de convention de branche ou d'accord professionnel étendu, ***le montant horaire de la gratification est fixé à 15 % du plafond horaire de la Sécurité sociale***.

## 6 Le contrat d'insertion dans la vie sociale (CIVIS)

***Le contrat d'insertion dans la vie sociale (CIVIS) s'adresse à des jeunes de 16 à 25 ans révolus rencontrant des difficultés particulières d'insertion professionnelle. Il a pour objet d'organiser les actions nécessaires à la réalisation de leur projet d'insertion dans un emploi durable ou dans leur projet de création ou de reprise d'une activité non salariée.***

Le bénéficiaire est un jeune sans emploi dont le niveau de qualification est inférieur ou équivalent à un diplôme de fin de second cycle long de l'enseignement général, technologique ou professionnel ou qui n'a pas achevé le premier cycle de l'enseignement supérieur ou qui a été inscrit comme demandeur d'emploi au minimum 12 mois dans les 18 derniers mois.

***Le CIVIS est un contrat d'accompagnement et non un contrat de travail***. Il est signé, d'une part, au nom de l'État, par la mission locale ou la permanence d'accueil, d'information et d'orientation (PAIO) et, d'autre part, par le jeune. Ce contrat prévoit les engagements du bénéficiaire pour la mise en œuvre de son projet d'insertion professionnelle, les actions engagées par l'État à cet effet et les modalités de leur évaluation.

Le CIVIS est conclu pour une durée d'un an. Il peut être renouvelé pour une durée maximale d'un an lorsque l'objectif d'insertion professionnelle n'est pas atteint. Pour les jeunes sans diplôme (ni CAP ou ni BEP), le contrat peut être renouvelé par périodes successives d'une année, jusqu'à la réalisation du projet d'insertion professionnelle.

Le titulaire d'un CIVIS, âgé de 18 à 25 ans révolus, peut bénéficier d'un soutien de l'État sous la forme d'une allocation versée pendant les périodes durant lesquelles il ne perçoit ni une rémunération au titre d'un emploi ou d'un stage, ni une autre allocation, dans la limite de 1 800 € par an.

# La formation professionnelle tout au long de la vie

Chapitre **5**

## 1 L'objet de la formation professionnelle tout au long de la vie

***La formation professionnelle tout au long de la vie constitue une obligation nationale.*** Elle vise à permettre à chaque personne, indépendamment de son statut, d'acquérir et d'actualiser des connaissances et des compétences favorisant son évolution professionnelle, ainsi que de progresser d'au moins un niveau de qualification au cours de sa vie professionnelle. Elle constitue un élément déterminant de sécurisation des parcours professionnels et de la promotion des salariés.

***Le service public de l'orientation tout au long de la vie*** garantit à toute personne l'accès à une information gratuite, complète et objective sur les métiers, les formations, les certifications, les débouchés et les niveaux de rémunération, ainsi que l'accès à des services de conseil et d'accompagnement en orientation de qualité.

***Tout salarié bénéficie d'un conseil en évolution professionnelle dont l'objectif prioritaire est d'améliorer sa qualification***. Cet accompagnement, mis en œuvre au niveau local dans le cadre du service public régional d'orientation tout au long de la vie, lui permet :

- d'être informé sur son environnement professionnel et l'évolution des métiers sur le territoire ;
- de mieux connaître ses compétences, de les valoriser et d'identifier celles à acquérir pour favoriser son évolution professionnelle ;
- d'identifier les emplois correspondant aux compétences qu'il a acquises ;
- d'être informé des dispositifs mobilisables pour réaliser son projet d'évolution professionnelle.

Chaque salarié est informé, notamment par son employeur, de la possibilité de cet accompagnement.

## 2 La formation à l'initiative de l'employeur

### A – L'obligation de formation

***L'employeur a l'obligation d'assurer l'adaptation des salariés à leur poste de travail.*** Il veille au maintien de leur capacité à occuper un emploi, au regard notamment de l'évolution des emplois, des technologies et des organisations. Il peut proposer des formations qui participent au développement des compétences ainsi qu'à la lutte contre l'illettrisme. Toute action de formation suivie par le salarié dans le cadre de cette obligation constitue un temps de travail effectif.

### B – L'entretien professionnel

***Tout salarié bénéficie tous les 2 ans d'un entretien professionnel avec son employeur consacré à ses perspectives d'évolution professionnelle***, notamment en termes de qualifications et d'emploi. Cet entretien qui n'a pas pour objet d'évaluer le travail du salarié, donne lieu à la rédaction d'un document dont une copie est remise au salarié. Il doit être systématiquement proposé au salarié qui reprend son activité après certaines absences (congé maternité, arrêt longue maladie…).

***Tous les 6 ans, l'entretien professionnel fait un état des lieux récapitulatif du parcours professionnel du salarié*** permettant :

- de vérifier qu'il a bien bénéficié au cours des 6 dernières années des entretiens professionnels ;
- d'apprécier s'il a suivi au moins une action de formation, a acquis des éléments de certification par la formation ou par une VAE et a bénéficié d'une progession salariale ou professionnelle.

### C – Le plan de formation

***Le plan de formation est l'ensemble des actions de formation retenues par l'employeur, dans le cadre de son pouvoir de direction, en fonction de son obligation d'adapter les salariés de l'entreprise à l'évolution de leurs emplois et des objectifs poursuivis par l'entreprise.*** Il peut aussi regrouper les formations acceptées par lui provenant de propositions du CE (ou DP) ou de demandes individuelles de salariés. Il prend en compte, si l'entreprise est concernée, les orientations de la formation professionnelle définies lors de la négociation de l'accord de GPEC (*cf.* chapitre 9).

Le plan de formation est élaboré annuellement. Il se compose de ***2 types d'actions de formation*** :

- ***les actions d'adaptation du salarié au poste de travail ou liées à l'évolution et au maintien dans l'emploi dans l'entreprise*** ;
- ***les actions de développement des compétences du salarié***.

***Il donne lieu chaque année à la consultation des représentants du personnel*** (voir p. 49).

***Toute formation dans le cadre du plan formation correspond pour le salarié à l'exécution normale de son contrat de travail***. De ce fait :

- le salarié ne peut refuser de partir en formation à la demande de l'employeur sauf s'il s'agit d'un bilan de compétences (voir p. 46) ou d'une formation hors du temps de travail (voir *infra*) ;
- la rémunération du salarié est maintenue ;

– le salarié est réintégré à la fin de la formation sans obligation pour l'employeur de prendre en compte la formation pour une augmentation de salaire ou une promotion, sauf lorsqu'il a suivi une action ayant pour objet le développement de ses compétences. Dans ce cas, l'employeur doit définir avec lui, avant son départ en formation, la nature des engagements auxquels il souscrit dès lors que le salarié aura suivi avec assiduité la formation et satisfait aux évaluations prévues (priorité d'accès, dans un délai d'un an, aux fonctions disponibles correspondant à sa formation, modalités de prise en compte des efforts accomplis par le salarié).

### D – La formation hors du temps de travail

Les actions de développement des compétences du salarié peuvent se dérouler en tout ou partie hors du temps de travail dans la limite de 80 heures par an et par salarié. Cette possibilité est subordonnée à la conclusion d'un accord écrit entre le salarié et l'employeur dans lequel il est précisé la nature des engagements souscrits par l'employeur dès lors que le salarié a suivi la formation et satisfait aux évaluations prévues (promotion, augmentation de salaire...).

Les heures de formation réalisées en dehors du temps de travail donnent lieu au versement par l'entreprise d'une allocation de formation d'un montant égal à 50 % de la rémunération nette de référence du salarié concerné.

Le refus du salarié de suivre ce type d'actions ou la dénonciation dans les 8 jours de l'accord ne constitue ni une faute, ni un motif de licenciement.

### E – La clause de dédit-formation

La clause de dédit-formation a pour but d'***obtenir d'un salarié bénéficiant d'une formation professionnelle financée par l'entreprise l'engagement de rester au service de celle-ci pendant une durée minimale***. En cas de départ anticipé, le salarié s'engage à rembourser les frais de formation ou à verser une indemnité forfaitaire. Cette clause peut figurer au contrat de travail ou l'employeur peut demander au salarié de la signer avant la formation.

## 3 Le compte personnel de formation (CPF)

***Afin de favoriser l'accès à la formation professionnelle tout au long de la vie, un compte personnel de formation (CPF) est ouvert pour toute personne âgée d'au moins 16 ans en emploi*** (15 ans si elle est en apprentissage) ***ou à la recherche d'un emploi***. Le CPF s'est subsitué au droit individuel à la formation (DIF) au 1er janvier 2015. Les heures acquises au titre du DIF ont été transférées dans le CPF, sans prise en compte dans le calcul du plafond.

Le CPF est fermé lorsque la personne est admise à faire valoir l'ensemble de ses droits à la retraite.

Le CPF est comptabilisé en heures de formation. Il est alimenté en heures de formation à la fin de chaque année et, le cas échéant, par des abondements supplémentaires.

***L'alimentation se fait à hauteur de 24 heures par année de travail à temps complet jusqu'à l'acquisition d'un crédit de 120 heures, puis de 12 heures par année de travail à temps complet dans la limite d'un plafond total de 150 heures***.

Pour le salarié à temps partiel, l'alimentation est calculée à due proportion du temps de travail effectué, sauf dispositions conventionnelles plus favorables.

***Le CPF peut être abondé*** en application d'un accord collectif ou lors de la mise en œuvre de l'action de formation par l'employeur, le salarié, l'OPCA, le compte pénibilité, l'État ou la région. L'abondement n'est pas pris en compte pour le calcul du plafond.

Dans les entreprises d'au moins 50 salariés, lorsque, au cours des 6 ans précédant l'entretien professionnel destiné à faire un état des lieux récapitulatif du parcours professionnel, le salarié n'a pas bénéficié des entretiens prévus et d'au moins 2 des 3 mesures énoncées destinées à apprécier son parcours professionnels (*cf.* p 42), il a droit à un crédit de 100 heures supplémentaires (130 heures s'il est à temps partiel) non pris en compte pour le calcul du plafond.

***Les heures de formation inscrites sur le CPF demeurent acquises en cas de changement de situation professionnelle ou de perte d'emploi de son titulaire***. Elles permettent à son titulaire de financer une formation éligible au CPF.

Chaque titulaire d'un CPF a connaissance du nombre d'heures créditées sur son compte en accédant à un service dématérialisé gratuit. Ce service donne aussi des informations sur les formations éligibles et permet de disposer d'un passeport d'orientation, de formation et de compétences consultable exclusivement par son titulaire.

Sont éligibles au CPF, les formations permettant d'acquérir le socle de connaissances et de compétences, les formations sanctionnées par une certification et figurant sur une liste élaborée soit par un accord collectif, soit par une commission paritaire de l'emploi et de la formation ainsi que l'accompagnement à la validation des acquis de l'expérience (VAE).

La formation financée dans le cadre du CPF n'est pas soumise à l'accord de l'employeur lorsqu'elle est suivie en dehors du temps de travail. Lorsque la formation est suivie en tout ou partie pendant le temps de travail, l'accord préalable de l'employeur est nécessaire à la fois sur le calendrier de la formation et sur son contenu (sauf s'il s'agit d'une formation permettant d'acquérir le socle de connaissances et de compétences ou d'un accompagnement à la VAE). L'absence de réponse de l'employeur, dans un délai de 30 jours, vaut acceptation.

Le CPF ne peut être mobilisé qu'avec l'accord exprès de son titulaire. Le refus du titulaire du CPF de le mobiliser ne constitue pas une faute.

## 4 La formation à l'initiative du salarié

### A – Le congé individuel de formation (CIF)

Le congé individuel de formation (CIF) a pour objet de ***permettre à tout salarié, au cours de sa vie professionnelle, de suivre à son initiative et à titre personnel des actions de formation***.

La formation doit lui permettre :

- d'accéder à un niveau supérieur de qualification ;
- de changer d'activité ou de profession ;
- de s'ouvrir plus largement à la culture et à la vie sociale.

***Tout salarié a droit au congé individuel de formation*** et ce quelle que soit la taille de l'entreprise et quel que soit son contrat de travail (CDI ou CDD, temps partiel…). Il doit formuler sa demande de CIF, par écrit, auprès de l'employeur (*cf.* schéma ci-dessous).

## La demande de congé individuel de formation

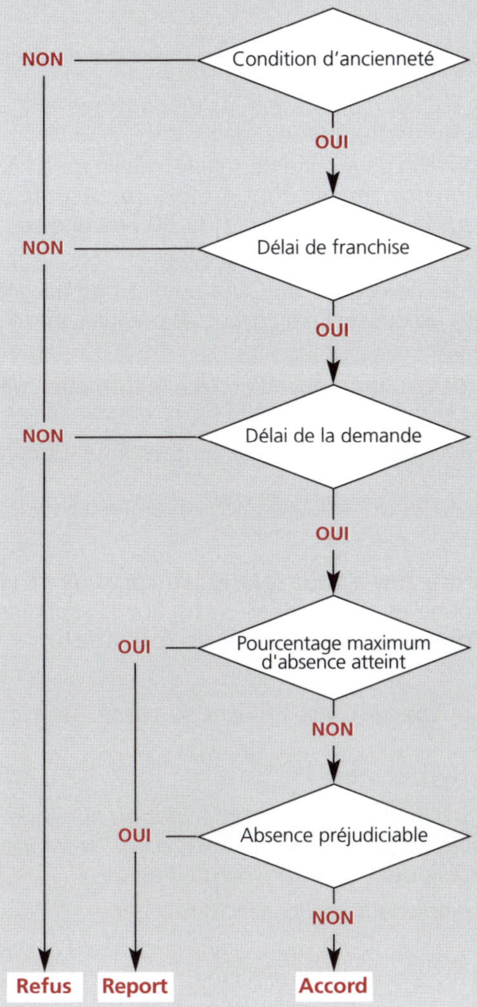


Le salarié doit avoir 24 mois d'ancienneté, consécutifs ou non, en qualité de salarié quelle qu'ait été la nature des contrats de travail successifs (36 mois dans les entreprises artisanales) dont 12 mois dans l'entreprise.

Le salarié doit respecter un délai de franchise entre 2 congés. Ce délai, exprimé en mois, est égal au 1/12e de la durée du congé, exprimée en heures, précédemment suivi. Il ne peut être inférieur à 6 mois, ni supérieur à 6 ans.

La demande précise la nature, la date de début et de fin du stage ainsi que le nom de l'organisme le réalisant.

Le salarié doit formuler sa demande auprès de l'employeur en respectant un délai :

- 60 jours à l'avance pour un stage de moins de 6 mois ou à temps partiel ;
- 120 jours à l'avance pour un stage entraînant une interruption continue de travail d'au moins 6 mois.

L'employeur fait connaître sa réponse dans un délai de 30 jours suivant la réception de la demande de congé.

Les absences au titre du CIF ne doivent pas dépasser :

- entreprises de – 10 salariés : 2 absences simultanées ;
- entreprises de – 200 salariés : 2 % du nombre d'heures effectuées dans l'entreprise ;
- entreprises d'au moins 200 salariés : 2 % du nombre total de salariés de l'entreprise.

Après consultation du CE ou DP, l'employeur peut estimer l'absence du salarié préjudiciable à la production et à la bonne marche de l'entreprise. Le report ne peut excéder 9 mois.

En cas de différend sur le report, l'inspecteur du travail peut être saisi et pris pour arbitre.

***La durée du stage*** ne doit pas excéder en principe :

– ***1 200 heures*** pour un stage discontinu ou à temps partiel ;

– ***1 an*** pour un stage plein.

***La rémunération du stagiaire***, si le stage est pris en charge par un organisme collecteur paritaire, est fixée à ***80 % du salaire*** qu'il aurait perçu s'il était resté à son poste de travail (90 % pour certaines formations), ramenée à ***60 % du salaire*** au-delà d'un an ou 1 200 heures de stage. Elle ne peut être inférieure au salaire antérieur si celui-ci est inférieur ou égal à 2 fois le SMIC. Elle est versée par l'employeur qui est remboursé par l'organisme paritaire.

Le stagiaire remet, chaque mois, à son entreprise une attestation de fréquentation effective de stage.

***Cas particulier du salarié sous CDD*** : il peut bénéficier d'un CIF à condition :

– soit de remplir les conditions d'ancienneté pour l'ouverture du droit au CIF ;

– soit d'avoir une ancienneté de 24 mois consécutifs ou non en qualité de salarié, quelle qu'ait été la nature des contrats successifs au cours des 5 dernières années dont 4 mois, consécutifs ou non, sous CDD, au cours des 12 derniers mois (pour le salarié de moins de 30 ans une seule condition : 4 mois, consécutifs ou non, sous CDD, au cours des 28 derniers mois).

Le congé de formation se déroule en dehors de la période d'exécution du CDD, au plus tard dans les 12 mois après le terme du CDD. Il peut cependant après accord de l'employeur, se dérouler, en tout ou partie, avant le terme du CDD.

L'employeur doit remettre au salarié sous CDD un bordereau individuel d'accès à la formation afin de l'informer de ses droits à congé-formation.

Le salarié intérimaire peut bénéficier du CIF dans le cadre de son entreprise de travail temporaire. Le stage est assimilé à une mission.

## B – Le congé de bilan de compétences

Le congé de bilan de compétences a pour objet de ***permettre à tout salarié, au cours de sa vie professionnelle, d'analyser ses compétences*** professionnelles et personnelles ainsi que ses aptitudes et ses motivations ***afin de définir un projet professionnel et/ou un projet de formation***.

Il peut être organisé :

– ***à l'initiative de l'employeur*** : il ne peut être réalisé qu'*avec le consentement du salarié*. Son refus ne constitue ni une faute ni un motif de licenciement ;

– ***à l'initiative du salarié*** : les conditions de sa mise en œuvre sont :

  • *l'ancienneté* : le salarié doit justifier d'une ancienneté d'au moins *5 ans consécutifs ou non*, quelle qu'ait été la nature des contrats successifs, en qualité de salarié *dont 12 mois dans l'entreprise*. Le salarié sous CDD est soumis aux conditions requises pour l'ouverture du droit au CIF,

  • *la durée du congé ne peut excéder 24 heures de temps de travail* consécutifs ou non,

  • *la demande d'autorisation d'absence est formulée* au moins *2 mois avant la date du congé*. L'employeur doit répondre dans le mois qui suit la réception de la demande,

  • *le report*, en raison des nécessités propres à l'entreprise, *ne peut excéder 6 mois*,

- *la prise en charge est possible* sur demande du salarié auprès de l'organisme collecteur paritaire,
- le salarié ne peut bénéficier d'un nouveau congé de bilan de compétences dans la même entreprise avant un *délai de franchise de 5 ans*.

***Les résultats du bilan de compétences ne sont communiqués qu'à l'intéressé***.

## C – La validation des acquis de l'expérience (VAE)

***Toute personne engagée dans la vie active est en droit de faire valider les acquis de son expérience professionnelle en vue d'acquérir les diplômes et titres à finalité professionnelle*** délivrés par l'État ou figurant dans le répertoire national des certifications professionnelles.

La personne qui demande une VAE doit justifier d'***avoir exercé pendant au moins 3 ans une activité professionnelle, salariée, non salariée ou bénévole, en rapport direct avec l'objet de sa demande***. Sa demande est soumise à un jury qui se prononce au vu d'un dossier constitué par le candidat, à l'issue d'un entretien et, le cas échéant, d'une mise en situation professionnelle. La VAE produit les mêmes effets que le succès aux épreuves de l'examen qu'elle remplace.

Le salarié peut bénéficier d'un ***congé pour VAE pour participer aux épreuves de validation et/ou pour se faire accompagner dans sa préparation***. Les conditions de mise en œuvre sont :

- ***l'ancienneté*** : aucune condition d'ancienneté n'est exigée pour le droit au congé ;
- ***la durée du congé ne peut excéder 24 heures de temps de travail*** consécutifs ou non. Elle est assimilée à une période de travail effectif ;
- ***la demande*** d'autorisation d'absence est formulée ***au moins 2 mois avant le début des actions de validation***. L'employeur doit répondre dans le mois qui suit la réception de la demande ;
- ***la prise en charge est possible*** sur demande du salarié auprès de l'organisme collecteur paritaire ;
- le salarié ne peut bénéficier d'un nouveau congé pour VAE dans la même entreprise avant un ***délai de franchise d'un an***.

## D – Le congé de formation des jeunes travailleurs

Le congé de formation des jeunes travailleurs a pour objet de ***permettre à un jeune***, entrant dans la vie active sans formation, ***de pouvoir suivre un stage de 200 heures*** maximum par an.

***Le bénéficiaire*** doit :

- ***être âgé de 25 ans*** au plus et ***ne pas être titulaire d'un diplôme professionnel*** ;
- ***avoir au moins 3 mois d'ancienneté dans l'entreprise*** ;
- ***ne pas être lié à l'entreprise par un contrat comportant une formation alternée***.

Le salarié doit formuler sa demande 30 jours au moins avant le début du stage en précisant la date d'ouverture du stage, sa durée et sa désignation. L'employeur a 10 jours pour faire connaître sa réponse. Il peut, après avis du CE ou DP, différer le congé. Le report ne peut excéder 3 mois.

Le congé est assimilé à une période de travail effectif. La rémunération est maintenue par l'employeur.

## E – Le congé examen

Le congé examen a pour but de ***permettre à un salarié de préparer et passer un examen en vue de l'obtention*** d'un titre ou ***d'un diplôme*** de l'enseignement technologique homologué.

Il répond aux mêmes conditions concernant l'ancienneté et la demande que le CIF.

Le salarié peut bénéficier d'***un ou plusieurs congés de ce type au cours d'une même année***.

***La durée du congé*** varie selon l'objectif :

– ***pour le congé destiné à la préparation de l'examen*** : 24 heures de temps de travail par année ;

– ***pour le congé destiné à passer l'examen*** : égale à la durée de l'examen.

Le salarié a droit au maintien de son salaire pendant la durée du congé.

## F – La période de professionnalisation

***La période de professionnalisation a pour objet de favoriser, par des actions de formation alternant des enseignements théoriques et pratiques, le maintien dans l'emploi de salariés sous CDI, susceptibles de rencontrer des difficultés professionnelles*** (qualification insuffisante, 20 ans d'activité, après un congé parental, dans le but de créer ou de reprendre une entreprise, titulaire d'un contrat unique d'insertion…).

La période de formation doit permettre à son bénéficiaire d'acquérir une qualification ou de participer à une action de formation dont l'objectif est défini par la commission paritaire nationale de l'emploi de la branche professionnelle dont relève l'entreprise. Elle est d'une durée minimale de 35 heures (entreprises d'au moins 50 salariés) ou de 70 heures (entreprises d'au moins 250 salariés) sur 12 mois calendaires.

La période de formation se déroule en principe durant le temps de travail avec maintien du salaire. Elle peut aussi se dérouler en tout ou partie en dehors du temps de travail à l'initiative soit du salarié dans le cadre du DIF, soit de l'employeur dans le cadre du plan de formation après accord écrit du salarié, avec versement de l'allocation de formation. Dans les 2 cas, l'employeur doit définir avec le salarié la nature des engagements souscrits par l'entreprise dès lors qu'il a suivi avec assiduité la formation et satisfait aux évaluations prévues.

## G – La période de mobilité volontaire sécurisée

***La période de mobilité volontaire sécurisée a pour objet de permettre au salarié, avec l'accord de son employeur, d'exercer une activité dans une autre entreprise. Pendant cette période, son contrat de travail est suspendu.***

Le bénéfice de la période de mobilité sécurisée est ouverte à tout salarié justifiant d'une ancienneté de 24 mois, consécutifs ou non, dans les entreprises d'au moins 300 salariés.

La période de mobilité est mise en œuvre par accord entre l'employeur et le salarié sur demande de ce dernier. Elle donne lieu à un avenant au contrat de travail qui détermine l'objet, la durée, la date de prise d'effet, le terme de la période de mobilité, les situations et modalités d'un retour anticipé, ainsi que le délai dans lequel le salarié informe par écrit l'employeur de son choix éventuel de ne pas réintégrer l'entreprise. Si l'employeur oppose 2 refus successifs à la demande de mobilité, l'accès au DIF est de droit pour le salarié.

À son retour, le salarié retrouve de plein droit son précédent emploi ou un emploi similaire, assorti d'une qualification et d'une rémunération au moins équivalentes. S'il choisit de ne pas réintégrer son entreprise, le contrat de travail est rompu. Cette rupture constitue une démission qui n'est soumis à aucun préavis autre que celui prévu par l'avenant.

### *H – Le congé d'enseignement et de recherche*

Le congé d'enseignement et de recherche a pour but de ***permettre à un salarié soit de dispenser***, à temps plein ou à temps partiel, ***un enseignement technologique ou professionnel, soit de se livrer à une activité de recherche et d'innovation***.

***Les conditions de mise en œuvre*** sont :

- ***l'ancienneté*** : le salarié doit avoir au moins ***1 an d'ancienneté dans l'entreprise*** ;
- ***la durée du congé*** : elle ne peut dépasser ***1 an***. Le congé peut être à temps plein ou à temps partiel (8 heures par semaine ou 40 heures par mois) ;
- ***la demande du salarié, la réponse de l'employeur et les conditions de report sont les mêmes que pour le congé individuel de formation***.

Le salarié n'a pas droit, en principe, au maintien de son salaire : si l'employeur le maintient, il peut le déduire de sa participation au financement de la formation professionnelle.

### *I – Le congé pour participer aux instances de la formation continue*

Le congé pour participer aux instances de la formation continue a pour but de permettre au salarié, désigné à cet effet, de siéger dans une commission, un conseil ou un comité administratif ou paritaire appelés à traiter des problèmes de l'emploi et de la formation et/ou de participer à un jury d'examen.

L'employeur doit accorder au salarié le temps nécessaire à l'accomplissement de son activité (sauf en cas d'absence préjudiciable, voir CIF) et maintenir sa rémunération.

## 5 Le rôle des représentants du personnel

***La formation professionnelle entre dans le champ des attributions du CE*** (*cf.* chapitre 11). Dans les entreprises de moins de 50 salariés, les missions du CE en matière de formation sont exercées par les DP.

Chaque année, le CE est consulté sur les orientations de la formation professionnelle dans l'entreprise en fonction des perspectives économiques et de l'évolution de l'emploi, des investissements et des technologies dans l'entreprise. Il est saisi chaque fois qu'un changement important affecte l'un de ces domaines.

Chaque année, au cours de ***2 réunions spécifiques***, le CE émet un avis sur l'exécution du plan de formation du personnel de l'entreprise lors de l'année précédente, sur celui de l'année en cours et sur le projet de plan ou de mise en œuvre du plan pour l'année à venir.

Ces 2 réunions doivent intervenir respectivement avant le 1er octobre et avant le 31 décembre de l'année en cours. Un accord d'entreprise peut modifier le calendrier de ces 2 réunions.

À l'occasion de ces réunions, le CE est consulté sur les conditions d'accueil des jeunes dans l'entreprise (formation en alternance, stagiaires) ainsi que sur les reports de demande de congé formation à l'initiative des salariés.

## 6 Le financement de la formation professionnelle continue

***Toute entreprise est tenue de consacrer chaque année au financement de la formation professionnelle continue un pourcentage minimum, variable en fonction de l'effectif de l'entreprise, calculé par rapport aux salaires payés pendant l'année civile en cours***. Cette contribution est versée à l'organisme paritaire collecteur agréé (OPCA) désigné par l'accord de branche ou, à défaut, à celui désigné au niveau interprofessionnel.

***Le montant de la contribution au financement de la formation professionnelle*** est de :

- ***entreprises de moins de 10 salariés : 0,55 %*** : la contribution est gérée directement par l'OPCA pour financer des actions de professionnalisation et du plan de formation ;
- ***entreprises d'au moins 10 salariés : 1 %*** : la répartition de la contribution est la suivante :

| Répartition | Entreprises de 10 salariés à moins de 50 salariés | Entreprises d'au moins 50 salariés |
|---|---|---|
| FPSPP[1] | 0,15 % | 0,20 % |
| Congé individuel de formation (CIF) | 0,15 % | 0,20 % |
| Actions de professionnalisation, plan de formation et compte personnel de formation (CPF) | 0,70 % | 0,60 % |

1. Le Fonds paritaire de sécurisation des parcours professionnels (FPSPP) est une association constituée entre les organisations syndicales d'employeurs et de salariés représentatives au niveau national et interprofessionnel. Le FPSPP est chargé de sécuriser les parcours professionnels des salariés mais aussi de favoriser le maintien et le retour à l'emploi des personnes les plus fragiles sur le marché du travail.

La contribution de 1 % peut être abaissée à 0,8 % si un accord d'entreprise, conclu pour 3 ans, prévoit que l'entreprise s'engage à consacrer, chaque année, au moins 0,2 % de sa masse salariale au financement du compte personnel de formation (CPF) et à son abondement.

L'entreprise qui atteint ou dépasse l'effectif de 10 salariés conserve le taux de 0,55 % l'année du dépassement et les 2 années suivantes. Le taux passe à 0,70 % pour la quatrième année puis à 0,90 % pour la cinquième année.

L'entreprise, quel que soit son effectif, occupant un ou plusieurs salariés sous CDD doit verser une contribution égale à 1 % du montant des salaires payés à ces salariés. Cette contribution vient en complément de la participation légale.

L'entreprise de travail temporaire (ETT) est soumise à une contribution de 0,55 % pour l'ETT de moins de 10 salariés et de 1,3 % pour l'ETT d'au moins 10 salariés.

# L'accès à l'emploi

Chapitre
**6**

## 1 Les organismes de placement des demandeurs d'emploi

### A – Le service public de l'emploi

***Le placement des demandeurs d'emploi*** doit répondre à ***3 critères*** :

- → ***la gratuité*** ;
- → ***l'égalité de traitement des usagers*** ;
- → ***la transparence des offres d'emplois***.

Le service public de l'emploi comprend le placement, l'indemnisation, l'insertion, la formation et l'accompagnement des demandeurs d'emploi. Il repose sur 3 catégories d'acteurs :

- ***les acteurs qui assurent le service public de l'emploi*** : Pôle emploi et l'Association nationale pour la formation professionnelle des adultes (AFPA) ;
- ***les acteurs qui participent au service public de l'emploi*** : les organismes publics ou privés dont l'objet consiste en la fourniture de services relatifs au placement, à l'insertion, à la formation et à l'accompagnement des demandeurs d'emploi (l'APEC : Association pour l'emploi des cadres, les chambres de commerce…), les organismes liés à l'État par une convention relative à l'insertion par l'activité économique de personnes rencontrant des difficultés sociales et professionnelles particulières (les associations de services à la personne…), les entreprises de travail temporaire ainsi que les agences de placement privées ;
- ***les acteurs qui concourent au service public de l'emploi*** : les collectivités territoriales et leurs groupements.

### B – Pôle emploi

***Pôle emploi est chargé d'assurer l'accueil, l'orientation, le placement, l'indemnisation et l'accompagnement des demandeurs d'emploi***.

Les partenaires sociaux, par le biais de l'UNEDIC, continuent à administrer le régime d'assurance chômage et à fixer les modalités d'indemnisation de la privation d'emploi.

Pôle emploi est administré par un conseil d'administration qui comprend :

- 5 représentants de l'État ;
- 5 représentants des employeurs et 5 représentants des salariés désignés par les organisations syndicales de salariés et d'employeurs représentatives au niveau national et interprofessionnel ;
- 2 personnalités qualifiées choisies en raison de leurs compétences dans les domaines d'activité de l'institution et désignées par le ministre du Travail ;
- 1 représentant des collectivités territoriales, désigné sur proposition conjointe des associations des collectivités concernées.

Pôle emploi a pour mission :

- ***de prospecter le marché du travail***, procéder à la collecte des offres d'emploi, aider et conseiller les entreprises dans leur recrutement, assurer la mise en relation entre les offres et les demandes d'emploi. L'employeur n'est pas tenu de l'informer des places vacantes au sein de son entreprise ;
- ***d'accueillir, informer, orienter et accompagner les personnes***, qu'elles disposent ou non d'un emploi, ***à la recherche d'un emploi***, d'une formation ou d'un conseil professionnel ;
- ***de procéder aux inscriptions sur la liste des demandeurs d'emploi*** et tenir celle-ci à jour, ce qui comprend le contrôle de la recherche d'emploi et les décisions de radiation ;
- ***d'assurer le versement des allocations de remplacement*** pour le compte du régime d'assurance chômage et du régime de solidarité.

Toute personne à la recherche d'un emploi doit requérir son inscription sur la liste des demandeurs d'emploi auprès de Pôle emploi.

## C – Les maisons de l'emploi

Les maisons de l'emploi, créées dans chaque région, associent l'État, Pôle emploi, au moins une collectivité territoriale et, selon les cas, les services sociaux, les organismes consulaires, les missions locales, les organismes de formation et les entreprises. Elles ont pour mission :

- de ***mutualiser les moyens de chacun des acteurs du service public de l'emploi*** pour une meilleure efficacité du service rendu aux entreprises et aux demandeurs d'emploi ;
- d'***améliorer l'ancrage territorial du service public de l'emploi***, notamment en facilitant la participation des collectivités territoriales ;
- de ***participer à la mise en œuvre des actions de reclassement*** des salariés licenciés ou menacés de licenciement.

## D – Les missions locales pour l'insertion professionnelle des jeunes

Les missions locales pour l'insertion professionnelle et sociale des jeunes ont pour objet d'aider les jeunes de 16 à 25 ans à résoudre l'ensemble des problèmes que pose leur insertion professionnelle et sociale en assurant des fonctions d'accueil, d'information, d'orientation et d'accompagnement.

Elles favorisent la concertation entre les différents partenaires en vue de renforcer ou compléter les actions conduites par ceux-ci, notamment pour les jeunes rencontrant des difficultés particulières d'insertion professionnelle et sociale, et contribuent à l'élaboration et à la mise en œuvre, dans leur zone de compétence, d'une politique locale concertée d'insertion professionnelle et sociale des jeunes.

### E – Le placement privé

L'activité de placement consiste à fournir, à titre habituel, des services visant à rapprocher offres et demandes d'emploi, sans que la personne physique ou morale assurant cette activité ne devienne partie aux relations de travail susceptibles d'en découler.

La fourniture de services de placement est exclusive de toute autre activité à but lucratif, à l'exception des services ayant pour objet le conseil en recrutement ou en insertion professionnelle.

Aucun service de placement ne peut être refusé à une personne à la recherche d'un emploi ou à un employeur pour un motif discriminatoire.

Le principe de gratuité de l'activité de placement s'applique aux personnes à la recherche d'un emploi. La facturation de services de placement aux employeurs est autorisée.

### F – L'offre d'emploi

Le principe de libre diffusion des offres d'emploi est autorisé. La vente d'offres ou de demandes d'emploi, quel que soit le support utilisé, est interdite. Par contre, l'insertion, à titre onéreux, d'offres ou de demandes d'emploi dans une publication ou un autre moyen de communication payant est autorisée. Le principe général de non-discrimination s'applique au contenu des offres d'emploi. Toute offre d'emploi publiée ou diffusée doit être datée.

**L'offre d'emploi**

L'employeur engage sa responsabilité sur les indications portées dans l'annonce.
Une offre d'emploi ne doit pas :
- comporter de mentions discriminatoires ;
- mentionner une limite d'âge supérieure (l'indication d'une limite d'âge minimale est possible) ;
- être rédigée en langue étrangère si elle concerne un emploi devant être exercé sur le territoire français, ni comporter de termes étrangers sauf si l'emploi proposé ne peut être désigné que par un terme étranger ;
- comporter d'allégations fausses ou susceptibles d'induire en erreur les candidats.

## 2 L'embauche

***L'employeur a toute liberté pour embaucher un salarié. Il doit cependant respecter certaines dispositions légales ou conventionnelles.***

### A – L'âge d'admission au travail

***L'âge d'admission au travail est de 16 ans***, fin de l'obligation scolaire, 15 ans sous certaines conditions pour l'apprentissage (*cf.* chapitres 4 et 17).

Les enfants de plus de 14 ans peuvent, pendant la moitié de leurs vacances scolaires, effectuer des travaux légers. L'employeur doit obtenir un accord préalable de l'inspecteur du travail.

## B – L'interdiction de toute discrimination à l'embauche

L'employeur ne peut refuser d'embaucher une personne en raison de son origine, de son sexe (sauf activités spécifiques : artiste, mannequin...), de ses mœurs, de son orientation sexuelle, de son âge, de sa situation de famille ou de son état de grossesse, de ses caractéristiques génétiques, de son appartenance ou de sa non-appartenance, vraie ou supposée, à une ethnie, une nation ou une race, de ses opinions politiques, de ses activités syndicales ou mutualistes, de ses convictions religieuses, de son apparence physique, de son patronyme ou, sauf inaptitude constatée par le médecin du travail, en raison de son état de santé ou de son handicap.

Cette interdiction s'applique à la formulation des offres d'emploi et à la rupture du contrat de travail (pendant ou après la période d'essai). Toute personne s'estimant victime de discrimination peut saisir le Défenseur des droits.

## C – Les priorités d'emploi

L'employeur doit, avant de pourvoir un poste, s'assurer qu'il n'existe pas de salariés bénéficiant d'une priorité d'emploi. Les différentes priorités d'embauche sont :

- ***la priorité de proposition*** : le salarié occupant un emploi à temps partiel ou à temps complet a une priorité – s'il le souhaite – pour l'attribution d'un emploi à temps complet ou à temps partiel correspondant à sa catégorie professionnelle ou dans des emplois équivalents ;
- ***le droit à réintégration*** : l'employeur est tenu de réintégrer le salarié dans son emploi précédent ou dans un emploi similaire à l'issue d'un congé maternité, d'un congé parental d'éducation, d'un congé pour accident du travail ou maladie professionnelle, d'un congé de formation, d'un congé sabbatique, d'un congé pour création d'entreprise ou après un mandat parlementaire ;
- ***la priorité de réembauchage*** : certains salariés dont le contrat a été rompu ou qui n'ont pu être réintégrés, bénéficient d'une priorité de réembauchage, pendant un an, si un emploi de leur qualification est à pourvoir dans l'entreprise. Il s'agit des cas suivants : après un licenciement économique ou après un congé postnatal (si la réintégration n'a pas été possible) ;
- ***l'obligation d'emploi*** : *toute entreprise d'au moins 20 salariés doit occuper un pourcentage obligatoire de mutilés de guerre* et assimilés *et de handicapés fixé à 6 % de l'effectif*. L'entreprise peut s'acquitter de l'obligation légale par le versement d'une contribution financière à l'Association nationale pour la gestion du fonds d'insertion professionnelle des handicapés, la conclusion de contrats de sous-traitance de fournitures ou de prestations de service avec des établissements de travail protégé ou la mise en œuvre d'un programme en faveur des travailleurs handicapés.

## *D – L'emploi des travailleurs étrangers*

### 1) Les ressortissants des États membres de l'Union européenne

***Les ressortissants des États membres de l'Union européenne*** (UE, sauf pour les nouveaux États membres qui sont soumis à la période transitoire rendant obligatoire pour leurs ressortissants la détention d'un titre de séjour autorisant l'activité salariée) ***et de l'Espace économique européen*** (EEE : Islande, Norvège et Liechtenstein ) ***ou les ressortissants de la Suisse peuvent exercer toute activité salariée sur l'ensemble du territoire sans avoir à solliciter d'autorisation de travail***.

### 2) Les ressortissants des États non-membres de l'Union européenne

Le recrutement et l'introduction en France de travailleurs étrangers, ressortissants des États non-membres de l'Union européenne, sont soumis au contrôle de l'Agence nationale de l'accueil des étrangers et des migrations (ANAEM).

Pour exercer une activité, le travailleur étranger doit être titulaire d'une carte unique valant à la fois autorisation de séjour et autorisation de travail :

- ***la carte de résident*** : elle est valable 10 ans et renouvelable de plein droit. Elle permet l'exercice de toute profession sur l'ensemble du territoire ;
- ***la carte de séjour temporaire « carte bleue européenne »*** : elle est accordée à tout étranger titulaire d'un contrat de travail concernant un emploi hautement qualifié. Elle est accordée pour une durée maximale de 3 ans renouvelable ;
- ***la carte de séjour temporaire « salarié » ou « travailleur temporaire »*** : elle est accordée à tout étranger titulaire d'un contrat de travail (durée supérieure ou égale à 12 mois : « *salarié* » ; durée inférieure à 12 mois :« *travalleur temporaire* »). Elle est accordée pour une durée de 1 an au plus, renouvelable ;
- ***la carte de séjour temporaire « travailleur saisonnier »*** : elle est accordée à tout étranger titulaire d'un contrat de travail saisonnier et qui s'engage à maintenir sa résidence habituelle hors de France. Elle permet d'exercer des travaux saisonniers n'excédant pas 6 mois sur 12 mois consécutifs. Elle est accordée pour une durée maximale de 3 ans renouvelable ;
- ***la carte de séjour temporaire « vie privée et familiale »*** : elle est accordée à tout étranger justifiant d'attaches personnelles et/ou familiales en France. Elle est accordée pour une durée de 1 an, renouvelable ;
- ***la carte de séjour « Compétences et talents »*** : elle est accordée à tout étranger susceptible de participer, du fait de ses compétences et de ses talents, au développement économique ou au rayonnement intellectuel, culturel ou sportif de la France ou du pays dont il a la nationalité. Elle est accordée pour une durée de 3 ans, renouvelable.

Le ministère du Travail fixe un pourcentage maximum variable de travailleurs étrangers à employer par profession et par région. Des régimes particuliers existent pour les ressortissants algériens, tunisiens, libanais, cambodgiens, vietnamiens, laotiens, centrafricains, gabonais et togolais ainsi que pour les réfugiés et apatrides.

## 3 La procédure d'embauche

### A – La sélection des candidats

L'employeur procède à un premier tri des candidats, en fonction des critères définis, pour le poste à pourvoir. Cette sélection se réalise par l'analyse du curriculum vitæ (CV) du candidat et de la lettre de candidature accompagnant le CV (et éventuellement de son analyse graphologique).

L'employeur peut ensuite pour sélectionner les candidats retenus utiliser différents moyens : l'essai professionnel, les tests psychologiques, le questionnaire d'embauche, l'entretien...

Les informations demandées, sous quelque forme que ce soit, au candidat à l'emploi proposé ne peuvent avoir comme finalité que d'apprécier ses aptitudes professionnelles ou sa capacité à l'occuper. Elles doivent présenter un lien direct et nécessaire avec l'emploi proposé ou avec l'évaluation de ses aptitudes professionnelles. Le candidat à l'emploi est tenu d'y répondre de bonne foi.

### B – Les formalités de l'embauche

L'employeur doit avant toute embauche ***procéder à une déclaration préalable à l'embauche (DPAE)*** auprès de l'organisme de protection sociale dont il dépend (URSSAF ou caisse de mutualité agricole s'il s'agit d'un salarié agricole).

***La déclaration préalable à l'embauche*** comporte :

- ***les informations relatives à l'entreprise*** : dénomination sociale, code APE, adresse... ;
- ***les informations relatives au salarié embauché*** : nom, prénoms, sexe, date et lieu de naissance, numéro de Sécurité sociale ;
- ***la date et l'heure d'embauche*** ;
- ***la nature, la durée du contrat ainsi que la durée de la période d'essai éventuelle*** pour les CDI et les CDD dont le terme ou la durée maximale excède 6 mois.

Au moyen de cette déclaration, l'employeur accomplit, si nécessaire, les déclarations et demandes suivantes :

- ***l'immatriculation du salarié au régime général de la Sécurité sociale***, s'il ne l'est pas, et, ***celle de l'employeur,*** en tant que tel, en cas de première embauche ;
- ***l'immatriculation du salarié à la CPAM*** ;
- ***l'affiliation de l'employeur au régime d'assurance-chômage*** ;
- ***la demande d'adhésion à un service de santé au travail*** ;
- ***la demande d'examen médical d'embauche***.

Cette déclaration, adressée au plus tôt dans les 8 jours précédant la date prévisible de l'embauche, est transmise à l'organisme par lettre recommandée avec AR, par télécopie, par télématique ou par voie électronique. L'organisme transmet à l'employeur un accusé de réception de la déclaration.

***Lors de l'embauche du salarié, l'employeur lui fournit une copie de la DPAE ou de l'accusé de réception***. Cette obligation de remise est considérée comme satisfaite dès lors que le salarié dispose d'un contrat de travail écrit, accompagné de la mention de l'organisme destinataire de la déclaration.

***L'inscription sur le registre unique du personnel*** : l'employeur doit, dès l'embauche, procéder à l'inscription du nouveau salarié sur le registre unique du personnel.

La tenue de ce registre est obligatoire pour l'employeur. Elle peut être faite sur support informatique. Ce registre contient les mentions suivantes :

– nom, date de naissance, sexe, nationalité, emploi et qualification du salarié embauché ;

– date d'entrée et date de départ (licenciement, démission) ;

– mentions complémentaires pour certaines catégories de salariés (apprenti, travailleur étranger...).

***L'information de Pôle emploi*** : l'employeur doit informer Pôle emploi dans les 8 jours de l'embauche si le salarié était inscrit comme demandeur d'emploi. Cette information peut être effectuée à l'aide de la déclaration unique d'embauche.

***L'immatriculation du salarié à la Sécurité sociale*** dans les 8 jours suivant l'embauche si le salarié n'a jamais été immatriculé (*cf.* chapitre 20). L'employeur doit aussi faire adhérer le salarié embauché aux caisses de retraite et de prévoyance.

***La visite médicale d'embauche*** : l'employeur doit faire passer la visite médicale d'embauche au salarié au plus tard avant l'expiration de la période d'essai.

***La déclaration mensuelle des mouvements de personnel*** : l'employeur doit transmettre à l'UT DIRECCTE du département, dans les 8 premiers jours de chaque mois, le relevé des contrats de travail conclus et résiliés. Cette déclaration ne concerne que les entreprises occupant au moins 50 salariés.

**La lutte contre le travail dissimulé**

Est considéré comme travail dissimulé ou travail clandestin, toute dissimulation totale ou partielle d'une activité professionnelle de production, de transformation, de réparation ou de prestation de services – exercée à but lucratif – par une personne physique ou morale qui s'est soustraite intentionnellement à l'une des obligations suivantes :

– requérir son immatriculation – lorsque celle-ci est obligatoire – au répertoire des métiers ou au registre du commerce et des sociétés ;

– procéder aux déclarations obligatoires aux organismes de protection sociale et à l'administration fiscale ;

– effectuer, en cas d'emploi de salariés, au moins deux des obligations suivantes :
  - la remise de bulletin de salaire,
  - la tenue du livre de paie ou la conservation du double des bulletins de salaire,
  - la tenue du registre unique du personnel.

Le délit de travail dissimulé est également constitué lorsqu'une entreprise a eu recours à des pratiques de fausse sous-traitance, c'est-à-dire si, sous couvert d'un contrat de sous-traitance, elle emploie des travailleurs en état de subordination caractérisant un travail salarié.

Le délit de travail dissimulé est puni de 3 ans d'emprisonnement et de 45 000 € d'amende.

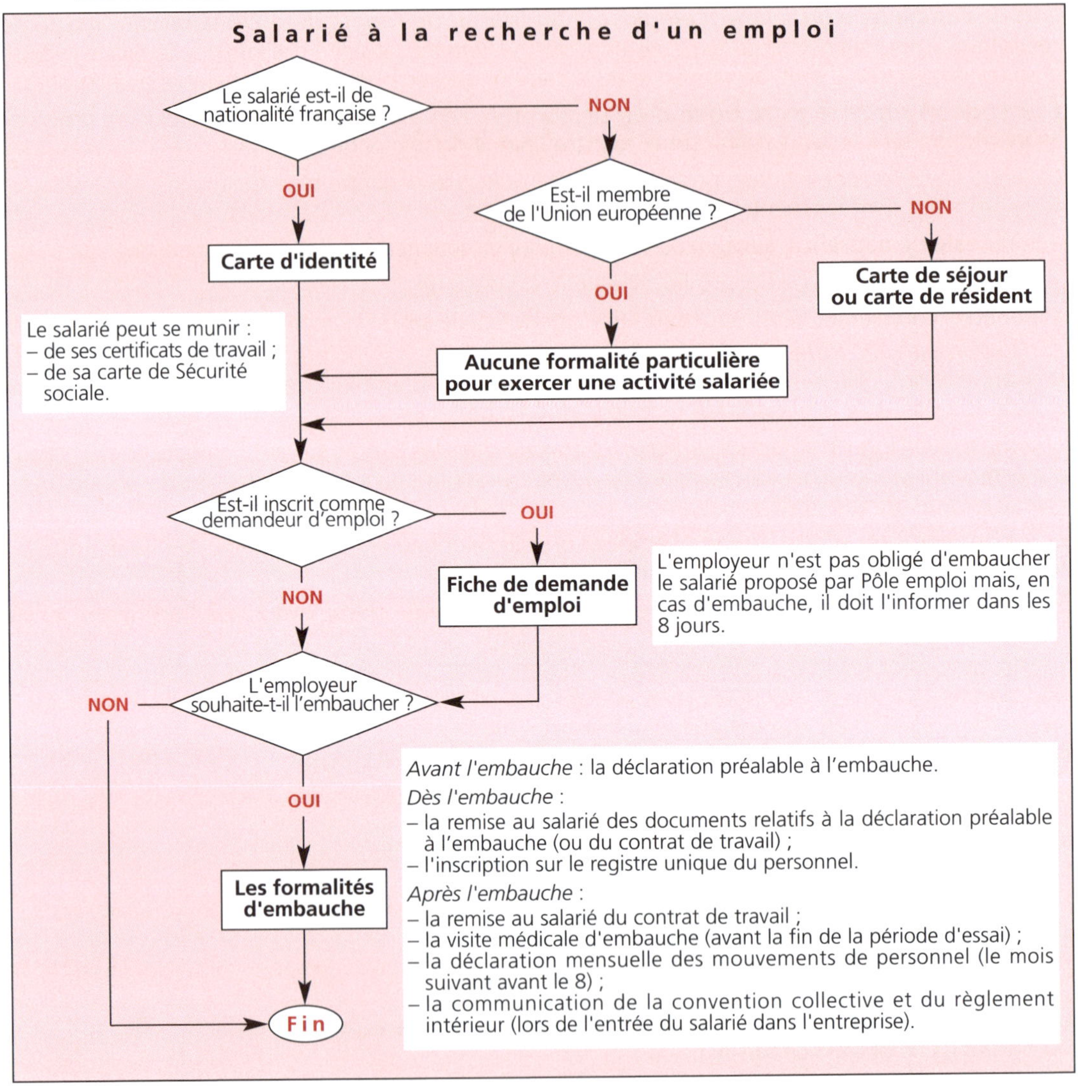


**À NOTER** • La promesse d'embauche : il y a promesse d'embauche lorsque l'employeur propose une offre d'emploi à une personne déterminée en précisant la nature du poste à occuper, le montant de la rémunération et une date limite pour la prise des fonctions. En l'absence de clause de rétractation, l'employeur ne peut se délier de sa promesse d'embauche, sauf à s'exposer à une condamnation à dommages-intérêts pour rupture abusive de son engagement.

# Les contrats de travail

Chapitre **7**

## 1 Les dispositions communes aux contrats de travail

### A – La définition du contrat de travail

Le contrat de travail est une ***convention par laquelle une personne, le salarié, s'engage à travailler pour le compte et sous la direction d'une autre personne, l'employeur, moyennant une rémunération, le salaire.***

*Une prestation de service*
Le travail effectué par le salarié

*Une rémunération*
Le salaire versé par l'employeur

**3 caractéristiques**

*Un lien de subordination*
Le pouvoir de direction, de surveillance, d'instruction et de commandement de l'employeur

| Les différents contrats de travail | Types de contrat | |
|---|---|---|
| ***Le contrat de droit commun*** : le contrat de travail à durée indéterminée (CDI). | CDI | |
| ***Les contrats de travail précaires*** : | | |
| – le contrat de travail à durée déterminée (CDD) ; | | CDD |
| – le contrat de travail temporaire (l'intérim) ; | CDI | CDD |
| – le contrat de travail à temps partagé ; | CDI | |
| – le contrat de travail saisonnier ; | | CDD |
| – le contrat de mission à l'exportation ; | CDI | |
| – le CDD senior ; | | CDD |
| – le CDD à objet défini ; | | CDD |
| – le contrat étudiant au sein des établissements d'enseignement supérieur. | | CDD |
| ***Les contrats de travail destinés à l'aménagement du temps de travail*** : | | |
| – le contrat de travail à temps partiel ; | CDI | CDD |
| – le contrat de travail intermittent. | CDI | |
| ***Les contrats de travail destinés à la formation et/ou à l'insertion*** : | | |
| – le contrat d'apprentissage (*cf.* chapitre 4) ; | CDI | CDD |
| – le contrat de professionnalisation (*cf.* chapitre 4) ; | CDI | CDD |
| – le contrat initiative-emploi (CIE) ; | CDI | CDD |
| – le contrat d'accompagnement dans l'emploi (CAE) ; | CDI | CDD |
| – l'emploi d'avenir ; | CDI | CDD |
| – le contrat de génération. | CDI | |

## B – La conclusion du contrat de travail

### 1) La forme du contrat de travail

**Contrat de travail**

- *écrit* : il est obligatoirement écrit ; seul le CDI à temps complet peut être non-écrit, sauf dispositions conventionnelles contraires et sous réserve du respect des formalités liées à l'embauche.
- *en français* : il est rédigé en français, même s'il doit être exécuté à l'étranger. Le salarié étranger peut demander une traduction du contrat dans sa langue natale.
- ***exempt de timbre et d'enregistrement***.

### 2) Les conditions de validité du contrat de travail

**Conditions de validité**

- ***le consentement des parties*** : il doit être personnel et réciproque. Il ne doit pas être forcé par l'erreur (ex. : fausses affirmations), le dol (ex. : manœuvre frauduleuse pour obtenir le consentement) ou la violence (ex. : menaces, pressions…).
- ***la capacité à contracter des parties*** :
  - ***l'employeur*** : il peut être soit une personne physique, soit une personne morale. Le contrat de travail peut être conclu par son représentant qualifié ;
  - ***le salarié*** : il ne peut être qu'une personne physique. S'il est mineur, non émancipé, le consentement du représentant légal est nécessaire.
- ***l'objet et la cause du contrat de travail*** : ils font naître des obligations. Chacune doit être possible, déterminée ou déterminable et licite (c'est-à-dire non contraire à l'ordre public et aux bonnes mœurs).

## C – Le contenu du contrat de travail

***L'employeur et le salarié sont libres d'insérer dans le contrat de travail les clauses de leur choix*** à partir du moment où :

– elles sont plus favorables que les dispositions législatives, réglementaires ou conventionnelles ;

– elles ne sont pas interdites par la loi ;

– elles ne sont pas contraires à l'ordre public et aux bonnes mœurs.

### 1) Les clauses générales

Le contrat de travail doit préciser :

– l'identité des parties ;

– le lieu de travail ;

– le titre, grade ou qualité du salarié (ou la description sommaire du travail) ;

– la date de début du travail ;

– les divers éléments du salaire ;

– la périodicité de la rémunération ;

– la durée du travail journalière ou hebdomadaire.

Le contrat de travail peut comporter une clause rappelant que le présent contrat est régi par les dispositions législatives, réglementaires et conventionnelles applicables à l'entreprise et par le règlement intérieur de l'entreprise.

## D – Les clauses particulières

***Les clauses particulières ne se présument pas*** :

– soit les parties en précisent l'existence et les modalités d'application dans le contrat de travail ;

– soit les dispositions de la convention collective applicable à l'entreprise en mentionnent l'existence (sauf accord contraire des parties).

Le contrat peut comporter par exemple :

- ***une clause relative à la période d'essai*** : c'est une période pendant laquelle les parties sont libres de rompre leur engagement à tout moment, un délai de prévenance doit être respecter. Sa durée est définie par des dispositions législatives ou conventionnelles. À l'issue de cette période (éventuellement renouvelable), l'engagement devient définitif ;
- ***une clause de non-concurrence*** : elle a pour but de prémunir l'employeur d'une concurrence éventuelle du salarié après la cessation de ses fonctions. Elle n'existe que dans le cadre d'un CDI. Elle comporte pour l'employeur l'obligation de verser au salarié une contrepartie financière ;
- ***une clause de dédit-formation*** (*cf.* chapitre 5) ;
- ***une clause de mobilité*** : elle a pour but d'obtenir du salarié qu'il accepte, par avance, la modification de son lieu de travail. La portée de la mobilité doit être précisée. Pour faire jouer la clause, l'employeur doit :
  – démontrer que la mutation est dictée par l'intérêt de l'entreprise. Elle ne doit pas constituer un abus de pouvoir,
  – respecter un délai de prévenance ;
- ***une clause d'exclusivité*** : elle a pour but d'interdire au salarié, pendant son contrat, de travailler pour d'autres employeurs ou de se livrer à des activités concurrentes ;
- ***une clause de rémunération forfaitaire*** : elle a pour objectif de lier le salarié par une convention qui prévoit une rémunération forfaitaire :
  – *soit pour un horaire déterminé* : l'horaire de travail comporte l'accomplissement régulier d'heures supplémentaires,
  – *soit pour un horaire indéterminé* : la rémunération est indépendante du temps de travail (ex. : les cadres).

**À NOTER** • Il ne faut pas confondre la période d'essai et l'essai professionnel. Ce dernier n'est qu'une épreuve permettant à l'employeur de vérifier la qualification du salarié et son aptitude à l'emploi postulé.

## E – Les obligations des parties

***L'employeur*** s'engage à :

- procurer au salarié le travail convenu et les moyens pour le réaliser ;
- rémunérer le salarié au taux et aux dates prévus ;
- respecter la réglementation légale (lois, conventions et accords collectifs) ;
- s'acquitter de toutes les cotisations obligatoires (Sécurité sociale, retraite complémentaire, assurance chômage...).

***Le salarié*** s'engage à :

- exécuter personnellement et consciencieusement le travail convenu ;
- prendre soin du matériel confié ;
- respecter la discipline intérieure de l'entreprise ;
- respecter le secret professionnel et s'abstenir de tout acte de concurrence.

## F – La suspension du contrat de travail

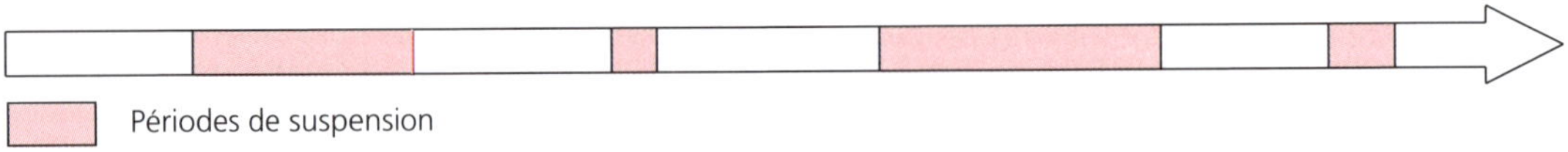

Périodes de suspension

Certains événements ou circonstances peuvent interrompre temporairement l'activité du salarié. Cette interruption du fait du salarié (la maladie, les congés liés à la naissance ou à l'adoption, à la formation, pour convenances personnelles, la grève...) ou du fait de l'employeur (la mise en activité partielle, le lock-out, la mise à pied...) entraîne la suspension du contrat de travail.

Les conséquences de la suspension du contrat de travail sont, au regard :

- ***du salaire*** : une retenue sur salaire est opérée sauf dispositions légales ou conventionnelles. Dans certains cas, cette perte de salaire peut être compensée par l'obtention d'une indemnité ;
- ***de l'ancienneté*** : les périodes de suspension ne sont pas prises en compte pour le calcul de l'ancienneté. Cependant la loi assimile certaines absences à un temps de travail ;
- ***de l'effectif*** : les salariés dont le contrat est suspendu sont toujours compris dans l'effectif de l'entreprise ;
- ***du licenciement*** : l'employeur ne peut, en principe, licencier pour inexécution de la prestation de service. La suspension du contrat ne fait pas obstacle au licenciement du salarié pour une faute antérieure à la suspension ou pour motif économique ;
- ***de la démission*** : le salarié peut démissionner pendant la période de suspension ;
- ***de certaines obligations du salarié*** : le salarié reste lié pendant les périodes de suspension par les obligations de discrétion et de loyauté.

## G – La modification du contrat de travail

***Toute modification du contrat de travail doit faire l'objet d'un avenant un mois au plus tard après sa date d'effet.***

### 1) La modification à l'initiative du salarié

***Le salarié peut demander à l'employeur une modification de son contrat de travail***. Ce dernier n'est pas tenu de l'accepter sauf si la demande émane :

- d'une salariée enceinte dont l'état de santé, médicalement constatée, exige d'être temporairement affectée à un autre poste ;
- d'un salarié devenu inapte à son emploi à la suite d'un accident du travail ;
- d'un(e) salarié(e) désirant bénéficier d'un travail à temps partiel pour élever ses enfants.

### 2) La modification à l'initiative de l'employeur

***L'employeur peut***, en vertu de son pouvoir de direction, ***modifier*** :

→ ***le contrat de travail du salarié***, c'est-à-dire modifier un élément du contrat de travail qui a été déterminant lors de sa conclusion (par nature ou par la volonté des parties) ou qui aggrave de façon sensible les conditions d'exécution du contrat. Cette modification peut intervenir :

- ***pour motif personnel***, c'est-à-dire pour une raison inhérente à la personne du salarié (ex. : état de santé, compétences...) ;
- ***pour motif disciplinaire*** (*cf.* chapitre 10) ;
- ***pour motif économique***, afin de réorganiser l'entreprise pour sauvegarder sa compétitivité ou pour résoudre des difficultés économiques ;

→ ***les conditions de travail du salarié***, c'est-à-dire modifier une modalité d'exécution du contrat de travail (ex. : changement d'horaire de permanence, mutation d'un poste à un autre n'entraînant ni diminution de salaire, ni déclassement...).

En cas de ***modification de la situation juridique de l'employeur*** (succession, vente, fusion...), la règle est en principe le maintien des contrats de travail, sauf en cas de changement d'activité de l'entreprise. Si le nouvel employeur souhaite procéder à des licenciements, il doit respecter les procédures en la matière.

**Cas particulier : la révocation d'usages**

L'employeur peut imposer aux salariés, contre leur gré, la suppression d'avantages créés par voie d'usage. Il doit dans ce cas :
- informer le CE (ou DP) dans un délai permettant d'éventuelles négociations ;
- informer les salariés, individuellement, en respectant un délai de prévenance suffisant.

Le refus d'un ou plusieurs salariés de la dénonciation d'un usage peut être apprécié selon les cas soit comme une démission, soit comme un licenciement.

Si l'usage est mentionné au contrat de travail, l'employeur doit procéder comme s'il s'agissait d'une modification pour motif économique.

## Les procédures de modification du contrat de travail

| **Modification du contrat de travail pour motif personnel<br>Modification des conditions de travail** | **Modification du contrat de travail pour motif économique** |
|---|---|
| **Consultation du CE** | |
| | L'employeur doit consulter le CE (ou DP) si la modification ne revêt pas un caractère ponctuel et individuel. |
| **Notification de la modification** | |
| Facultative mais conseillée car elle permet à l'employeur de demander expressément au salarié s'il accepte ou refuse la modification.<br>Elle doit être faite par écrit en laissant au salarié un délai de réflexion suffisant.<br>À défaut de réponse dans le délai, le salarié est réputé avoir refusé la modification proposée. | L'employeur doit en informer chaque salarié par lettre recommandée avec AR. Le salarié dispose d'un délai d'un mois à compter de la date de réception de la lettre recommandée pour donner sa réponse (15 jours si l'entreprise est en redressement ou en liquidation judiciaire).<br>À défaut de réponse dans le délai, le salarié est réputé avoir accepté la modification proposée. |
| **Refus du salarié** | |
| L'employeur peut renoncer à la modification ou sanctionner le salarié, au besoin par un licenciement. Ce licenciement est motivé :<br>– par le refus du salarié de la modification des conditions de travail, son refus étant assimilé comme un manquement à ses obligations contractuelles ;<br>– par le motif personnel ayant présidé à la modification du contrat de travail. Si ce motif ne constitue pas une cause réelle et sérieuse, le licenciement est injustifié. | L'employeur peut :<br>– renoncer à la modification ;<br>– procéder au licenciement du salarié pour motif économique. |

**Acceptation du salarié**

↓

**Avenant au contrat de travail**

## 2 Le contrat de travail à durée indéterminée (CDI)

### A – Le contrat de droit commun

En matière de relations individuelles de travail, le ***contrat de droit commun*** est le contrat de travail à durée indéterminée (CDI).

Le contrat de travail à durée indéterminée s'impose à chaque fois qu'il s'agit de pourvoir durablement un emploi lié à l'activité normale et permanente de l'entreprise. Il se caractérise par le fait qu'il est conclu sans détermination de durée, c'est-à-dire sans que l'échéance du terme soit fixée par les parties contractantes.

Il peut être conclu soit à temps complet, soit à temps partiel.

### B – La période d'essai

Le CDI peut comporter une période d'essai. La ***durée maximale*** de la période d'essai est de :

- ***2 mois*** pour les ouvriers et les employés ;
- ***3 mois*** pour les agents de maîtrise et les techniciens ;
- ***4 mois*** pour les cadres.

La période d'essai peut être renouvelée une fois si un accord de branche étendu le prévoit. Dans ce cas, sa durée, ***renouvellement compris***, ne peut pas dépasser :

- ***4 mois*** pour les ouvriers et les employés ;
- ***6 mois*** pour les agents de maîtrise et les techniciens ;
- ***8 mois*** pour les cadres.

La période d'essai et la possibilité de la renouveler ne se présument pas. Elles sont expressément stipulées dans la lettre d'engagement ou le contrat de travail.

***L'employeur ou le salarié peut mettre un terme au CDI pendant la période d'essai*** à condition de ***respecter un délai de prévenance*** :

– l'employeur doit respecter à l'égard du salarié un délai de prévenance qui ne peut être inférieur à :
  - 24 heures en deçà de 8 jours de présence,
  - 48 heures entre 8 jours et un mois de présence,
  - 2 semaines après un mois de présence,
  - un mois après 3 mois de présence.

  La période d'essai, renouvellement inclus, ne peut être prolongée du fait de la durée du délai de prévenance. En cas de non-respect du délai de prévenance, le salarié a droit, sauf en cas de faute grave, à une indemnité compensatrice égale au montant des salaires qu'il aurait perçu s'il avait accompli son travail jusqu'à l'expiration de ce délai, indemnité de congés payés comprise ;

– le salarié doit respecter à l'égard de l'employeur un délai de prévenance de 48 heures, ramené à 24 heures si la durée de présence du salarié dans l'entreprise est inférieure à 8 jours.

## 3 Le contrat de travail à durée déterminée (CDD) et le contrat de travail temporaire (CTT)

Le contrat de travail à durée déterminée (CDD) et le contrat de travail temporaire (CTT) sont destinés à ***permettre à l'entreprise de faire face à des situations particulières***. Ils n'ont qu'une vocation subsidiaire, la loi en limite donc strictement le recours.

### A – Les cas de recours

Le contrat de travail précaire ne peut avoir ***ni pour objet ni pour effet de pourvoir durablement un emploi lié à l'activité normale et permanente de l'entreprise***.

Il ne peut être ***conclu que pour l'exécution d'une tâche précise et temporaire.***

| Les cas de recours au CDD | Durée maximale du CDD | |
|---|---|---|
| | **avec terme précis** | **sans terme précis** |
| • *Le remplacement d'un salarié* :<br>– remplacement d'un salarié absent ou passé provisoirement à temps partiel ou dont le contrat de travail est suspendu (ex. : la maladie, la mutation provisoire...) ou d'un chef d'entreprise artisanale, industrielle, commerciale ou agricole ; | 18 mois | réalisation de l'objet |
| – remplacement d'un salarié dont le départ définitif précède la suppression du poste qui doit intervenir dans les 24 mois[1] ; | 24 mois | |
| – remplacement d'un salarié dans l'attente de l'entrée en service du salarié recruté par CDI. | 9 mois | |
| • *L'accroissement temporaire d'activité* :<br>– accroissement temporaire d'activité (ex. : les périodes de fêtes) ; | 18 mois | |
| – commande exceptionnelle à l'exportation (durée minimale 6 mois)[1] ; | 24 mois | |
| – tâche occasionnelle non liée à l'activité principale de l'entreprise (ex. : l'informatisation d'un service, les actions de formation d'une partie du personnel...) ; | 18 mois | |
| – réalisation de travaux urgents liés à des mesures de sécurité. | 9 mois | |
| • *L'emploi saisonnier.* | 8 mois | réalisation de l'objet |
| • *L'emploi pour lequel il est d'usage de ne pas recourir au CDI en raison de la nature de l'activité et du caractère temporaire de cet emploi*[2]. | 18 mois | |
| • *Le détachement à l'étranger, et ce, quel que soit le motif du recours.* | 24 mois | |

1. L'employeur doit informer et consulter le CE (ou DP).
2. Une liste de ces activités est établie par décret ou par convention collective étendue.

L'employeur peut aussi recourir à ce type de contrat dans les situations suivantes :

– contrat conclu au titre des dispositions législatives et réglementaires destinées à favoriser l'embauche de certains demandeurs d'emploi : le contrat d'apprentissage, le contrat de professionnalisation, CIE, CAE ;

– contrat par lequel l'employeur assure un complément de formation professionnelle ;

– contrat conclu à l'issue du contrat d'apprentissage dans les conditions de la réglementation.

Le recours au contrat de travail temporaire peut également intervenir dans les situations suivantes :

– la mission de travail temporaire vise, en application de dispositions législatives ou réglementaires, ou d'un accord de branche étendu, à faciliter l'embauche de personnes sans emploi rencontrant des difficultés sociales et professionnelles particulières ;

– l'ETT et l'utilisateur s'engagent, pour une durée et dans des conditions fixées par décret ou par accord de branche étendu, à assurer un complément de formation professionnelle au salarié.

***Le recours au CDD ou à l'intérim est interdit dans les situations suivantes*** :

– ***le remplacement d'un salarié dont le contrat est suspendu suite à un conflit collectif de travail*** ;

– ***l'embauche d'un salarié pour effectuer des travaux particulièrement dangereux*** ;

– ***l'embauche d'un salarié dans les 6 mois qui suivent un licenciement économique***. Cette interdiction qui s'applique sur le poste concerné par le licenciement connaît 2 exceptions :

  • accroissement temporaire d'activité (contrat de 3 mois maximum, non renouvelable),
  • commande exceptionnelle à l'exportation : l'employeur doit respecter la priorité d'embauche.

### Qu'est-ce que l'intérim ?

*Une entreprise de travail temporaire (ETT) a pour activité exclusive de mettre à disposition provisoire d'une autre entreprise des salariés embauchés et rémunérés par elle.*

*L'intérim* est l'opération par laquelle une ETT met un salarié à la disposition provisoire d'une entreprise en vertu d'un contrat commercial.

Le travail temporaire crée une relation triangulaire impliquant l'existence de deux contrats :

*– un contrat de mise à disposition conclu entre l'ETT et l'entreprise utilisatrice ;*

*– un contrat de travail temporaire, appelé contrat de mission, conclu entre l'ETT et le salarié.*

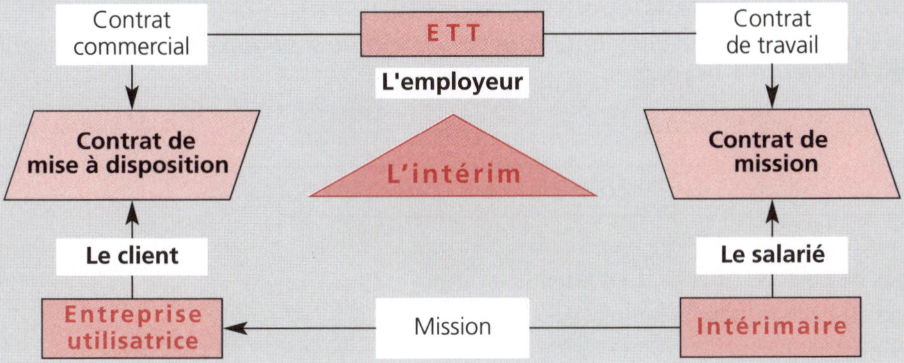


L'ETT peut proposer des CDI aux intérimaires, leur assurant ainsi une rémunération minimale pendant les périodes d'intermission.

## B – La durée du contrat

Le CDD ou le contrat de travail temporaire peut être conclu :

– ***soit avec un terme précis*** (contrat de date à date) : le terme est fixé avec précision. La durée maximale du contrat ne peut excéder 18 mois (renouvellement inclus). La durée du contrat peut être :
  - portée à 24 mois dans le cas :
    – d'un contrat à exécuter à l'étranger,
    – du départ définitif d'un salarié précédant la suppression de son poste de travail,
    – d'une commande exceptionnelle à l'exportation ; la durée du contrat doit être au minimum de 6 mois et le CE (ou le DP) doit être consulté ;
  - ramenée à 9 mois dans le cas :
    – de l'attente de l'entrée en service effectif d'un salarié embauché par un CDI,
    de la réalisation de travaux urgents nécessités par des mesures de sécurité.

  ***Deux renouvellements sont possibles dans la limite de la durée maximale autorisée*** ;

– ***soit sans terme précis*** : le contrat est conclu pour une durée minimale et prend fin lorsque l'objet pour lequel il a été conclu s'est réalisé. Le contrat est sans terme précis dans les situations suivantes :
  - le remplacement d'un salarié absent ou dont le contrat a été suspendu, d'un chef d'entreprise, d'une personne exerçant une profession libérale…,
  - l'attente de l'entrée en service effectif d'un salarié embauché par un CDI,
  - l'emploi saisonnier,
  - l'emploi pour lequel il est d'usage constant de ne pas recourir au CDI.

## C – Les contrats successifs

***Un délai de carence*** doit être respecté pour conclure un nouveau contrat à durée déterminée ou temporaire concernant le même poste de travail. Ce délai est égal au ***tiers de la durée du contrat venant à expiration renouvellement inclus*** ou à ***la moitié si sa durée totale, renouvellement inclus, est inférieure à 14 jours***.

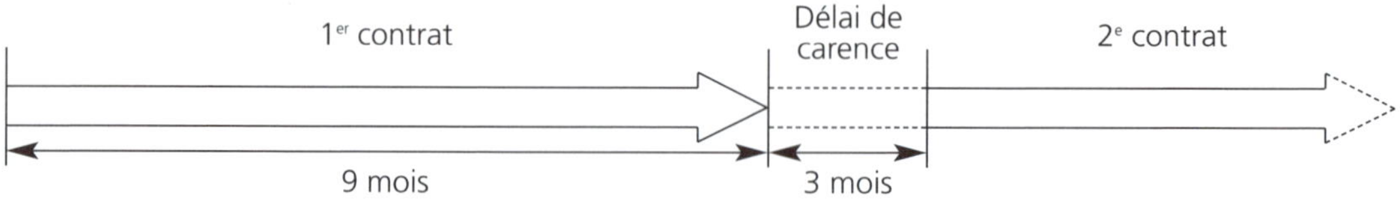


Il n'y a pas de délai de carence dans les cas suivants :

– nouvelle absence du salarié remplacé ;

– travaux urgents ;

– emploi pour lequel il est d'usage de ne pas recourir au CDI ;

– refus par le salarié du renouvellement prévu au contrat (pour la durée du renouvellement) ;

– rupture anticipée du fait du salarié, à son initiative ou pour faute grave ;

– contrat lié à la politique de l'emploi.

## D – Les dispositions relatives au CDD et au CTT

| Le contrat à durée déterminée (CDD) | Le contrat de travail temporaire (CTT) |
|---|---|
| **Contenu du contrat** | |
| Le CDD doit indiquer : l'objet pour lequel il a été conclu, sa durée, la qualification et la rémunération du salarié, la période d'essai, les conditions éventuelles du renouvellement. | Le CTT doit comporter les mentions figurant au contrat de mise à disposition (objet, durée…). Il doit indiquer aussi la qualification et la rémunération du salarié, la période d'essai, la possibilité d'embauche ultérieure par l'entreprise utilisatrice, les conditions éventuelles du renouvellement. |
| Remis dans les 2 jours suivant l'embauche ou la mise à disposition.. | |
| **Période d'essai** | |
| Sa durée est ***limitée*** et variable selon la durée du contrat :<br>• ≤ 6 mois : de 1 jour par semaine à 2 semaines d'essai maximum ;<br>• > 6 mois : 1 mois d'essai. | Sa durée est ***limitée*** et variable selon la durée de la mission :<br>• ≤ 1 mois : 2 jours d'essai ;<br>• de 1 mois à 2 mois : 3 jours d'essai ;<br>• > 2 mois : 5 jours d'essai. |
| La rupture du contrat pendant la période d'essai respecte les mêmes modalités que pour le CDI (*cf.* p. 65). | |
| **Rémunération** | |
| Elle doit être, dès le premier jour de la période d'essai, au moins ***équivalente*** à celle que percevrait un salarié sous CDI de qualification équivalente et occupant les mêmes fonctions. | |
| **Indemnité de précarité** | |
| Une indemnité de précarité est versée au salarié au terme de son contrat ou à l'issue de sa mission. Elle correspond à ***10 % de la rémunération brute totale*** due au salarié pendant la durée de son contrat ou de sa mission, à l'exclusion de l'indemnité de congés payés. | |
| 6 % par accord collectif en contrepartie d'un accès à la formation professionnelle. | |
| Elle n'est pas versée en cas de transformation du contrat en CDI, de refus d'un CDI sur le même poste ou un poste équivalent, de rupture anticipée du fait du salarié, en cas de force majeure ou de faute grave. | |
| **Jours fériés** | |
| Le paiement des jours fériés est dû dès lors que les autres salariés de l'entreprise en bénéficient. | |
| **Congés payés** | |
| L'indemnité de congés payés est due pour chaque CDD, quelle qu'ait été sa durée, dès lors que le régime des congés applicable dans l'entreprise ne permet pas de les prendre. Son montant ne peut être inférieur à ***10 % de la rémunération brute totale*** (indemnité de précarité incluse). | L'indemnité de congés payés est due pour chaque mission effectuée, quelle qu'en ait été la durée. Son montant ne peut être inférieur à ***10 % de la rémunération brute totale*** (indemnité de précarité incluse). |

| | |
|---|---|
| **Droits du salarié** | |
| Il bénéficie des mêmes droits que les autres salariés de l'entreprise. | Il bénéficie de droits collectifs dans l'ETT (DP, CE...) et de certains droits dans l'entreprise utilisatrice (équipements collectifs, tickets-restaurants...). |
| **Cessation du contrat** | |
| Le CDD ne peut être rompu avant l'échéance du terme que dans les cas suivants :<br>– accord des parties ;<br>– embauche sous CDI chez un autre employeur (préavis dans la limite maximale de 2 semaines) ;<br>– en cas de force majeure ;<br>– résiliation judiciaire (à l'initiative du salarié) ;<br>– faute grave du salarié : l'employeur doit respecter la procédure disciplinaire (*cf.* chapitre 10) ;<br>– faute grave de l'employeur : le salarié peut rompre le contrat et réclamer en justice des dommages-intérêts en réparation du préjudice subi. | Le contrat de mission ne peut être rompu avant l'échéance du terme sauf dans les cas suivants :<br>– en cas de force majeure ;<br>– si le salarié justifie d'une embauche sous CDI (préavis possible dans la limite maximale de 2 semaines) ;<br>– faute grave du salarié : l'ETT doit respecter la procédure disciplinaire. |

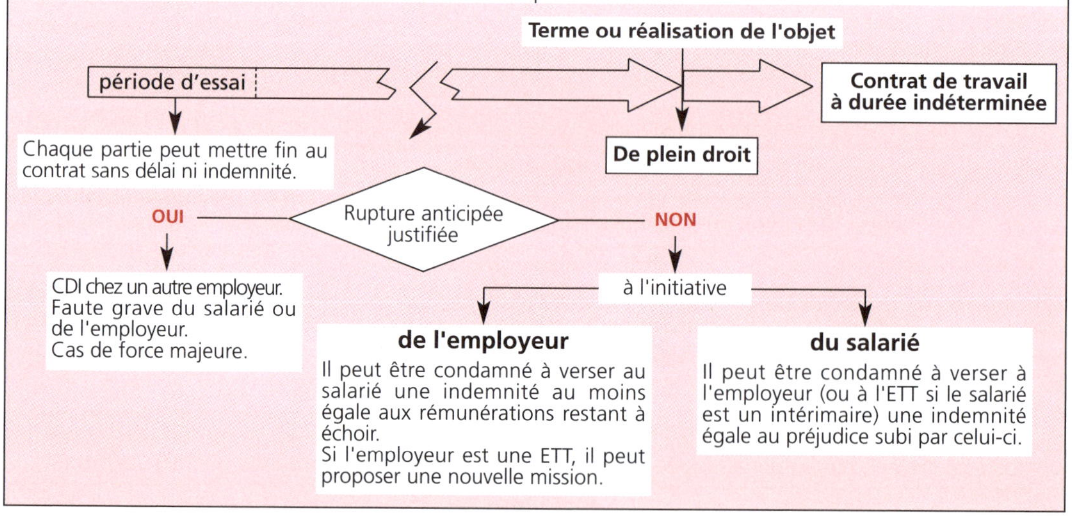


## E – La lutte contre la précarité des emplois

Le CE (ou DP) peut, s'il estime que l'employeur a recours de façon abusive aux CDD ou à l'intérim, saisir l'inspecteur du travail afin que celui-ci effectue les constatations qu'il estime utiles. L'inspecteur du travail adresse à l'employeur le rapport de ses constatations. L'employeur doit communiquer ce rapport au CE (ou DP) ainsi que sa réponse motivée aux constatations de l'inspecteur du travail dans laquelle il précise les moyens qu'il va mettre en œuvre dans le cadre d'un plan de résorption de la précarité destiné à limiter le recours à ces formes de contrats de travail.

## 4 Le contrat de travail à temps partagé

Le contrat de travail à temps partagé est, comme le CTT, une modalité de mise à disposition de personnel. Une entreprise de travail à temps partagé est une entreprise ayant pour toute activité exclusive la mise à disposition, à titre lucratif, de personnes qualifiées (ingénieurs, spécialistes en ressources humaines…) à des entreprises clientes qui ne peuvent les recruter elles-mêmes en raison de leur taille ou de leurs moyens.

Dans le cadre du contrat de travail à temps partagé, la relation est, elle aussi, triangulaire impliquant l'existence de 2 contrats :

- un contrat commercial de mise à disposition conclu entre l'entreprise de travail à temps partagé et l'entreprise utilisatrice ;
- un contrat de travail, conclu entre l'entreprise de travail à temps partagé et le salarié mis à disposition. Le contrat de travail est obligatoirement un CDI.

La rémunération versée au salarié mis à disposition ne peut être inférieure à celle d'un salarié de niveau de qualification identique ou équivalent occupant le même poste ou les mêmes fonctions dans l'entreprise cliente. Le salarié a accès, dans l'entreprise cliente, dans les mêmes conditions que les salariés de cette entreprise, aux moyens de transports collectifs et aux installations collectives, notamment de restauration, dont peuvent bénéficier ces salariés.

## 5 Le contrat de travail à temps partiel

Le temps partiel correspond à une ***durée de travail***, fixée dans le cadre de la semaine ou, en moyenne, sur une période pouvant aller jusqu'à un an, ***inférieure à la durée légale du travail*** ou à la durée fixée conventionnellement pour la branche, l'entreprise ou l'établissement, si elle est inférieure (*cf.* chapitre 12).

***La durée minimale du salarié à temps partiel est fixée à 24 heures par semaine*** ou, le cas échéant, à l'équivalent mensuel de cette durée ou à l'équivalent calculé sur la période prévue par un accord collectif. Une durée de travail inférieure peut être fixée à la demande du salarié ou par accord de branche étendu. Elle ne s'applique pas aux étudiants salariés de moins de 26 ans.

Les CDD ou les CTT conclus pour une durée de 7 jours ou moins ou pour le remplacement d'un salarié absent sont exclus de la durée minimale.

Le contrat à temps partiel est un CDI ou un CDD. Il doit mentionner :

- la qualification du salarié, les éléments de la rémunération qui doit être proportionnelle à celle d'un salarié à temps complet pour un poste équivalent, la durée hebdomadaire ou mensuelle prévue ainsi que la répartition de la durée de travail entre les jours de la semaine ou les semaines du mois ;
- les cas dans lesquels une modification éventuelle de la répartition de la durée du travail peut intervenir ainsi que la nature de cette modification ;
- les modalités selon lesquelles les horaires de travail pour chaque journée sont communiqués par écrit au salarié ;

– les limites dans lesquelles peuvent être effectuées des heures complémentaires au-delà de la durée fixée par le contrat.

Un avenant au contrat peut augmenter temporairement la durée prévue par le contrat.

Le salarié à temps partiel a les mêmes droits que les autres salariés de l'entreprise. Il a la priorité pour occuper un emploi à temps complet dans l'entreprise. Réciproquement, un salarié à temps complet a la priorité pour occuper un emploi à temps partiel.

## 6 Le contrat de travail intermittent

Le recours au travail intermittent est limité ***uniquement aux emplois permanents qui***, par nature, ***comportent une alternance de périodes travaillées et de périodes non travaillées***.

La possibilité, pour une entreprise, de recourir à des contrats intermittents est subordonnée à l'existence soit d'une convention collective ou d'un accord collectif étendu, soit d'un accord d'entreprise ou d'établissement n'ayant pas fait l'objet d'une opposition.

Le contrat de travail intermittent est un CDI. Il doit mentionner :

– la qualification du salarié ;

– les éléments de la rémunération ;

– la durée annuelle minimale de travail du salarié ;

– les périodes de travail ainsi que la répartition des heures de travail à l'intérieur de ces périodes.

Les heures dépassant la durée annuelle fixée au contrat ne peuvent excéder le tiers de cette durée sauf accord du salarié.

Si la nature de l'activité ne permet pas de fixer avec précision les périodes de travail et la répartition des heures de travail au sein de ces périodes, la convention ou l'accord collectif détermine les adaptations nécessaires et notamment les conditions dans lesquelles le salarié peut refuser les dates et les horaires de travail que lui propose l'employeur.

La rémunération doit en principe correspondre aux seules périodes travaillées. Cependant, l'accord collectif peut prévoir les modalités de calcul de la rémunération mensualisée permettant le lissage annuel de la rémunération, c'est-à-dire la fixation d'une rémunération mensuelle indépendante de l'horaire effectué dans le mois et calculée sur une base horaire annuelle.

Le salarié sous contrat de travail intermittent bénéficie des mêmes droits que ceux qui sont reconnus aux salariés à temps complet. Il est considéré comme étant à temps complet pour le décompte de l'ancienneté et des avantages liés à celle-ci.

## 7 Le contrat de travail saisonnier

Le contrat de travail saisonnier est conclu pour exécuter un travail saisonnier. ***On appelle travail saisonnier un travail qui se répète chaque année à date à peu près fixe en fonction du rythme des saisons ou des modes de vie collectif et qui est effectué pour le compte d'une entreprise dont l'activité obéit aux mêmes variations*** (agriculture, industries agroalimentaires, tourisme...). L'activité saisonnière ne doit pas exister plus de 8 mois par an.

Il est conclu soit avec un terme précis, soit pour une durée minimale, le contrat cessant lorsque l'objet pour lequel il a été conclu est réalisé. Sa durée ne peut excéder 8 mois par an.

Il peut comporter une clause de reconduction pour la saison suivante.

L'ancienneté du salarié saisonnier doit prendre en compte la durée cumulée des contrats successifs accomplis dans une même entreprise.

L'employeur peut recruter un salarié saisonnier sous CDD ou recourir à du personnel intérimaire.

## 8 Le contrat de mission à l'exportation

Le contrat de mission à l'exportation est un contrat de travail à durée indéterminée conclu ***pour la réalisation d'une mission à l'exportation effectuée en majeure partie hors du territoire national*** dont la rupture à l'initiative de l'employeur à la fin de la mission n'est pas soumise à la procédure de licenciement pour motif économique.

Le contrat de mission à l'exportation est destiné à permettre aux petites et moyennes entreprises de développer leur capacité d'exportation.

La conclusion d'un contrat de mission à l'exportation suppose l'existence d'un accord collectif de branche ou d'entreprise qui doit préciser :

- les catégories de salariés concernés ;
- la nature des missions à l'exportation concernées ainsi que leur durée minimale qui ne pourra pas être inférieure à 6 mois ;
- les contreparties en termes de rémunération et d'indemnité de licenciement accordées aux salariés ;
- les garanties en termes de formation pour les salariés concernés ;
- les mesures indispensables au reclassement des salariés ;
- la taille et le type d'entreprises concernées, s'il s'agit d'un accord collectif de branche...

## 9 Le CDD senior

Le CDD senior est un CDD, à temps complet ou à temps partiel, ***conclu au titre de la politique de l'emploi afin de faciliter le retour à l'emploi des personnes âgées de plus de 57 ans*** et de leur permettre d'acquérir des droits supplémentaires en vue de la liquidation de leur retraite à taux plein.

Toute personne âgée de plus de 57 ans inscrite depuis plus de 3 mois comme demandeur d'emploi ou bénéficiant d'une convention de reclassement personnalisé peut conclure un CDD senior.

Le CDD senior étant conclu au titre de la politique de l'emploi, l'employeur peut y recourir afin de pourvoir un emploi lié à l'activité normale et permanente de l'entreprise.

Le CDD senior comporte un terme fixé avec précision dès sa conclusion. Il est conclu pour une durée maximale de 18 mois. Il peut être renouvelé une fois pour une durée déterminée qui, ajoutée à la durée du contrat initial, ne peut excéder 36 mois.

Le CDD senior comporte les mentions spécifiques aux CDD. S'il est à temps partiel, il doit en plus comporter les mentions exigées pour les contrats à temps partiel. À l'issue du contrat, le salarié a droit à l'indemnité de fin de contrat.

## 10 Le CDD à objet défini

Le CDD à objet défini est un ***CDD dont l'échéance est la réalisation d'un objet défini***. Il est conclu pour une durée ***de 18 mois à 36 mois maximum***. Il ne peut pas être renouvelé.

Tout employeur peut recourir à ce contrat pour le recrutement d'ingénieurs et de cadres, au sens des conventions collectives. Le recours à ce contrat est subordonné à la conclusion d'un accord de branche étendu ou, à défaut, d'un accord d'entreprise.

Il comporte, outre les clauses obligatoires à tout CDD, les mentions suivantes :

- la désignation du contrat comme « *contrat à durée déterminée à objet défini* » ainsi que l'intitulé et les références de l'accord collectif qui institue ce contrat ;
- une clause descriptive du projet et mentionnant sa durée prévisible ;
- la définition des tâches pour lesquelles le contrat est conclu ;
- l'événement ou le résultat objectif déterminant la fin de la relation contractuelle ;
- le délai de prévenance de l'arrivée au terme du contrat et, le cas échéant, de la proposition de poursuite de la relation de travail en CDI ;
- la possibilité de rupture du contrat à sa date anniversaire de conclusion par l'une ou l'autre partie pour un motif réel et sérieux et le droit pour le salarié, lorsque cette rupture est à l'initiative de l'employeur, à une indemnité égale à 10 % de sa rémunération totale brute.

Indépendamment des cas de rupture habituels des CDD, le CDD à objet défini :

- prend fin avec la réalisation de l'objet pour lequel il a été conclu, après un délai de prévenance au moins égal à 2 mois ;
- peut être rompu par l'une ou l'autre partie, pour une cause réelle et sérieuse, au bout de 18 mois puis à la date anniversaire de sa conclusion.

Lorsque, à l'issue du contrat, les relations contractuelles du travail ne se poursuivent pas par un CDI, le salarié a droit à une indemnité d'un montant égal à 10 % de sa rémunération totale brute.

## 11 Le contrat étudiant au sein des établissements publics d'enseignement supérieur

Tout président ou directeur d'un établissement public d'enseignement supérieur peut recruter, par CDD, des étudiants de son établissement. Le CDD a pour objet l'accueil et le tutorat des nouveaux étudiants, l'animation de la vie universitaire et l'aide à l'insertion professionnelle.

Le contrat étudiant est conclu pour une période maximale de 12 mois entre le 1er septembre et le 31 août. La durée effective de travail n'excède pas 670 heures entre le 1er septembre et le 30 juin et ne peut excéder 300 heures entre le 1er juillet et le 31 août. Ces durées maximales sont réduites au prorata de la durée du contrat sur chacune des périodes considérées. La reconduction du contrat est expresse dans la limite maximale de 6 ans. L'étudiant recruté s'engage à respecter l'ensemble des obligations liées à son inscription dans un cycle d'études.

Le montant de la rémunération ne peut être inférieur au produit du montant du SMIC par le nombre d'heures de travail effectuées.

## 12 Le contrat unique d'insertion (CUI)

Le contrat unique d'insertion (CUI) est constitué par :

- ***une convention individuelle*** conclue entre l'employeur, le bénéficiaire et, soit Pôle emploi pour le compte de l'État, soit le président du conseil général lorsque cette convention concerne un bénéficiaire du RSA financé par le département. Elle fixe les modalités d'orientation et d'accompagnement professionnel de la personne sans emploi et prévoit des actions de formation professionnelle et de VAE nécessaires à la réalisation de son projet professionnel. Les actions de formation peuvent être menées pendant le temps de travail ou en dehors de celui-ci. Sa durée ne peut excéder le terme du contrat de travail en CDD et 24 mois en CDI ;
- ***un contrat de travail*** conclu entre l'employeur et le bénéficiaire de la convention individuelle. Le ***CUI*** prend la forme :
  - d'***un contrat d'accompagnement dans l'emploi (CAE)*** pour les employeurs du secteur non marchand,
  - d'***un contrat initiative-emploi (CIE)*** pour les employeurs du secteur marchand ;
- ***une aide financière*** accordée à l'employeur.

### A – Le contrat initiative-emploi (CIE)

Le contrat initiative-emploi (CIE) a pour objet de ***faciliter l'insertion professionnelle des personnes sans emploi rencontrant des difficultés sociales et professionnelles d'accès à l'emploi***. À cette fin, il comporte des actions d'accompagnement professionnel.

La convention ouvrant droit au bénéfice du CIE peut être conclue avec tout employeur, à l'exclusion des particuliers employeurs, soumis à l'obligation d'assurance chômage ou tout groupement d'employeurs qui organise des parcours d'insertion et de qualification.

Il ne peut être conclu de convention dans les cas suivants :

- l'employeur a procédé à un licenciement économique dans les 6 mois précédant la date d'effet du contrat ;
- l'embauche est la conséquence directe du licenciement d'un salarié sous CDI ;
- l'employeur n'est pas à jour du versement de ses cotisations et contributions sociales.

***Le bénéficiaire*** d'un CIE doit être une personne sans emploi rencontrant des difficultés sociales et professionnelles d'accès à l'emploi.

***Les caractéristiques du contrat initiative-emploi*** :

– ***durée*** :

- *contrat à durée indéterminée* pour pourvoir un emploi permanent,
- *contrat à durée déterminée* : la durée du CIE ne peut être inférieure à 6 mois, 3 mois pour les personnes ayant fait l'objet d'une condamnation et bénéficiant d'un aménagement de peine. Le CIE peut être prolongé dans la limite d'une durée totale de 24 mois, ou de 5 ans pour les salariés âgés de 50 ans et plus bénéficiaires du RSA, de l'ASS; de l'ATA ou de l'AAH, ainsi que pour les personnes reconnues travailleurs handicapés ;

– ***période d'essai*** : sa durée correspond à celle applicable au CDI ou au CDD ;

– ***durée hebdomadaire d'activité*** : elle peut correspondre à un temps complet ou à un temps partiel ; dans ce dernier cas, la durée hebdomadaire de travail doit être d'au moins 20 heures ;

– ***formation*** : elle comprend des actions de formation professionnelle, de VAE ou des mesures d'accompagnement professionnel. Un tuteur peut être chargé d'assurer le suivi du salarié ;

– ***rémunération*** : elle doit être au moins égale (ou proportionnelle en cas de temps partiel) à celle que percevrait un salarié de l'entreprise à ancienneté, fonction et qualification équivalentes.

Une attestation d'expérience professionnelle est établie par l'employeur et remise au salarié à sa demande ou au plus tard un mois avant la fin du CIE.

Le CIE, lorsqu'il est conclu pour une durée déterminée, peut être rompu avant son terme, à l'initiative du salarié, pour lui permettre de suivre une formation qualifiante ou d'être embauché par un CDD d'au moins 6 mois ou par un CDI.

Le CIE peut être suspendu, à la demande du salarié, afin de lui permettre :

– en accord avec son employeur, d'effectuer une évaluation en milieu de travail prescrite par Pôle emploi ou une action concourant à son insertion professionnelle ;

– d'accomplir une période d'essai afférente à une offre d'emploi visant une embauche en CDI ou en CDD d'au moins 6 mois.

En cas d'embauche à l'issue de cette évaluation en milieu de travail ou de cette période d'essai, le contrat est rompu sans préavis.

## B – Le contrat d'accompagnement dans l'emploi (CAE)

Le contrat d'accompagnement dans l'emploi (CAE) a pour objet de ***faciliter l'insertion professionnelle des personnes sans emploi rencontrant des difficultés sociales et professionnelles particulières d'accès à l'emploi***. À cette fin, il comporte des actions d'accompagnement professionnel.

Le CAE porte sur des ***emplois visant à satisfaire des besoins collectifs non satisfaits***.

La convention ouvrant droit au bénéfice du CAE peut être conclue avec les collectivités territoriales, les autres personnes morales de droit public, les organismes de droit privé à but non lucratif et les personnes morales de droit privé chargées de la gestion d'un service public.

***Le bénéficiaire*** d'un CAE doit être une personne sans emploi rencontrant des difficultés sociales et professionnelles particulières d'accès à l'emploi.

***Les caractéristiques du contrat d'accompagnement dans l'emploi*** :

– ***durée*** :

- *contrat à durée indéterminée* pour pourvoir un emploi permanent,
- *contrat à durée déterminée* : la durée du CAE ne peut être inférieure à 6 mois, 3 mois pour les personnes ayant fait l'objet d'une condamnation et bénéficiant d'un aménagement de peine. Le CAE peut être prolongé dans la limite d'une durée totale de 24 mois, ou de 5 ans pour les salariés âgés de 50 ans et plus bénéficiaires du RSA, de l'ASS, de l'ATA ou de l'AAH, ainsi que pour les personnes reconnues travailleurs handicapés.

– ***période d'essai*** : sa durée correspond à celle applicable au CDI ou au CDD ;

– ***durée hebdomadaire d'activité*** : minimum *20 heures par semaine*. La durée du travail peut être inférieure en vue de répondre aux difficultés particulièrement importantes de la personne embauchée ;

– ***formation*** : elle comprend des actions de formation professionnelle, de VAE ou des mesures d'accompagnement professionnel. Un tuteur peut être chargé d'assurer le suivi du salarié ;

– ***rémunération*** : elle est égale au produit du taux horaire du SMIC par le nombre d'heures de travail effectuées, sauf clauses contractuelles ou conventionnelles plus favorables.

Une attestation d'expérience professionnelle est établie par l'employeur et remise au salarié à sa demande ou au plus tard un mois avant la fin du CAE.

Le CAE, lorsqu'il est conclu pour une durée déterminée, peut être rompu avant son terme, à l'initiative du salarié, pour lui permettre de suivre une formation qualifiante ou d'être embauché par un CDD d'au moins 6 mois ou par un CDI.

Le CAE peut être suspendu, à la demande du salarié, puis rompu dans les mêmes conditions que le CIE.

## 13 L'emploi d'avenir

L'emploi d'avenir a pour objectif de ***faciliter l'insertion professionnelle et l'accès à la qualification des jeunes sans emploi soit sans qualification, soit peu qualifiés et rencontrant des difficultés particulières d'accès à l'emploi par leur recrutement dans des activités présentant un caractère d'utilité sociale ou environnementale ou ayant un fort potentiel de création d'emplois***.

Le bénéficiaire d'un emploi d'avenir doit remplir les conditions suivantes :

– être âgé de 16 à 25 ans au moment de la signature du contrat de travail (30 ans si le bénéficiaire est handicapé ou s'il est engagé dans des études supérieures et qu'il réside dans des zones urbaines sensibles ou de revitalisation ou dans les départements et territoires d'outre-mer) ;

– être soit sans qualification, soit peu qualifié ;

– rencontrer des difficultés particulières d'accès à l'emploi.

Les employeurs concernés sont ceux du secteur non-marchand, les structures organisant des parcours d'insertion ainsi que les personnes morales de droit privé chargées de la gestion d'un service public.

L'emploi d'avenir est pourvu par voie de CUI (CAE dans le secteur privé et CIE dans le secteur marchand). Le régime propre à ces contrats s'applique, sous réserve des particularités suivantes :

- le contrat de travail est, en principe, à temps complet ;
- la durée du contrat est de 36 mois en cas de CDD ; s'il a été initialement conclu pour une durée inférieure, il peut être prolongé jusqu'à cette durée maximale ;
- le contrat peut être rompu chaque année, à sa date anniversaire à l'initiative du salarié, moyennant le respect d'un préavis de 2 semaines, ou de l'employeur, s'il justifie d'une cause réelle et sérieuse, moyennant le respect d'un préavis d'un mois et de la procédure d'entretien préalable ;
- une priorité d'embauche pour le salarié en CDD pendant un an à compter du terme de son contrat, l'employeur doit l'informer de tout emploi disponible et compatible avec sa qualification ou ses compétences. Le salarié ainsi recruté est dispensé de la période d'essai.

La conclusion d'un emploi d'avenir ouvre droit à une aide financière pendant 3 ans.

***Emploi d'avenir professeur*** : un établissement public local d'enseignement ou privé sous contrat avec l'État peut conclure un emploi d'avenir professeur avec un étudiant se destinant au professorat, âgé de moins de 26 ans (30 ans s'il est handicapé), titulaire d'une bourse de l'enseignement et inscrit en licence ou en 1re année de master. Le CAE est conclu pour une durée d'un an renouvelable jusqu'à 3 ans. L'emploi est à temps partiel pour permettre à l'étudiant de poursuivre ses études.

## 14 Le contrat de génération

Le contrat de génération a pour objectifs :

- ***de faciliter l'insertion durable des jeunes dans l'emploi par leur accès à un CDI*** ;
- ***de favoriser l'embauche et le maintien dans l'emploi des salariés âgés*** ;
- ***d'assurer la transmission des savoirs et des compétences***.

Le contrat de génération est applicable aux employeurs de droit privé ainsi qu'aux établissements publics à caractère industriel et commercial.

Toute entreprise de moins de 300 salariés bénéficie d'une aide financière pendant 3 ans, pour chaque binôme de salariés, lorsqu'elle remplit les conditions cumulatives suivantes :

- embauche en CDI à temps plein et maintien dans l'emploi pendant la durée de l'aide d'un jeune de moins de 26 ans (30 ans s'il est handicapé ou si le contrat a pour objet la transmission d'une entreprise de moins de 50 salariés) ;
- maintien dans l'emploi en CDI pendant la durée de l'aide ou jusqu'à son départ à la retraite d'un salarié d'au moins 57 ans (55 ans si handicapé) ou d'au moins 55 ans au moment de son embauche.

L'aide n'est pas accordée si l'employeur répond aux mêmes conditions qui rendent impossible la conclusion d'un CIE (voir p. 75).

Toute entreprise de plus de 50 salariés non couverte par un accord collectif d'entreprise, de groupe ou de branche, ou à défaut, par un plan d'action intergénération, avec fixation d'objectifs (embauches de jeunes en CDI, embauches de seniors, mise en place de contrats en alternance…) s'expose à une pénalité financière.

# *La rupture du contrat de travail*

Chapitre
**8**

## 1 Les modes de rupture du contrat de travail

Il existe plusieurs modes de rupture du contrat de travail. Certains de ces modes de rupture sont communs à tous les contrats, d'autres sont spécifiques au CDI.

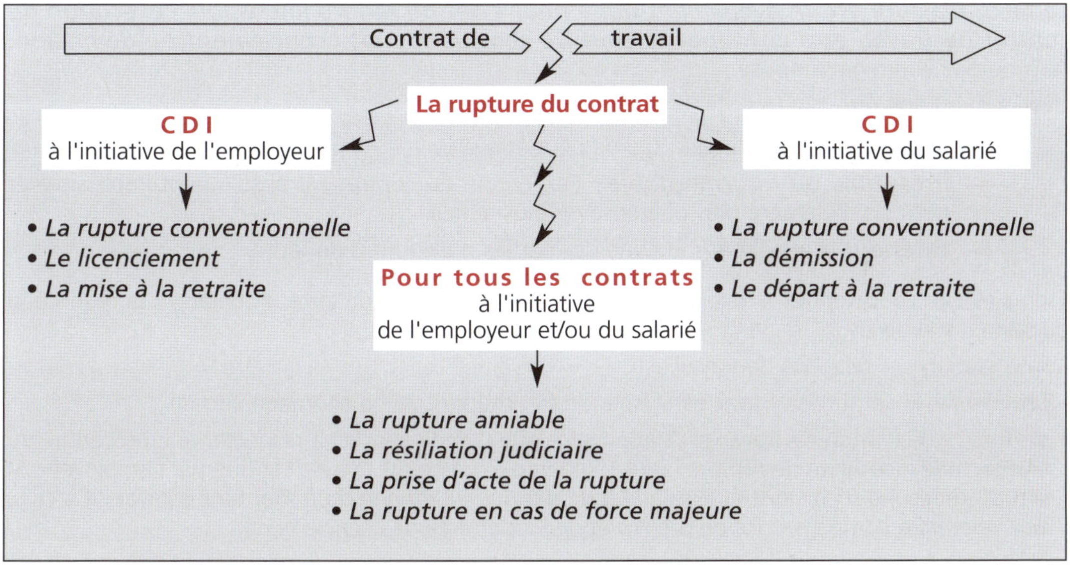


### *A – La rupture amiable*

***La rupture amiable***, appelée aussi rupture par consentement mutuel ou départ négocié, ***provoque la rupture du contrat de travail à durée déterminée ou du contrat d'apprentissage soit à l'initiative de l'employeur ou du salarié, soit d'un commun accord***.

## B – La résiliation judiciaire

***Le salarié peut demander au conseil de prud'hommes la résiliation de son contrat de travail s'il considère que l'employeur ne respecte pas ses engagements***. Si les torts sont fondés et graves, la résiliation judiciaire produit les effets d'un licenciement sans cause réelle et sérieuse, voire d'un licenciement nul ; dans le cas contraire, elle est rejetée et le contrat de travail continue.

## C – La prise d'acte de la rupture

***La prise d'acte de la rupture du contrat de travail permet au salarié de rompre***, immédiatement et irrémédiablement, ***son contrat de travail en cas de manquement suffisamment grave de l'employeur qui empêche la poursuite du contrat de travail***. Le salarié doit saisir le conseil de prud'hommes pour faire constater sa prise d'acte et lui demander de se prononcer sur les effets de cette rupture, soit ceux d'un licenciement sans cause réelle et sérieuse si les faits invoqués la justifient, soit dans le cas contraire ceux d'une démission.

## D – La rupture en cas de force majeure

***La force majeure est un événement qui a pour effet de rendre impossible l'exécution du contrat de travail et d'entraîner sa rupture sans qu'il y ait licenciement ou démission***. Aucune procédure ne s'impose.

L'événement doit être à la fois :

- ***imprévisible*** : événement qui ne peut être prévu ;
- ***irrésistible ou insurmontable*** : l'exécution du contrat est absolument impossible et non pas seulement plus onéreuse ou plus difficile ;
- ***extérieur aux parties*** : aucune des parties n'a commis de faute.

Exemples : les catastrophes naturelles (inondations, tremblement de terre, incendie...), la réquisition du salarié, son décès...

Si la cessation des relations de travail est :

- ***provisoire***, le contrat de travail est suspendu (*cf.* chapitre 26, le chômage partiel) ;
- ***définitive***, le contrat de travail est rompu sans que l'employeur ait à respecter une procédure, ni à verser une indemnité de rupture. Seule l'indemnité de congés payés est due par l'employeur. Si la rupture résulte d'un sinistre, le salarié a droit à une indemnité d'un montant équivalent à celui de l'indemnité compensatrice de préavis et de l'indemnité de licenciement.

## E – La rupture conventionnelle

***La rupture conventionnelle est l'acte juridique par lequel l'employeur et le salarié conviennent en commun des conditions de la rupture du CDI qui les lie***.

L'employeur et le salarié conviennent du principe d'une rupture conventionnelle lors d'un ou plusieurs entretiens au cours desquels le salarié peut se faire assister par une personne de son choix appartenant au personnel de l'entreprise ou, en l'absence d'institutions représentatives, par un conseiller du salarié (*cf.* chapitre 9). Lors des entretiens, l'employeur a la faculté de se faire assister, quand le salarié en fait lui-même usage, par une personne de son choix appartenant au personnel de l'entreprise ou, dans les entreprises de moins de 50 salariés, par une personne appartenant à son organisation syndicale ou par un autre employeur relevant de la même branche.

La convention de rupture doit définir les conditions de celle-ci, notamment fixer la date de rupture du contrat de travail, qui ne peut intervenir avant le lendemain du jour de l'homologation. Un formulaire type permet d'établir la convention de rupture.

À compter de la date de sa signature par les 2 parties, chacune d'entre elles dispose d'un délai de 15 jours calendaires pour exercer son droit de rétractation. Ce droit est exercé sous la forme d'une lettre adressée par tout moyen attestant de sa date de réception par l'autre partie.

La validité de la convention est subordonnée à son homologation. À l'issue du délai de rétractation, la partie la plus diligente adresse une demande d'homologation à l'UT DIRECCTE, avec un exemplaire de la convention de rupture. L'UT DIRECCTE dispose d'un délai d'instruction de 15 jours ouvrables pour s'assurer du respect des conditions de forme et de la liberté de consentement des parties. À défaut de notification dans ce délai, l'homologation est réputée acquise.

Tout litige concernant la convention, l'homologation ou le refus d'homologation relève de la compétence du conseil de prud'hommes, qui statue en premier et dernier ressort.

En cas de rupture conventionnelle homologuée, le salarié bénéficie :

– d'une indemnité minimale égale à l'indemnité conventionnelle de licenciement, lorsque celle-ci est plus favorable que l'indemnité légale de licenciement ;

– du versement des allocations d'assurance chômage.

***Cas particulier du salarié protégé*** : la rupture conventionnelle est soumise à l'autorisation de l'inspecteur du travail, comme pour un licenciement (*cf.* chapitre 11). La rupture du contrat de travail ne peut alors intervenir que le lendemain du jour de l'autorisation.

## F – La démission

***La démission est l'acte par lequel le salarié peut rompre unilatéralement son contrat de travail à durée indéterminée***.

Le salarié qui démissionne n'a pas à faire connaître les motifs de sa décision, mais sa volonté de démissionner doit être clairement établie et sans équivoque. La notification peut être verbale ou écrite (certaines conventions collectives prévoient une notification par lettre recommandée avec AR). L'employeur ne peut refuser la démission et le salarié ne peut revenir, sauf accord de l'employeur, sur une démission donnée en bonne et due forme.

Le salarié doit respecter le préavis prévu par la loi, la convention collective ou les usages (voir p. 83).

## G – Le licenciement (*cf.* chapitre 9)

***Le licenciement est la rupture du contrat de travail à l'initiative de l'employeur***.

Tout licenciement pour être régulier, quant au fond, ***doit être fondé sur une cause réelle et sérieuse***. Les 2 conditions doivent être remplies simultanément.

L'employeur peut procéder, selon le cas :

- *soit à un licenciement pour motif personnel* ;
- *soit à un licenciement pour motif économique*.

Il est nécessaire de bien distinguer le motif du licenciement dans la mesure où ce motif commande la procédure que l'employeur doit respecter et détermine les droits du ou des salariés concernés.

Le salarié licencié doit respecter un préavis (voir p. 83).

## H – Le départ à la retraite

***Le départ à la retraite découle de la volonté du salarié, ayant atteint l'âge légal de départ à la retraite, de rompre son contrat de travail pour bénéficier de sa pension vieillesse***. Le salarié doit demander la liquidation de sa pension de vieillesse.

La limite d'âge légal de départ à la retraite est abaissée :

- pour les salariés ayant commencé à travailler très jeunes (*cf.* chapitre 22) ;
- pour les salariés handicapés, s'ils justifient d'un taux d'incapacité permanente de 80 %, le droit à un départ anticipé est possible dès 55 ans.

Le salarié est tenu de respecter un préavis égal au préavis de licenciement (voir p. 83).

Le départ à la retraite ouvre droit au salarié, sauf dispositions conventionnelles plus favorables, à une indemnité légale de départ à la retraite. Son montant est de :

- *1/2 mois de salaire* *pour 10 ans d'ancienneté ;*
- *1 mois de salaire* *pour 15 ans d'ancienneté ;*
- *1 mois 1/2 de salaire* *pour 20 ans d'ancienneté ;*
- *2 mois de salaire* *pour 30 ans d'ancienneté.*

Le salaire à prendre en considération est, selon la formule la plus avantageuse pour le salarié, le salaire moyen des 3 ou 12 derniers mois.

## I – La mise à la retraite

***La mise à la retraite résulte de la volonté de l'employeur de rompre le contrat de travail d'un salarié en mesure de bénéficier d'une retraite à taux plein***. Entre l'âge d'attribution d'une retraite à taux plein (*cf.* p.215) et les 69 ans du salarié, l'employeur ne peut le faire qu'avec son accord écrit. Il doit, à cet effet, interroger par écrit le salarié, 3 mois avant son anniversaire, sur son intention de quitter volontairement l'entreprise pour bénéficier d'une pension de vieillesse. Le salarié dispose d'un mois pour donner sa réponse. La même procédure est applicable jusqu'aux 70 ans du salarié, âge à compter duquel l'employeur peut décider unilatéralement de le mettre à la retraite.

L'employeur doit respecter un préavis égal au préavis de licenciement et verser au salarié, sauf dispositions conventionnelles plus favorables, une indemnité de mise à la retraite équivalente à l'indemnité légale de licenciement (voir p. 84).

## 2 Le préavis

Le CDI peut être résilié par l'une ou l'autre des parties, à condition que soit respecté un préavis réciproque dont la durée varie selon qu'il s'agit d'une démission ou d'un licenciement.

***Le préavis correspond à la période durant laquelle le contrat de travail continue de produire ses effets bien que l'une des parties ait notifié à l'autre sa décision de rompre.***

Le préavis a pour objet de permettre à l'employeur de pourvoir au remplacement du salarié et à ce dernier de chercher un autre emploi.

Les conventions collectives consacrent l'usage d'accorder au salarié la possibilité de s'absenter 2 heures par jour pendant la durée du préavis pour la recherche d'un emploi. L'usage des 2 heures par jour est fixé alternativement par le salarié et l'employeur. En cas d'accord, elles peuvent être regroupées par semaine ou en fin de préavis. Elles sont rémunérées en cas de licenciement.

***La durée du préavis varie selon l'ancienneté de services continus du salarié dans l'entreprise.***

L'ancienneté s'apprécie à la date de notification du licenciement ou de la démission. Les périodes de suspension du contrat de travail ne sont pas prises en compte sauf celles assimilées à un travail effectif pour la détermination des droits liés à l'ancienneté.

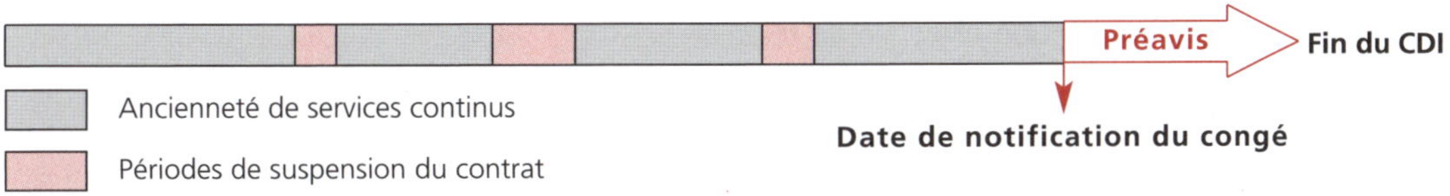


La date de notification du congé donne le point de départ du préavis.

Le préavis est un délai préfixe. Il ne peut être ni interrompu ni prolongé sauf convention contraire ; néanmoins, la période de congés payés ne se confond pas avec le préavis.

L'employeur peut dispenser le salarié d'effectuer le préavis. Dans ce cas, il doit verser au salarié une indemnité compensatrice de préavis (voir p. 84).

Le salarié qui ne respecte pas le préavis peut être amené à verser à l'employeur une indemnité égale aux salaires qu'il aurait perçus.

### Tableau récapitulatif de la durée du préavis en fonction de l'ancienneté

| Nature de la rupture | Ancienneté | | |
|---|---|---|---|
| | moins de 6 mois | 6 mois à 2 ans | plus de 2 ans |
| Licenciement | CC ou usages | 1 mois | 2 mois |
| Démission | convention collective ou usages | | |

## 3 Les indemnités de rupture

La résiliation du contrat de travail à durée indéterminée entraîne, pour l'employeur, le versement au salarié d'indemnités de natures différentes allouées en fonction des circonstances de cette rupture.

### A – L'indemnité compensatrice de congés payés

***L'employeur doit verser au salarié, licencié ou démissionnaire, une indemnité compensatrice de congés payés correspondant à la fraction dont il ne peut bénéficier du fait de la résiliation du contrat de travail***.

Elle est calculée de la même façon que l'indemnité de congés payés. Le préavis est inclus dans le calcul en cas de dispense de l'employeur (*cf.* chapitre 13).

### B – L'indemnité compensatrice de préavis

***L'employeur doit verser au salarié une indemnité compensatrice de préavis s'il dispense, à son initiative, celui-ci d'exécuter son préavis (même en cas de démission)***.

Elle est égale aux salaires et avantages que le salarié aurait perçus s'il avait accompli le préavis. Elle peut être versée en plusieurs fois selon la périodicité des salaires qu'elle remplace ou en une seule fois au moment de la cessation effective du travail.

### C – L'indemnité légale de licenciement

***L'employeur doit verser au salarié licencié une indemnité légale minimum de licenciement à condition que celui-ci justifie de un an d'ancienneté ininterrompue***. Les périodes de suspension ne portent pas atteinte au caractère continu de l'ancienneté.

La loi fixe pour l'indemnité de licenciement un montant minimum égal par année de service à :

***$1/5^{e}$ de mois par année de service***
**+**
***$2/15^{e}$ de mois par année au-delà de 10 années de service***

Le calcul de l'ancienneté s'apprécie, selon les mêmes modalités que pour le droit au préavis, à la date de notification du licenciement pour le droit à l'indemnité et à la date d'expiration du préavis (effectué ou non) pour le montant de l'indemnité.

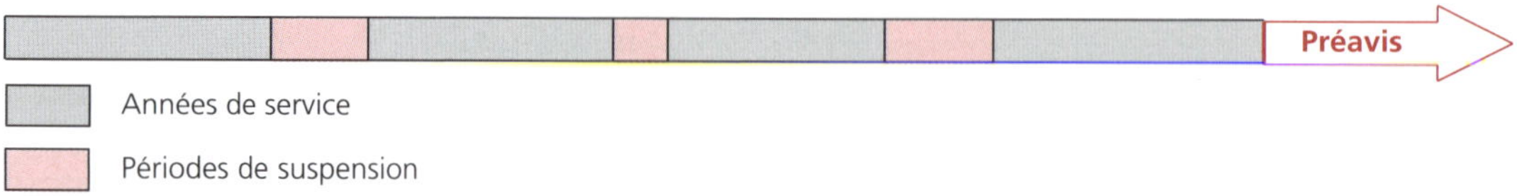


Le salaire à prendre en considération pour le calcul de l'indemnité est le $12^{e}$ de la rémunération brute des 12 derniers mois précédant la date du licenciement ou, selon la formule la plus avantageuse pour le salarié, le tiers des 3 derniers mois, étant entendu que dans ce cas, toute prime ou gratification de caractère annuel ou exceptionnel, qui aurait été versée au salarié pendant cette période, ne serait prise en compte que *prorata temporis*.

L'indemnité légale de licenciement n'est pas due si le salarié licencié bénéficie d'une indemnité conventionnelle ou contractuelle plus avantageuse que l'indemnité légale.

L'indemnité de licenciement a le caractère de dommages-intérêts.

### D – Les cas particuliers de licenciement et leurs conséquences

| Les indemnités de rupture | Cas particuliers de licenciement | | | | |
|---|---|---|---|---|---|
| | Faute grave[3] | Faute lourde[3] | Maladie ou inaptitude | Inaptitude suite à AT ou MP[4] | Cas de force majeure[5] |
| Préavis | Non | Non | Oui[2] | Oui | Non |
| Indemnité compensatrice de préavis[1] | Non | Non | Oui[2] | Oui | Non |
| Indemnité de licenciement | Non | Non | Oui | Oui | Non |
| Indemnité de congés payés | Oui | Non | Oui | Oui | Oui |

1. En cas de dispense du préavis par l'employeur.
2. Si le salarié est dans l'incapacité d'effectuer son préavis, il en perd le bénéfice.
3. Le licenciement pour faute grave ou lourde est étudié dans le chapitre 9.
4. En cas d'AT ou de MP, l'indemnité de licenciement est doublée.
5. Sauf en cas de force majeure suite à un sinistre.

## 4 Les obligations consécutives à la rupture

### A – Le certificat de travail

***L'employeur doit délivrer un certificat de travail au salarié à l'expiration du contrat et ce quelle que soit la cause de la cessation du contrat***. Il est quérable et non portable. La seule obligation de l'employeur est de l'établir et de le tenir à la disposition du salarié.

***Le certificat de travail doit contenir obligatoirement certaines mentions*** :

- le nom de l'employeur et la raison sociale de l'entreprise ;
- les nom et prénom du salarié (adresse si possible) ;
- la date d'entrée et la date de sortie de l'entreprise (date de sortie effective ou date d'expiration normale du contrat en cas de dispense du préavis) ;
- la nature de l'emploi ou des emplois successivement occupés ainsi que les périodes pendant lesquelles ces emplois ont été tenus ;
- le maintien des garanties santé et prévoyance (*cf.* chapitre 25).

Il doit être daté et signé de l'employeur lui-même.

Toutes mentions susceptibles de porter atteinte au salarié sont interdites.

### B – Le reçu pour solde de tout compte

Le solde de tout compte fait ***l'inventaire des sommes versées au salarié lors de la rupture du contrat de travail***. Le reçu pour solde de tout compte est établi par l'employeur en double exemplaire. L'un des exemplaires est remis, par l'employeur, au salarié qui lui en donne reçu.

Pour être valable, le reçu pour solde de tout compte doit :

- être établi après résiliation ou expiration du contrat ;
- mentionner qu'il est établi en double exemplaire (dont un pour le salarié) ;
- mentionner la date d'établissement du reçu ;
- porter, écrit de la main du salarié, la mention « *pour solde de tout compte* » suivie de sa signature.

La dénonciation du reçu pour solde de tout compte est faite par lettre recommandée dans les 6 mois qui suivent sa signature, délai au-delà duquel il devient libératoire pour l'employeur pour les sommes qui y sont mentionnées. Le salarié reste libre d'exercer toutes réclamations, postérieurement à la remise du reçu pour solde de tout compte, pour des sommes n'y figurant pas.

L'employeur et le salarié ont la possibilité de conclure une transaction à la place du reçu pour solde de tout compte.

### C – L'attestation d'assurance-chômage

L'employeur doit délivrer une attestation d'assurance-chômage au salarié à l'expiration du contrat et ce quelle que soit la cause de la cessation du contrat. Cette attestation est destinée à permettre au salarié de solliciter le bénéfice de l'allocation d'aide au retour à l'emploi (*cf.* chapitre 26).

L'employeur doit aussi transmettre cette attestation à Pôle emploi.

L'employeur occupant au moins 10 salariés doit, pour transmettre à Pôle emploi l'attestation d'assurance-chômage, soit la saisir en ligne sur le site de Pôle emploi (*www.pole-emploi.fr*), soit la faire parvenir par dépôt de fichier provenant de son logiciel de paie.

## 5 Les formalités consécutives à la rupture

L'employeur doit porter sur le registre unique du personnel la date de sortie de l'entreprise du salarié et la nature de la rupture.

Pour les entreprises d'au moins 50 salariés, l'employeur doit avant le 8 de chaque mois adresser à l'UT DIRECCTE la déclaration mensuelle des mouvements de personnel (*cf.* chapitre 6).

# Le licenciement

Chapitre
**9**

## 1 Les conditions de légitimité du licenciement

Tout licenciement pour être régulier, quant au fond, doit être fondé sur ***une cause réelle et sérieuse***. Les deux conditions doivent être remplies simultanément :

- ***une cause réelle*** est une cause ayant ***une réalité concrète et vérifiable***. Elle doit aussi être ***objective*** et donc tenir soit à la personne du salarié ou à son aptitude au travail, soit à l'organisation de l'entreprise ;
- ***une cause sérieuse*** est une cause revêtant ***un certain degré de gravité rendant impossible*** – sans dommage pour l'entreprise – ***la continuation du travail***.

## 2 Le licenciement pour motif personnel

### A – La notion de licenciement pour motif personnel

***Le licenciement pour motif personnel est motivé pour des raisons inhérentes à la personne du salarié ayant pour origine un comportement fautif ou non de celui-ci.***

#### 1) Le comportement fautif du salarié : le motif disciplinaire

La loi et la jurisprudence distinguent quatre catégories de faute ayant chacune des conséquences différentes sur le contrat de travail et les droits du salarié :

- ***la faute légère*** : même réelle, elle ne constitue jamais une cause réelle et sérieuse de licenciement. Elle peut cependant faire l'objet d'une sanction disciplinaire (*cf.* chapitre 10) ;
- ***la faute sérieuse*** : le comportement du salarié est préjudiciable à l'entreprise et ne peut donc permettre le maintien de son contrat de travail.
  Exemples : des retards répétés et non justifiés, le non-respect des consignes de sécurité... ;
- ***la faute grave*** : le comportement du salarié rend impossible, même temporairement, la continuation du contrat de travail. Le salarié perd le bénéfice du droit au préavis et à l'indemnité légale ou conventionnelle de licenciement.
  Exemples : une altercation, des manquements répétés à la discipline, un acte d'insubordination... ;

– ***la faute lourde*** : elle caractérise une faute d'une gravité extrême avec l'intention de nuire à l'entreprise. Elle implique la rupture immédiate du contrat de travail. Le salarié perd le bénéfice du droit au préavis, à l'indemnité légale ou conventionnelle de licenciement et à l'indemnité compensatrice de congés payés.

Exemples : un acte de concurrence déloyale, la divulgation d'informations confidentielles...

### 2) Le comportement non fautif du salarié : le motif non disciplinaire

Même en l'absence de faute de la part du salarié, l'employeur peut, s'il estime être en présence d'une situation compromettant la bonne marche de l'entreprise, licencier ce dernier.

Exemples : une insuffisance professionnelle, la perte de confiance, la maladie, l'inaptitude professionnelle consécutive à un accident du travail ou à une maladie professionnelle...

## B – La procédure de licenciement pour motif personnel

### 1) La convocation à l'entretien préalable

L'employeur doit, avant toute décision, ***convoquer par écrit le salarié concerné à un entretien préalable*** par lettre recommandée ou remise en main propre contre décharge.

La convocation doit obligatoirement comporter certaines mentions :

- ***l'objet de l'entretien, c'est-à-dire le projet de licenciement*** ;
- ***la date, l'heure et le lieu de l'entretien*** ;
- ***la possibilité pour le salarié de se faire assister par une personne de l'entreprise***.

  En cas d'absence d'institution représentative du personnel, le salarié a la possibilité de se faire assister par une personne extérieure à l'entreprise (choisie sur une liste dressée par le préfet). La convocation doit mentionner l'adresse des services (mairie et section d'inspection du travail) auprès desquels le salarié peut consulter la liste.

***L'entretien ne peut avoir lieu moins de 5 jours ouvrables après présentation de la lettre recommandée ou la remise en main propre de la lettre de convocation*** afin de donner au salarié le temps de la réflexion et de lui permettre de contacter la personne qui doit l'assister.

### 2) L'entretien préalable

***L'employeur doit indiquer au salarié le ou les motifs du licenciement envisagé et recueillir les explications de celui-ci, ainsi que les observations de la personne qui assiste le salarié***.

À l'issue de l'entretien, l'employeur peut maintenir son projet de licenciement ou y renoncer. Dans le cas où il souhaite maintenir son projet, il ne doit pas l'annoncer immédiatement : un délai lui étant imposé par la loi avant la notification du licenciement.

L'absence du salarié à l'entretien préalable n'empêche pas la poursuite de la procédure.

### 3) La notification du licenciement

***La notification du licenciement doit être faite par écrit, par lettre recommandée avec AR en respectant un délai minimum de 2 jours ouvrables après l'entretien préalable***.

La lettre de notification doit obligatoirement comporter certaines mentions :

- ***l'énoncé du ou des motifs de licenciement*** ;
- ***les droits du salarié en matière de DIF*** (sauf en cas de licenciement pour faute grave ou lourde) ***et de la possibilité de les utiliser pendant le préavis*** ;
- ***la date d'expiration du préavis ou la mention dispensant le salarié de l'effectuer***.

La date de présentation de la lettre fixe le point de départ du préavis.

**Cas particulier : le statut du conseiller du salarié**

***L'assistant du salarié est un salarié de l'entreprise*** : l'employeur doit lui laisser toute liberté pour remplir sa mission et lui maintenir sa rémunération.

***L'assistant du salarié est un conseiller extérieur à l'entreprise*** : la loi accorde un statut particulier au conseiller salarié pour lui permettre d'exercer ses fonctions :

- un crédit d'heures de 15 heures par mois dans les entreprises d'au moins 10 salariés.
  Dans les entreprises de moins de 11 salariés, le salarié pourra exercer sa mission de conseiller en dehors de son temps de travail ou pendant ses heures de travail avec l'accord de l'employeur ;
- l'assimilation à une durée de travail effectif du temps consacré – pendant les heures de travail – à l'exercice de ses fonctions ;
- le maintien du salaire, l'employeur étant remboursé par l'État ;
- la possibilité de bénéficier de formation pour les besoins de sa mission dans la limite de 2 semaines par période de 3 ans ;
- l'obligation de secret professionnel et de discrétion ;
- une protection contre le licenciement similaire à celle du délégué syndical (*cf.* chapitre 11).

## 3 Le licenciement pour motif économique

### A – La notion de licenciement pour motif économique

Le licenciement pour motif économique est un ***licenciement effectué par un employeur pour un ou plusieurs motifs non inhérents à la personne du salarié résultant d'une suppression ou transformation d'emploi ou d'une modification, refusée par le salarié, d'un élément essentiel du contrat de travail, consécutives notamment à des difficultés économiques ou à des mutations technologiques.***

### B – La prévention des licenciements économiques

#### 1) Le droit au reclassement

Le licenciement pour motif économique d'un salarié ne peut intervenir que lorsque tous les efforts de formation et d'adaptation ont été réalisés et que le reclassement de l'intéressé sur un emploi relevant de la même catégorie que celui qu'il occupe ou sur un emploi équivalent ne peut être réalisé dans le cadre de l'entreprise ou, le cas échéant, dans les entreprises du groupe auxquelles l'entreprise appartient. L'offre de reclassement proposée au salarié doit être écrite et précise.

## 2) Le droit à l'information des représentants du personnel

***Le CE est saisi en temps utile des projets de restructuration et de compression d'effectif.*** Il émet un avis sur l'opération projetée et ses modalités d'application lorsque l'entreprise est soumise à l'obligation d'établir un plan de sauvegarde de l'emploi. Cet avis est transmis à l'UT DIRECCTE.

Lorsque ce projet est de nature à affecter le volume d'activité ou d'emploi d'une entreprise sous-traitante, le CE (ou DP) de cette dernière en est immédiatement informée et reçoit toute explication utile sur l'évolution probable de l'activité et de l'emploi.

## 3) La recherche d'un repreneur

Si une entreprise occupant au moins 1 000 salariés envisage un projet de licenciement collectif ayant pour conséquence la fermeture d'un établissement, elle doit rechercher un repreneur et en informer le CE dès l'ouverture de la procédure d'information et de consultation. Le CE est informé des offres de reprise formalisées. Il peut émettre un avis et formuler des propositions.

## 4) L'information des salariés en cas de vente de petites et moyennes entreprises (PME)

Dans toute entreprise de moins de 250 salariés, l'employeur doit, tous les 3 ans, fournir à ses salariés une information sur les possibilités de reprise d'une PME par les salariés. Il doit aussi en cas de projet de vente de son entreprise informer ses salariés de ce projet afin de leur permettre de présenter une offre de reprise. L'information des salariés doit avoir lieu au plus tard en même temps que le CE en est informé ou 2 mois avant la date de cession en l'absence de représentants du personnel.

## 5) L'accord de méthode

L'accord de méthode peut être négocié au niveau de l'entreprise, du groupe ou de la branche. Il fixe, en cas de projet de licenciement d'au moins 10 salariés sur 30 jours, les conditions dans lesquelles le CE :

- est réuni et informé de la situation économique et financière de l'entreprise ;
- peut formuler des propositions alternatives au projet de restructuration ayant des incidences sur l'emploi et obtenir une réponse motivée de l'employeur à ses propositions.

## 6) La gestion prévisionnelle des emplois et des compétences (GPEC)

Toute entreprise ou groupe d'entreprises d'au moins 300 salariés, ainsi que toute entreprise ou groupe communautaire comportant au moins un établissement ou une entreprise de 150 salariés en France, engage, tous les 3 ans, une négociation portant notamment sur la mise en place d'un dispositif de gestion prévisionnelle des emplois et des compétences (GPEC) et les mesures d'accompagnement susceptibles de lui être associées (*cf.* chapitre 3).

## 7) La mobilité professionnelle ou géographique interne

***L'employeur peut engager une négociation portant sur les conditions de la mobilité professionnelle ou géographique interne à l'entreprise*** dans le cadre de mesures collectives d'organisation courantes ***sans projet de réduction d'effectifs***. La négociation porte également, sauf pour l'entreprise soumise à la GPEC, sur les évolutions prévisionnelles des emplois et des compétences et sur les mesures susceptibles de les accompagner.

L'accord doit préciser les limites imposées à cette mobilité au-delà de la zone géographique d'emploi du salarié, les mesures visant à concilier la vie professionnelle et la vie personnelle et familiale, ainsi que les mesures d'accompagnement à la mobilité (actions de formation, aides de l'employeur…). L'acccord est porté à la connaissance de chacun des salariés concernés.

La mobilité ne peut avoir pour effet d'entraîner une diminution de salaire ou de la classification du salarié et doit garantir le maintien ou l'amélioration de sa qualification professionnelle.

Lorsque l'employeur souhaite mettre en œuvre une mesure individuelle de mobilité, il doit recueillir l'accord du salarié selon la procédure applicable à la modification d'un contrat de travail pour motif économique (*cf.* chapitre 7). En cas de refus du salarié, l'employeur peut procéder à son licenciement selon les modalités d'un licenciement individuel pour motif économique. Il en est de même si le refus concerne plusieurs salariés.

### 8) L'accord de maintien de l'emploi

***En cas de graves difficultés économiques conjoncturelles dans l'entreprise*** dont le diagnostic est analysé avec les organisations syndicales de salariés représentatives, ***un accord majoritaire d'entreprise peut prévoir d'aménager la durée du travail, les modalités d'organisation et de répartition du temps de travail ainsi que la rémunération des salariés en contrepartie de l'engagement de l'employeur de maintenir les emplois pendant la durée de l'accord***. La durée de l'accord ne peut excéder ***5 ans***.

L'accord de maintien de l'emploi ne peut avoir pour effet ni de diminuer la rémunération, horaire ou mensuelle, des salariés dont le taux horaire est inférieur ou égal à 1,2 SMIC à la date de conclusion de l'accord, ni de ramener la rémunération des autres salariés en dessous de ce seuil.

L'accord détermine le délai et les modalités de l'acceptation ou du refus par le salarié de l'application des stipulations de l'accord à son contrat de travail. À défaut, cette information est faite par l'employeur par lettre recommandée avec AR. Le salarié dispose d'un délai d'un mois à compter de sa réception pour faire connaître son refus (l'absence de réponse vaut acceptation). En cas d'acceptation du salarié, les clauses du contrat de travail contraires à l'accord sont suspendues pendant la durée d'application de celui-ci. Lorsqu'un ou plusieurs salariés refusent son application à leur contrat de travail, leur licenciement repose sur un motif économique. Il est prononcé selon les modalités d'un licenciement individuel pour motif économique et repose sur une cause réelle et sérieuse. L'employeur n'est pas tenu aux obligations d'adaptation et de reclassement. Le salarié bénéficie soit du congé de reclassement, soit du contrat de sécurisation professionnel.

## C – *Les mesures d'accompagnement des licenciements économiques*

### 1) Le plan de sauvegarde de l'emploi (PSE)

***Le plan de sauvegarde de l'emploi (PSE) est obligatoire dans les entreprises d'au moins 50 salariés, dans lesquelles un licenciement d'au moins 10 salariés sur 30 jours est envisagé.***

Le PSE est soumis au CE ou DP ainsi qu'à l'UT DIRECCTE. Sa validité est appréciée au regard des moyens dont dispose l'entreprise (l'unité économique et sociale ou le groupe). En l'absence de CE ou DP, le personnel est informé par tout moyen sur les lieux de travail.

Le plan de sauvegarde de l'emploi peut contenir :

- ***des actions en vue du reclassement interne des salariés*** sur des emplois relevant de la même catégorie d'emplois ou équivalents à ceux qu'ils occupent ou, sous réserve de l'accord exprès des salariés concernés, sur des emplois de catégorie inférieure ;
- ***des créations d'activités nouvelles par l'entreprise*** ;
- ***des actions favorisant le reclassement externe à l'entreprise***, notamment par le soutien à la réactivation du bassin d'emploi ;
- ***des actions de soutien à la création d'activités nouvelles*** ou à la reprise d'activités existantes par les salariés ;
- ***des actions de formation, de VAE ou de reconversion*** de nature à faciliter le reclassement interne ou externe des salariés sur des emplois équivalents ;
- ***des mesures de réduction ou d'aménagement du temps de travail*** et des mesures de réduction du volume des heures supplémentaires effectuées de manière régulière.

L'UT DIRECCTE peut présenter toute proposition destinée à compléter ou modifier le PSE en tenant compte de la situation économique de l'entreprise. Ces propositions sont formulées avant la dernière réunion du CE. Elles sont communiquées à l'employeur et au CE (ou DP). L'employeur adresse une réponse motivée à l'UT DIRECCTE. En l'absence de représentants du personnel, ces propositions et la réponse de l'employeur sont portées à la connaissance des salariés par voie d'affichage sur les lieux de travail.

Le PSE détermine les modalités de suivi de la mise en œuvre effective des mesures contenues dans le plan de reclassement. Ce suivi fait l'objet d'une consultation régulière et approfondie du CE (ou DP). L'UT DIRECCTE est associée au suivi de ces mesures.

## 2) Le congé de reclassement

***Dans toute entreprise occupant au moins 1 000 salariés, l'employeur qui envisage de prononcer un licenciement pour motif économique est tenu de proposer à chaque salarié concerné un congé de reclassement***. Sa proposition figure dans la lettre de licenciement. Le salarié dispose d'un délai de réflexion de 8 jours à compter de la notification de la lettre pour faire part à l'employeur de son accord. L'absence de réponse dans le délai est assimilée à un refus.

La durée du congé de reclassement varie entre 4 mois et 12 mois pendant laquelle le salarié bénéficie des prestations d'une cellule d'accompagnement, d'actions de formation et d'aide dans sa recherche d'emploi. Il peut effectuer des périodes de travail chez un autre employeur, dans le cadre d'un CDD ou d'un CTT, durant lesquelles son congé est suspendu. L'employeur peut prévoir un report du terme initial du congé à due concurrence des périodes de travail effectuées.

Le congé de reclassement est effectué pendant le préavis, dont le salarié est dispensé tout en percevant sa rémunération habituelle. Si sa durée excède le préavis, le terme de ce dernier est reporté d'une durée égale à la durée du congé restant à courir. Pendant cette période, le salarié bénéficie d'une rémunération, à la charge de l'employeur, égale à 65 % de sa rémunération mensuelle brute moyenne des 12 derniers mois (limitée à 4 fois le plafond de la Sécurité sociale) sans pouvoir être inférieure à 85 % du SMIC. À l'issue du congé, le salarié perçoit son indemnité de licenciement.

### 3) Le congé de mobilité

***Dans les entreprises occupant au moins 1 000 salariés, l'employeur peut proposer, à la place du congé de reclassement, un congé de mobilité à la condition d'avoir conclu un accord collectif relatif à la gestion prévisionnelle de l'emploi et des compétences (GPEC)***. Cet accord fixe notamment les critères d'éligibilité et les modalités d'adhésion du salarié au congé de mobilité, les engagements réciproques des parties, les modalités d'accompagnement par une cellule d'appui, la nature des actions de formation, la durée du congé et la rémunération versée pour la durée du congé excédant le préavis.

L'acceptation de la proposition de congé de mobilité emporte rupture du contrat de travail d'un commun accord des parties à l'issue du congé. Le salarié perçoit son indemnité de licenciement.

### 4) Le contrat de sécurisation professionnelle (CSP)

***Dans toute entreprise de moins de 1 000 salariés, l'employeur qui envisage de prononcer un licenciement pour motif économique est tenu de proposer à chaque salarié concerné, ayant au moins 1 an d'ancienneté, le bénéfice du contrat de sécurisation professionnelle (CSP)***. Celui-ci a pour objet l'organisation et le déroulement d'un parcours de retour à l'emploi, le cas échéant au moyen d'une reconversion ou d'une création ou reprise d'entreprise.

Chaque salarié est informé individuellement et par écrit du contenu du CSP et de la possibilité qu'il a d'en bénéficier soit lors de l'entretien individuel (en cas de licenciement individuel pour motif économique ou en l'absence de représentants du personnel dans l'entreprise), soit à l'issue de la dernière réunion du CE (ou DP) sur le PSE en cas de licenciement économique collectif.

Le salarié dispose d'un délai de réflexion de 21 jours à compter de son information pour faire part à l'employeur de son accord. L'absence de réponse dans le délai est assimilée à un refus.

En cas d'acceptation du salarié du CSP, le contrat de travail est rompu du commun accord des parties, à la date d'expiration du délai de réflexion. Cette rupture, qui ne comporte ni préavis, ni indemnité compensatrice de préavis, prend effet à l'expiration du délai de réflexion et ouvre droit au versement d'une indemnité d'un montant égal à celui de l'indemnité de licenciement calculée sur la base de l'ancienneté que l'intéressé aurait eue s'il avait effectué son préavis.

***Le CSP a une durée maximum de 12 mois*** pendant laquelle son bénéficiaire, qui a le statut de stagiaire de la formation professionnelle, bénéficie de toutes les mesures d'accompagnement. Il peut réaliser au cours de son CSP des périodes d'activités professionnelles en entreprise, sous forme de CDD ou de CTT d'une durée minimale de 3 jours. Le cumul total de ces périodes ne peut excéder 6 mois. Pendant ces périodes, le bénéficiaire est salarié par l'entreprise où il exerce et son CSP est suspendu. ***La durée du CSP est allongé des périodes d'activité professionnelle intervenues après le 6e mois du CSP, dans la limite de 3 mois supplémentaires. La durée du CSP ne peut excéder 15 mois de date à date***.

Il perçoit de Pôle emploi, pendant la durée du CSP, une ***allocation de sécurisation professionnelle (ASP)***, dont le montant est égal à ***75 % du salaire de référence*** retenu pour le calcul de l'allocation d'aide au retour à l'emploi (ARE). L'ASP ne peut être ni inférieure à l'ARE auquel le bénéficiaire aurait pu prétendre, ni supérieure à l'ARE maximale (*cf.* chapitre 26).

Le salarié n'ayant pas un an d'ancienneté, mais disposant de droits d'assurance-chômage peut bénéficier du CSP. Le montant de l'allocation est égal à celui de l'ARE auquel il peut prétendre.

Le bénéficiaire qui reprend un emploi, avant le terme de son CSP, dont la rémunération est, pour une même durée du travail, inférieure à celle de son emploi précédent, perçoit une indemnité différentielle de reclassement pour une durée qui ne peut excéder 12 mois.

Le bénéficiare qui retrouve avant la fin du 10e mois de son CSP un emploi durable, sous forme de CDI, de CDD ou d'un CTT d'au moins 6 mois, perçoit une prime au reclassement, égal à 50 % des droits résiduels à l'ASP. Cette prime peut se cumuler, pour le même emploi, avec l'indemnité différentielle de reclassement.

Le bénéficiaire qui, au terme du CSP est à la recherche d'un emploi, bénéficie de l'ARE, sans délai d'attente, ni différé pour une durée qui est réduite du nombre de jours indemnisés au titre de l'ASP.

L'employeur contribue au financement du CSP par le versement à Pôle emploi de l'indemnité de préavis que le salarié aurait perçu s'il n'avait pas bénéficié du CSP, dans la limite de 3 mois de salaire. Si l'indemnité de préavis est supérieure à 3 mois de salaire, la fraction excédentaire est versée à l'intéressé dès la rupture de son contrat de travail.

### 5) La priorité de réembauche

***Tout salarié licencié pour motif économique bénéficie d'une priorité de réembauche, pendant un an à compter de la date de la rupture de son contrat de travail, dans tout emploi devenu disponible et compatible avec la qualification qu'il possédait au moment de son licenciement et, le cas échéant, avec la nouvelle qualification qu'il a pu acquérir postérieurement s'il en a informé l'employeur.***

La priorité de réembauche et ses conditions de mise en œuvre doivent figurer dans la lettre de notification du licenciement. Pour pouvoir en bénéficier, le salarié doit en manifester le désir auprès de son employeur par écrit dans un délai de 12 mois à partir de la date de rupture de son contrat de travail.

## D – Les procédures de licenciement pour motif économique

Les formalités à accomplir en cas de licenciement pour motif économique varient en fonction du nombre de salariés concernés. On distingue :

- ***le licenciement individuel ou de moins de 10 salariés sur 30 jours*** ;
- ***le licenciement d'au moins 10 salariés sur 30 jours dans les entreprises de moins de 50 salariés*** ;
- ***le licenciement d'au moins 10 salariés sur 30 jours dans les entreprises d'au moins 50 salariés***.

L'entreprise d'au moins 50 salariés qui a procédé pendant 3 mois consécutifs à plus de 10 licenciements économiques sans atteindre 10 licenciements dans une même période de 30 jours ou qui a procédé au cours d'une année civile à plus de 18 licenciements économiques sans avoir eu à présenter de plan de sauvegarde de l'emploi doit appliquer la procédure de licenciement d'au moins 10 salariés pour tout nouveau licenciement économique (même individuel) pendant les 3 mois suivants.

***Lorsque l'employeur procède à un licenciement pour motif économique***, qu'il soit individuel ou collectif et en l'absence d'accord collectif applicable, ***il définit les critères retenus pour fixer l'ordre des licenciements***, après consultation du CE (ou DP).

Ces critères prennent notamment en compte :

- les charges de famille et, en particulier, celles des parents isolés ;
- l'ancienneté de service dans l'entreprise ;
- la situation des salariés qui présentent des caractéristiques sociales rendant leur réinsertion particulièrement difficile, notamment celles des personnes handicapées et des salariés âgés ;
- les qualités professionnelles appréciées par catégorie.

L'employeur peut privilégier un de ces critères, à condition de tenir compte des autres critères.

Le salarié licencié peut demander à l'employeur l'énonciation des critères retenus pour fixer l'ordre des licenciements. Cette demande est faite par lettre recommandée avec AR ou par lettre remise en main propre dans les 10 jours à compter de la date où le salarié quitte effectivement son emploi. Dès réception, l'employeur dispose d'un délai de 10 jours pour répondre.

### 1) La procédure de licenciement individuel ou de moins de 10 salariés sur 30 jours

***L'information et la consultation du CE ou des DP*** : l'employeur qui envisage de procéder à un licenciement collectif de moins de 10 salariés sur 30 jours réunit et consulte le CE si l'entreprise occupe au moins 50 salariés, les DP si elle occupe moins de 50 salariés. Il adresse aux représentants du personnel, avec la convocation à la réunion, tous renseignements utiles sur le projet de licenciement :

- la ou les raisons économiques, financières ou techniques du projet de licenciement ;
- le nombre de licenciements envisagé ;
- les catégories professionnelles concernées et les critères proposés pour l'ordre des licenciements ;
- le nombre de salariés, permanents ou non, employés dans l'entreprise ;
- le calendrier prévisionnel des licenciements ;
- les mesures de nature économiques envisagées.

La consultation donne lieu, en principe, à une seule réunion au cours de laquelle l'employeur est tenu d'apporter une réponse motivée aux avis et propositions des représentants du personnel. À l'issue de la réunion, ces derniers donnent leur avis sur le projet présenté par l'employeur. Cet avis sera transmis ultérieurement à l'UT DIRECCTE.

***L'intervention de l'administration*** : l'UT DIRECCTE vérifie, dans le délai de 21 jours à compter de la date de notification du projet, que les représentants du personnel ont été informés, réunis et consultés, que les obligations relatives à l'élaboration des mesures sociales ont été respectées et qu'elles seront effectivement mises en œuvre. Elle peut formuler des observations sur les mesures sociales. L'employeur répond à ces observations et adresse une copie de sa réponse aux représentants du personnel. Si cette réponse intervient après le délai d'envoi des lettres de licenciement, celui-ci est reporté jusqu'à la date d'envoi de la réponse à l'UT DIRRECTE. Les lettres de licenciement ne peuvent être envoyées qu'à compter de cette date.

***La procédure à l'égard des salariés*** : qu'il s'agisse d'un licenciement individuel ou inclu dans un licenciement collectif de moins de 10 salariés sur 30 jours, l'employeur convoque le ou les intéressés à un entretien préalable. La convocation à l'entretien préalable remplit les mêmes conditions de forme et de contenu que pour le licenciement pour motif personnel.

***L'entretien préalable ne peut avoir lieu moins de 5 jours ouvrables après présentation de la lettre recommandée ou la remise en main propre de la lettre de convocation***. Il se déroule comme pour le licenciement pour motif personnel.

***La notification du licenciement doit être faite, par écrit, par lettre recommandée avec AR en respectant un délai de 7 jours ouvrables après l'entretien préalable*** (15 jours pour un cadre en cas de licenciement individuel).

La lettre de notification doit obligatoirement comporter certaines mentions :

– l'énoncé des motifs économiques invoqués par l'employeur ;
– la priorité de réembauche et ses conditions de mise en œuvre ;
– la possibilité de contester la régularité ou la validité du licenciement dans les 12 mois, à compter de la notification de celui-ci.

La date de réception de la lettre de notification fixe le point de départ du préavis.

***L'information de l'administration*** : l'employeur informe l'UT DIRECCTE dans les 8 jours suivant l'envoi de la lettre ou des lettres du ou des licenciements économiques en précisant :

– le nom et l'adresse de l'employeur (ou de la société) ;
– la nature de l'activité et le nombre de salariés permanents ou non de l'entreprise ;
– les nom, prénom, sexe, nationalité, date de naissance, adresse, emploi et qualification du ou des salariés concernés ainsi que la date de notification du licenciement ;
– l'avis du CE ou des DP si la consultation était obligatoire.

## 2) La procédure de licenciement collectif d'au moins 10 salariés sur 30 jours dans les entreprises de moins de 50 salariés

***L'information et la consultation des DP*** : l'employeur réunit et consulte les DP. Ces derniers tiennent 2 réunions, séparées par un délai qui ne peut être supérieur à 14 jours. L'employeur adresse aux DP avec la convocation à la 1re réunion tous renseignements utiles sur le projet de licenciement. Outre les informations énoncées pour la procédure de licenciement de moins de 10 salariés sur 30 jours, l'employeur leur adresse les mesures qu'il envisage de mettre en œuvre pour éviter les licenciements ou limiter leur nombre et pour faciliter le reclassement du personnel dont le licenciement ne pourrait être évité. L'employeur met à l'étude les suggestions relatives aux mesures sociales envisagées et les propositions alternatives au projet de restructuration formulées par les DP. Il leur donne une réponse motivée.

***L'intervention de l'administration*** : l'UT DIRECCTE est chargée de l'intégralité du contrôle de la procédure d'information et de consultation des DP. L'employeur lui notifie le projet de licenciement économique au plus tôt le lendemain de la date prévue pour la 1re réunion des DP.

La notification comprend l'ensemble des informations communiquées aux DP. L'employeur lui communique les procès-verbaux des réunions.

L'UT DIRECCTE vérifie, dans le délai de 21 jours à compter de la date de notification, que les DP ont été informés, réunis et consultés, que les obligations relatives à l'élaboration des mesures sociales ont été respectées et qu'elles seront effectivement mises en œuvre.

Elle peut formuler des observations sur les mesures sociales. L'employeur répond à ces observations et adresse une copie de sa réponse aux DP. Si cette réponse intervient après le délai d'envoi des lettres de licenciement, celui-ci est reporté jusqu'à la date d'envoi de la réponse à l'UT DIRRECTE. Les lettres de licenciement ne peuvent être envoyées qu'à compter de cette date.

***La procédure à l'égard des salariés*** : ***la procédure d'entretien préalable ne s'applique pas dès lors qu'il existe des DP.***

***La notification du licenciement*** répond aux mêmes règles de forme et de contenu que pour le licenciement de moins de 10 salariés sur 30 jours. ***Elle ne peut avoir lieu avant l'expiration d'un délai courant à compter de la notification du projet de licenciement à l'UT DIRECCTE***. Ce délai ne peut être inférieur à 30 jours, sauf accord collectif de travail prévoyant des délais plus favorables aux salariés.

### 3) La procédure de licenciement collectif d'au moins 10 salariés sur 30 jours dans les entreprises d'au moins 50 salariés

***L'accord collectif majoritaire ou/et le document unilatéral de l'employeur*** : la procédure de licenciement collectif d'au moins 10 salariés sur 30 jours doit donner lieu soit à un accord collectif, soit à un document unilatéral de l'employeur :

- ***l'accord collectif majoritaire*** : il porte obligatoirement sur le contenu du plan de sauvegarde de l'emploi (PSE). Il peut également porter sur les modalités de consultation du CE et de mise en œuvre des licenciements. La négociation peut s'ouvrir avant ou après la 1re réunion du CE. L'UT DIRECCTE est informée sans délai de l'ouverture de la négociation. L'accord majoritaire est signé par une ou plusieurs organisations syndicales représentatives ayant recueilli au moins 50 % des suffrages exprimés en faveur d'organisations syndicales reconnues représentatives au 1er tour des dernières élections des titulaires au CE ou de la DUP, ou à défaut, des DP, quel que soit le nombre de votants. L'accord majoritaire peut organiser, tant sur le fond que sur la forme, l'ensemble de la procédure applicable au projet de licenciement. Le CE peut mandater un expert-comptable afin qu'il assiste les organisations syndicales. Cet expert-comptable est le même que celui désigné par le CE dans le cadre de la procédure de licenciement ;
- ***le document unilatéral de l'employeur*** : à défaut d'accord majoritaire ou en cas d'accord partiel, un document élaboré par l'employeur après la dernière réunion du CE sur le projet de licenciement fixe le contenu du PSE et précise les modalités de consultation du CE ainsi que les modalités de mise en œuvre des licenciements.

L'accord collectif majoritaire et le document unilatéral peuvent se compléter.

L'accord collectif majoritaire ou/et le document élaboré par l'employeur sont transmis à l'UT DIRECCTE pour validation de l'accord ou homologation du document.

***L'information et la consultation du CE (ou des DP)*** : l'employeur réunit et consulte le CE sur :

- l'opération de restructuration et de compression des effectifs ;
- le projet de licenciement : le nombre de suppressions d'emploi, les catégories professionnelles concernées, les critères d'ordre et le calendrier prévisionnel des licenciements, les mesures sociales d'accompagnement prévues par le PSE. Les points qui font l'objet de l'accord majoritaire ne sont pas soumis à consultation.

***Le CE tient au moins 2 réunions*** (3 s'il a recourt à un expert-comptable lors de la 1re réunion) ***espacées d'au moins 15 jours***. Il rend ses 2 avis (le premier sur l'opération de restructuration, le second sur le projet de licenciement) dans un délai global qui ne peut être supérieur, à compter de la date de sa 1re réunion au cours de laquelle il est consulté, à :

- 2 mois lorsque le nombre de licenciements est inférieur à 100 ;
- 3 mois lorsque le nombre de licenciements est au moins égal à 100 et inférieur à 250 ;
- 4 mois lorsque le nombre de licenciements est au moins égal à 250.

En l'absence d'avis du CE dans ces délais, celui-ci est réputé avoir été consulté.

L'employeur adresse aux représentants du personnel, avec la convocation à la 1re réunion, tous renseignements utiles sur le projet de licenciement. Outre les informations énoncées pour la procédure de licenciement de moins de 10 salariés sur 30 jours, l'employeur leur adresse le PSE qu'il envisage de mettre en œuvre pour éviter les licenciements ou limiter leur nombre et pour faciliter le reclassement du personnel dont le licenciement ne pourrait être évité. L'employeur met à l'étude les suggestions relatives aux mesures sociales envisagées et les propositions alternatives au projet de restructuration formulées par le CE. Il lui donne une réponse motivée.

L'employeur peut, après avis favorable du CE, proposer des mesures de reclassement interne avant l'expiration du délai imparti pour rendre ses avis sur les projets qui lui sont soumis.

***L'intervention de l'administration*** : l'UT DIRECCTE est chargée de l'intégralité du contrôle de la procédure d'information et de consultation du CE. L'employeur lui notifie le projet de licenciement au plus tôt le lendemain de la date prévue pour la 1re réunion du CE. La notification comprend les informations communiquées au CE et, le cas échéant, l'intention de l'employeur d'ouvrir une négociation pour un accord majoritaire. L'employeur lui communique l'ensemble des informations transmises au CE lors de leur convocation aux différentes réunions ainsi que les procès-verbaux de ces réunions. Il l'informe de la décision du CE de recourir à l'assistance d'un expert-comptable. Il lui transmet son rapport et les modifications éventuelles du projet de licenciement.

L'UT DIRECCTE valide l'accord collectif ou, en l'absence d'accord collectif ou en cas d'accord collectif partiel, homologue le document de l'employeur dès lors qu'elle s'est assurée de sa conformité aux dispositions légales, de la régularité de la procédure d'information et de consultation du CE et de la présence dans le PSE des mesures prévues dans les dispositions légales.

***L'UT DIRECCTE notifie*** à l'employeur, au CE et aux organisations syndicales ***la décision de validation dans un délai de 15 jours à compter de la réception de l'accord***. Elle notifie à l'employeur et au CE ***la décision d'homologation dans un délai de 21 jours à compter de la réception du document complet élaboré par l'employeur***. La décision est motivée. Le silence gardé par l'UT DIRECCTE pendant les délais vaut décision d'acceptation de validation ou d'homologation.

En cas de refus de validation ou d'homologation, l'employeur, s'il souhaite reprendre son projet, présente une nouvelle demande après y avoir apporté les modifications nécessaires et consulté le CE.

La décision de validation ou d'homologation ainsi que les voies et délais de recours sont portés à la connaissance des salariés par voie d'affichage sur leurs lieux de travail.

***La procédure à l'égard des salariés*** : ***la procédure d'entretien préalable ne s'applique pas dès lors qu'il existe un CE (ou des DP)***.

***La notification du licenciement*** répond aux mêmes règles de forme et de contenu que pour le licenciement de moins de 10 salariés sur 30 jours. ***L'employeur notifie le licenciement après la notification par l'UT DIRECCTE de la décision de validation ou d'homologation ou à l'expiration des délais impartis à l'UT DIRECCTE pour se prononcer***.

***Cas particulier de la recherche d'un repreneur*** : le CE peut émettre un avis et formuler des propositions sur les offres de reprise formalisées. Cet avis est rendu dans le délai global (voir p. 90).

## 4 Le contentieux et les sanctions

***Les litiges relatifs aux licenciements relèvent*** :

- ***du conseil de prud'hommes*** : il est compétent pour apprécier la régularité de la procédure suivie et le caractère réel et sérieux des motifs invoqués pour le licenciement pour motif personnel ou pour motif économique ;
- ***du tribunal de grande instance*** : il est compétent pour apprécier la régularité de la procédure suivie pour les licenciements de moins de 10 salariés et pour les licenciements d'au moins 10 salariés sur 30 jours dans les entreprises de moins de 50 salariés ;
- ***du tribunal administratif*** : il est compétent pour apprécier la régularité de la procédure suivie pour les licenciements d'au moins 10 salariés sur 30 jours dans les entreprises d'au moins 50 salariés. L'accord collectif majoritaire, le document élaboré par l'employeur, le contenu du PSE, les décisions prises par l'UT DIRECCTE et la régularité de la procédure de licenciement collectif ne peuvent faire l'objet d'un litige distinct de celui relatif à la décision de validation ou d'homologation.

Les délais de recours relatifs aux licenciements sont variables :

- toute action portant sur la rupture du contrat de travail se prescrit par 2 ans à compter du jour où celui qui l'exerce a connu ou aurait dû connaître les faits lui permettant d'exercer son droit ;
- toute contestation portant sur la régularité ou la validité du licenciement économique se prescrit par 12 mois à compter de la dernière réunion du CE ou, dans le cadre de l'exercice par le salarié de son droit individuel à contester à compter de la notification de celui-ci. Ce délai n'est opposable au salarié que s'il en a été fait mention dans la lettre de licenciement ;
- tout recours portant sur la régularité de la procédure suivie pour les licenciements d'au moins 10 salariés sur 30 jours dans les entreprises d'au moins 50 salariés doit être présenté dans un délai de 2 mois courant pour l'employeur, à compter de la notification de la décision de validation ou d'homologation, pour les organisations syndicales ou pour les salariés, à compter de la date à laquelle la décision a été portée à leur connaissance.

***Les sanctions concernant les irrégularités du licenciement pour un salarié ayant 2 ans d'ancienneté et plus et travaillant dans une entreprise d'au moins 11 salariés sont les suivantes*** :

- si le licenciement d'un salarié intervient sans que la procédure ait été observée, le juge impose à l'employeur d'accomplir la procédure prévue et accorde au salarié une indemnité qui ne peut être supérieure à un mois de salaire ;
- si le licenciement survient pour une cause qui n'est pas réelle et sérieuse, le juge peut proposer la réintégration du salarié. En cas de refus d'une des parties, il accorde au salarié une indemnité qui ne peut être inférieure à 6 mois de salaire, sans préjudice de l'indemnité de licenciement. Il ordonne aussi le remboursement par l'employeur aux organismes intéressés des indemnités de chômage perçues par le salarié licencié dans la limite de 6 mois maximum ;
- si le licenciement d'au moins 10 salariés sur 30 jours dans une entreprise d'au moins 50 salariés intervient en l'absence de toute décision relative à la validation ou à l'homologation, alors qu'une décision négative a été rendue ou en cas d'annulation d'une décision de validation ou d'homologation en raison d'une absence ou insuffisance de PSE, le juge peut ordonner la poursuite du contrat de travail ou prononcer la nullité du licenciement et ordonner la réintégration du salarié à la demande de ce dernier. Si le salarié ne demande pas la poursuite de son contrat de travail ou si la réintégration est impossible, il accorde au salarié une indemnité qui ne peut être inférieure à 12 mois de salaire (6 mois si l'annulation d'une décision de validation ou d'homologation a été motivée pour un motif autre que l'absence ou l'insuffisance de PSE), sans préjudice de l'indemnité de licenciement. Il ordonne aussi le remboursement par l'employeur aux organismes intéressés des indemnités de chômage perçues par le salarié dans la limite de 6 mois maximum.

  En cas d'annulation d'une décision de validation ou d'homologation en raison d'une insuffisance de motivation, l'UT DIRRECTE prend une nouvelle décision suffisamment motivée dans un délai de 15 jours à compter de la notification du jugement. L'employeur informe les salariés licenciés à la suite de la première décision de validation ou d'homologation de cette nouvelle décision. Dans ce cas, l'annulation pour le seul motif d'insuffisance de motivation de la première décision de l'UT DIRRECTE est sans incidence sur la validité du licenciement et ne donne lieu ni à réintégration, ni au versement d'une indemnité à la charge de l'employeur ;
- en cas de non-respect par l'employeur des procédures de consultation des représentants du personnel ou d'information de l'UT DIRECCTE, le juge accorde au salarié compris dans un licenciement collectif pour motif économique une indemnité calculée en fonction du préjudice subi ;
- en cas de non-respect de la priorité de réembauche, le juge accorde au salarié une indemnité qui ne peut être inférieure à 2 mois de salaire.

***La sanction concernant les irrégularités du licenciement pour un salarié de moins de 2 ans d'ancienneté ou travaillant dans une entreprise de moins de 11 salariés*** est la suivante : en cas de licenciement intervenant sans que la procédure ait été observée ou survenant pour une cause qui n'est pas réelle et sérieuse, le juge peut accorder au salarié une indemnité correspondant au préjudice subi.

**À NOTER** • L'employeur s'expose en cas de non-respect des obligations liées au licenciement pour motif économique à des sanctions pénales.

# Les libertés des salariés dans l'entreprise

Chapitre **10**

## 1 Le règlement intérieur (RI)

*Le règlement intérieur est obligatoire dans toute entreprise employant habituellement au moins 20 salariés.*

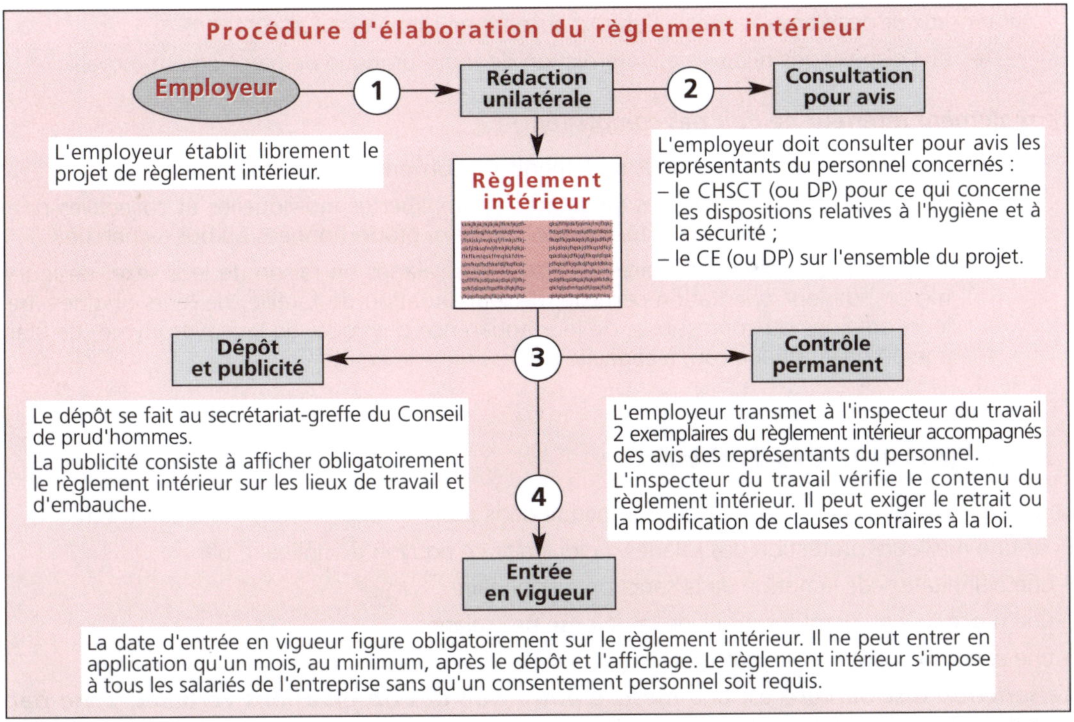


**À NOTER** • La consultation des représentants du personnel est obligatoire en cas de modification ou de retrait de clauses du RI • Les notes de services relevant du RI sont soumises à la même procédure.

*Le règlement intérieur est limité* :

- aux mesures d'application de la réglementation en matière d'hygiène et de sécurité et notamment aux instructions concernant l'obligation pour le salarié de veiller à sa sécurité et à celle des autres ;
- aux conditions de participation des salariés au rétablissement de conditions de travail protectrices de la sécurité et de la santé des salariés ;
- aux règles générales et permanentes relatives à la discipline (notamment la nature et l'échelle des sanctions) ;
- aux dispositions relatives aux droits de la défense des salariés en cas de sanction disciplinaire ;
- aux consignes relatives à la circulation, aux transports et manutentions, à l'emploi des divers matériels, équipements ou machines, à l'utilisation des véhicules, au port des équipements individuels de protection, en fonction de la nature des risques existants dans l'entreprise, telle qu'elle résulte notamment de l'analyse effectuée par le CHSCT ;
- aux dispositions relatives à l'abus d'autorité en matière sexuelle ;
- aux dispositions relatives à l'interdiction de toute pratique de harcèlement moral.

*Le règlement intérieur ne doit pas comporter* :

- de clauses contraires aux lois, règlements ou conventions collectives ;
- de restrictions aux droits des personnes et aux libertés individuelles et collectives non justifiées par la nature de la tâche à accomplir ni proportionnées au but recherché ;
- de dispositions discriminatoires à l'égard des salariés en raison de leur sexe, de leurs mœurs, de leur orientation sexuelle, de leur situation de famille, de leurs origines, de leurs opinions ou confessions, de leur apparence physique, de leur patronyme, de leur âge ou de leur handicap, à capacité professionnelle égale.

## 2 Le pouvoir disciplinaire

Le pouvoir disciplinaire de l'employeur s'applique dans toute entreprise sans condition d'effectif.

Pour une meilleure protection des salariés, la loi limite ce pouvoir disciplinaire par :

– une délimitation de la notion de la sanction disciplinaire ;

– une procédure assurant les droits de la défense des salariés ;

– une extension du contrôle judiciaire.

***La sanction disciplinaire*** est une ***mesure autre que des observations verbales, prise par l'employeur à la suite d'un agissement du salarié, considéré par lui comme fautif, que cette mesure soit de nature à affecter immédiatement ou non la présence du salarié dans l'entreprise, sa fonction, sa carrière ou sa rémunération***.

L'agissement fautif du salarié peut être :

- un manquement aux règles de discipline générale de l'entreprise (ex. : non-respect des horaires, absences injustifiées, refus d'obéissance, non-respect des consignes de sécurité...) ;
- une inexécution fautive du travail ou une exécution volontairement défectueuse (ex. : négligences professionnelles, restrictions volontaires de la production...).

## *A – La procédure disciplinaire*

Aucune sanction ne peut être prononcée sans qu'une procédure ait été respectée par l'employeur : convocation à un entretien préalable et/ou notification et motivation de la sanction. La procédure que doit suivre l'employeur dépend de la gravité de la sanction envisagée (voir schéma p. 104) :

- ➤ ***la procédure courte*** : elle s'applique si la sanction envisagée n'a pas d'incidence sur la présence du salarié dans l'entreprise, sa fonction, sa carrière ou sa rémunération ;
- ➤ ***la procédure longue*** : elle s'applique si la sanction envisagée a une incidence sur la présence du salarié dans l'entreprise, sa fonction, sa carrière ou sa rémunération.

## *B – L'échelle des sanctions et la procédure applicable*

La procédure applicable varie en fonction de la sanction envisagée :

- ➤ ***la procédure courte*** pour :
  - *le blâme* : il constitue un simple rappel à l'ordre ou une simple mise en garde (s'il s'agit d'un blâme avec inscription au dossier, la procédure longue doit être appliquée),
  - *l'avertissement* : il constitue une notification par écrit des griefs retenus contre le salarié ;
- ➤ ***la procédure longue*** pour :
  - *la mise à pied disciplinaire* : elle constitue une mesure de suspension temporaire non rémunérée du contrat de travail. Le règlement intérieur doit fixer une durée maximale,
  - *la mutation* : elle entraîne l'affectation du salarié à un autre poste de qualification équivalente,
  - *la rétrogradation* : elle entraîne l'affectation du salarié à un autre poste de qualification inférieure avec réduction de la rémunération,
  - *le licenciement* : en cas de licenciement pour faute, les procédures disciplinaire et de licenciement sont confondues (*cf.* chapitre 9).

**À NOTER** • La mise à pied disciplinaire ne doit pas être confondue avec la mise à pied conservatoire qui constitue une mesure prise par l'employeur à l'encontre d'un salarié ayant commis une faute qui ne permet pas son maintien dans ses fonctions sans trouble pour la vie de l'entreprise. L'employeur peut la notifier sur le champ, mais il doit bien préciser dans la lettre de notification qu'elle est prononcée dans l'attente d'un licenciement. Elle n'est pas rémunérée si, au terme de la procédure, elle est transformée en mise à pied disciplinaire ou si le salarié est licencié pour faute grave ou lourde • Le refus du salarié de se soumettre à une mutation ou une rétrogradation constitue une cause réelle et sérieuse de licenciement.

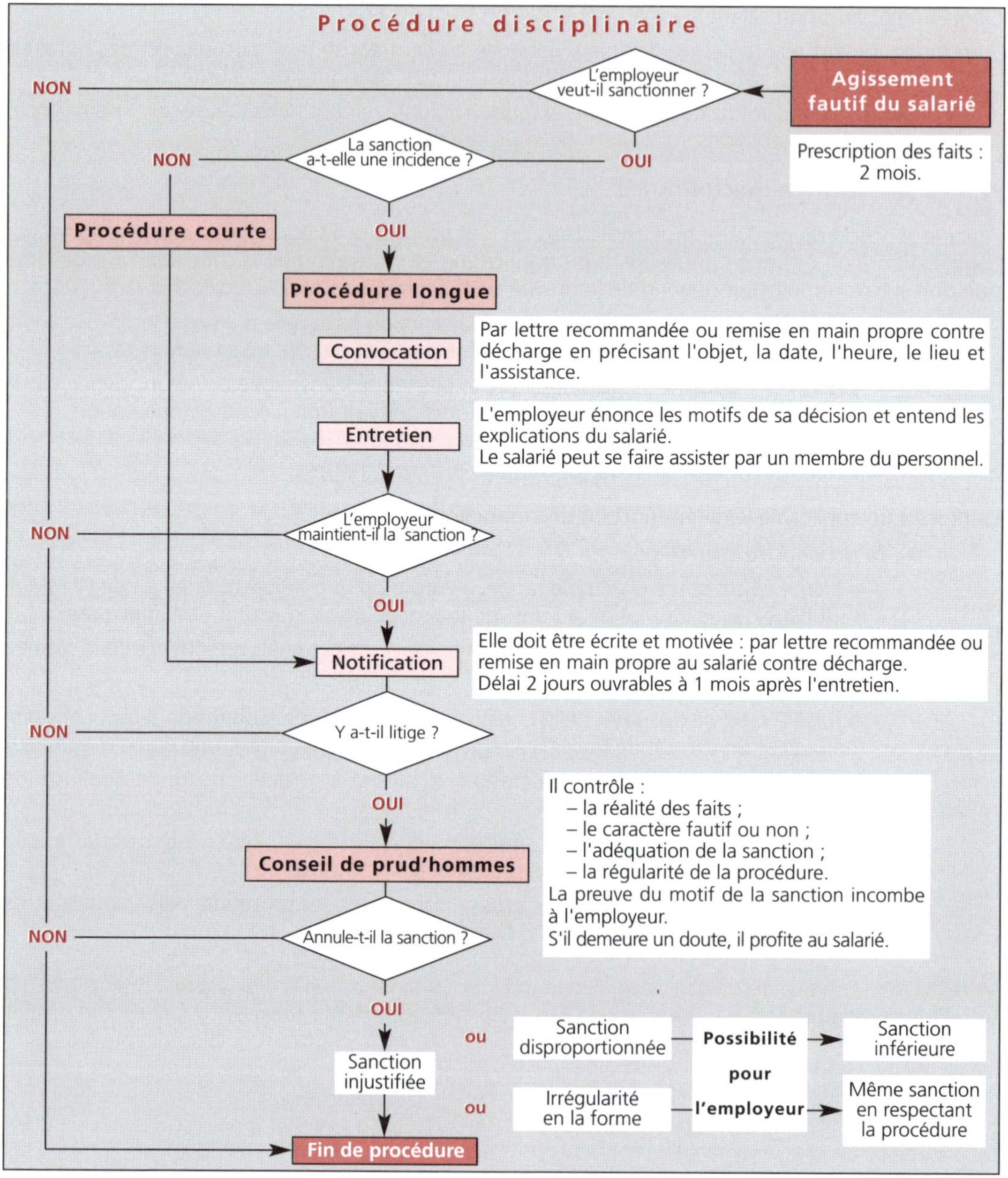
Procédure disciplinaire
Agissement fautif du salarié
Prescription des faits : 2 mois.
L'employeur veut-il sanctionner ?
NON
OUI
La sanction a-t-elle une incidence ?
NON
Procédure courte
OUI
Procédure longue
Convocation
Par lettre recommandée ou remise en main propre contre décharge en précisant l'objet, la date, l'heure, le lieu et l'assistance.
Entretien
L'employeur énonce les motifs de sa décision et entend les explications du salarié.
Le salarié peut se faire assister par un membre du personnel.
L'employeur maintient-il la sanction ?
NON
OUI
Notification
Elle doit être écrite et motivée : par lettre recommandée ou remise en main propre au salarié contre décharge.
Délai 2 jours ouvrables à 1 mois après l'entretien.
Y a-t-il litige ?
NON
OUI
Conseil de prud'hommes
Il contrôle :
– la réalité des faits ;
– le caractère fautif ou non ;
– l'adéquation de la sanction ;
– la régularité de la procédure.
La preuve du motif de la sanction incombe à l'employeur.
S'il demeure un doute, il profite au salarié.
Annule-t-il la sanction ?
NON
OUI
Sanction injustifiée
ou
Sanction disproportionnée
ou
Irrégularité en la forme
Possibilité pour l'employeur
Sanction inférieure
Même sanction en respectant la procédure
Fin de procédure

### C – La prescription des faits

***Aucun fait fautif ne peut donner lieu à lui seul à l'engagement de poursuites disciplinaires au-delà d'un délai de 2 mois à compter du jour où l'employeur en a eu connaissance*** : c'est la prescription. Elle peut cependant être invoquée à l'occasion d'une nouvelle faute.

L'employeur ne peut sanctionner 2 fois pour une même faute. Par contre, en cas de récidive, il peut invoquer des fautes passées – de même nature – et déjà sanctionnées pour appliquer une sanction plus importante.

***Le délai de prescription pour les sanctions est de 3 ans*** ; passé ce délai, l'employeur ne peut plus invoquer une faute antérieure, même en cas de récidive.

## 3 Le droit d'expression des salariés dans l'entreprise

### A – Le principe et l'exercice du droit d'expression

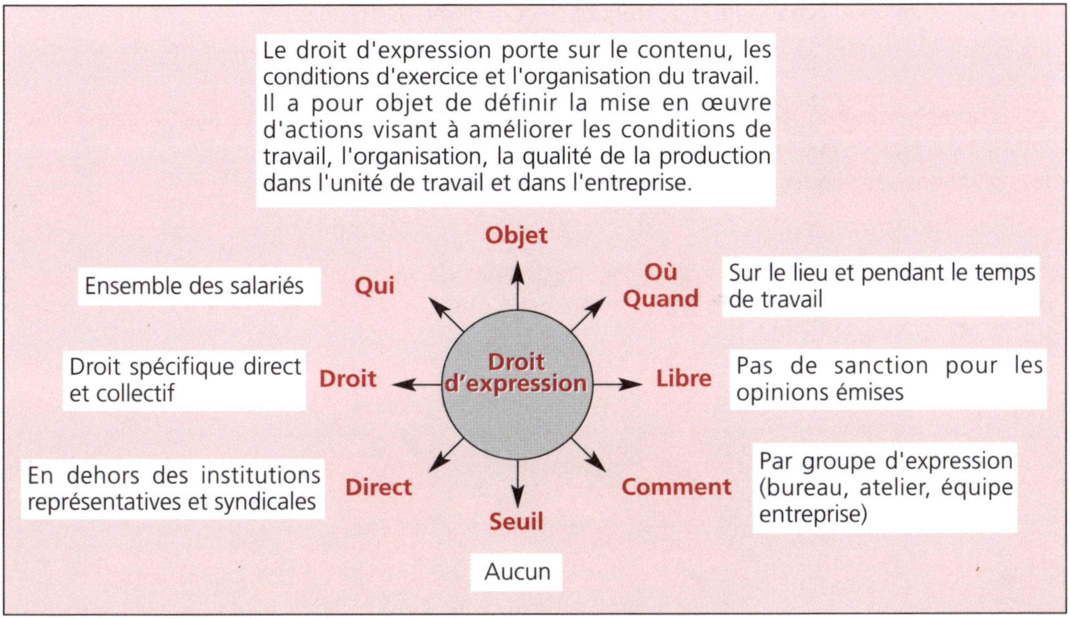

### B – La mise en œuvre des modalités du droit d'expression

L'employeur doit :

- ***dans toute entreprise où sont constituées une ou plusieurs sections syndicales ayant désigné au moins un délégué syndical***, engager une négociation avec les organisations syndicales sur les modalités d'exercice du droit d'expression. Si la négociation n'aboutit pas, l'employeur doit consulter le CE (ou DP) sur ce sujet.

  Le délai entre chaque négociation est de 3 ans en cas d'accord ou d'un an en cas de désaccord.

  L'initiative de la négociation revient à l'employeur ou à un syndicat représentatif si l'employeur fait défaut ;
- ***dans toute entreprise où aucun délégué syndical n'a été désigné***, consulter une fois par an, le CE (ou DP) sur les modalités du droit d'expression.

L'accord sur le droit d'expression doit porter sur :

- le niveau, le mode d'organisation, la fréquence et la durée des réunions ;
- les mesures assurant la liberté d'expression et la transmission à l'employeur des vœux et avis exprimés ;
- les mesures permettant aux salariés concernés, aux DP, au CE, au CHSCT et aux syndicats d'être informés des suites données par l'employeur aux vœux et avis ;
- les conditions spécifiques d'expression pour le personnel de l'encadrement.

# La représentation collective

Chapitre
11

## 1 Les syndicats professionnels

### A – La définition du syndicat

Un syndicat professionnel a pour objet l'étude et la défense des droits ainsi que des intérêts matériels et moraux tant individuels que collectifs de ses membres.

Un syndicat est un groupement de personnes exerçant la même profession, des professions similaires ou des professions connexes (concourant à l'élaboration d'un même produit).

### B – La constitution des syndicats

La liberté syndicale revêt différents aspects :

- *la liberté de constitution* :
  - un syndicat se constitue librement. Il suffit de déposer ses statuts et le nom de ses dirigeants à la mairie,
  - tout adhérent à un syndicat peut participer à sa direction s'il est âgé de plus de 18 ans et s'il n'a subi aucune condamnation infamante,
  - la dissolution d'un syndicat peut être volontaire (décision de l'assemblée générale), statutaire ou judiciaire ;
- *la liberté d'adhésion* :
  - tout salarié peut adhérer ou non à un syndicat sans condition d'âge, de sexe ou de nationalité. Il peut en démissionner tout aussi librement,
  - aucun employeur ne doit prendre en considération l'appartenance à un syndicat ou l'exercice d'une activité syndicale pour arrêter ses décisions à l'égard d'un salarié en matière d'embauche, de licenciement ou d'avantages professionnels...

Les syndicats professionnels sont tenus d'établir des comptes annuels et d'en assurer la publicité.

## C – L'organisation des syndicats

***L'organisation de base est le syndicat ou la section syndicale*** qui rassemble les adhérents d'un même lieu de travail. Les syndicats de base se regroupent ensuite en ***unions*** (groupement interprofessionnel) et en ***fédérations*** (groupement professionnel) le tout au sein d'une même ***confédération***.

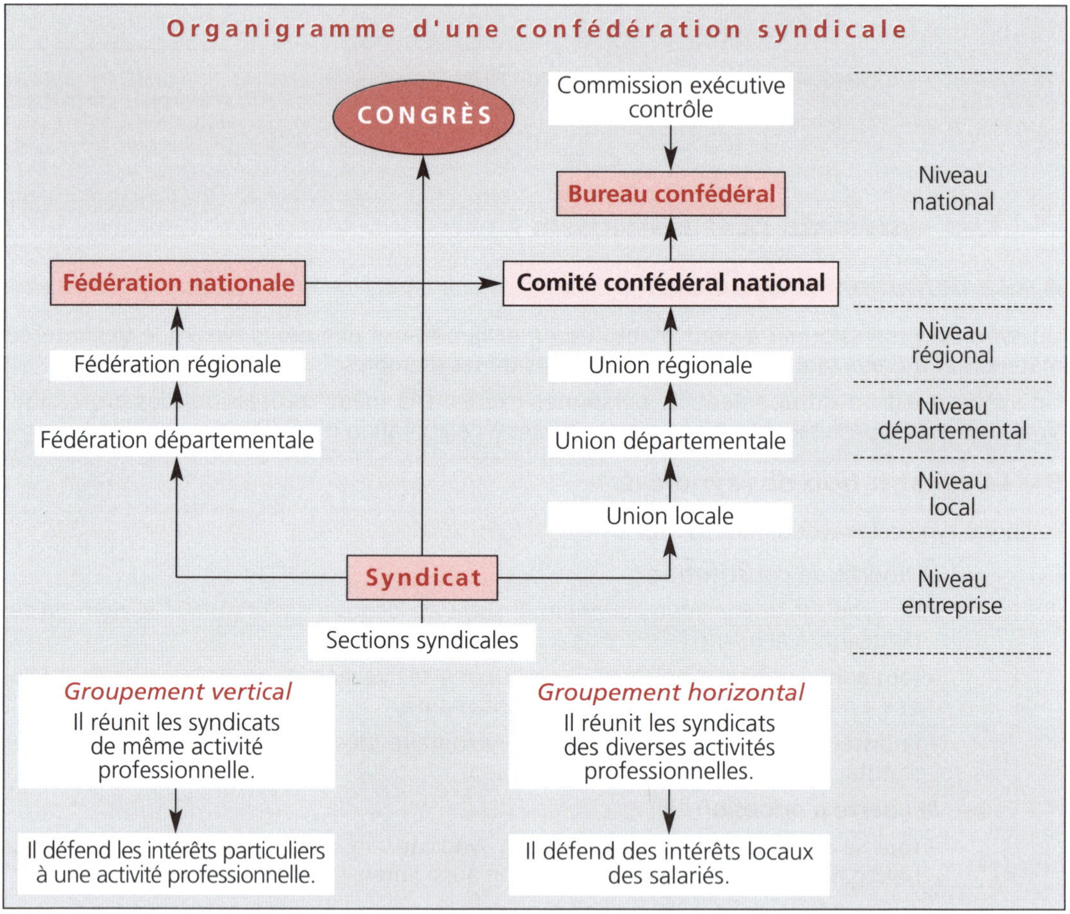


***Cas particulier de la mise à disposition de salariés auprès d'organisations syndicales ou d'associations d'employeurs*** : une convention collective ou un accord collectif de branche étendus ou un accord d'entreprise détermine les conditions dans lesquelles il peut être procédé à une mise à disposition de salariés auprès d'organisations syndicales ou d'associations d'employeurs.

Avec son accord exprès, un salarié peut être mis à disposition d'une organisation syndicale ou d'une association d'employeurs. Pendant cette mise à disposition, les obligations de l'employeur à l'égard du salarié sont maintenues. Le salarié, à l'expiration de sa mise à disposition, retrouve son précédent emploi ou un emploi similaire assorti d'une rémunération au moins équivalente.

## D – La représentativité syndicale selon les niveaux de négociation

### 1) Le Haut Conseil du dialogue social

***Le Haut Conseil du dialogue social a pour mission de donner un avis au ministre du Travail sur la liste des organisations syndicales et des organisations patronales représentatives par branches professionnelles et au niveau national et interprofessionnel.***

Le Haut conseil du dialogue social comprend :

- 5 représentants des organisations syndicales de salariés nationales et interprofessionnelles désignés par ces organisations ;
- 5 représentants des organisations représentatives d'employeurs au niveau national désignés par ces organisations ;
- 3 représentants du ministère du Travail ;
- 3 personnalités qualifiées proposées par le ministre du Travail.

Les membres du Haut Conseil sont nommés, pour une durée de 5 ans, par le Premier ministre qui désigne aussi une des personnes qualifiées pour présider les séances du Haut Conseil.

### 2) Les critères de représentativité des organisations syndicales

La représentativité des organisations syndicales est déterminée d'après les critères cumulatifs suivants :

- ***le respect des valeurs républicaines*** ;
- ***l'indépendance*** ;
- ***la transparence financière*** ;
- ***une ancienneté minimale de 2 ans***, à compter de la date de dépôt légal des statuts, dans le champ professionnel et géographique couvrant le niveau de négociation ;
- ***l'audience établie selon les niveaux de négociation*** ;
- ***l'influence***, prioritairement caractérisée par l'activité et l'expérience ;
- ***les effectifs d'adhérents et les cotisations***.

### 3) La détermination des organisations syndicales représentatives

La représentativité des organisations syndicales s'apprécie à 3 niveaux distincts :

- au niveau national et interprofessionnel ;
- au niveau de la branche professionnelle ;
- au niveau de l'entreprise.

Un syndicat peut ne pas être représentatif au niveau national et interprofessionnel tout en étant représentatif dans une ou plusieurs branches professionnelles ou dans certaines entreprises.

***La mesure de la représentativité syndicale est effectuée tous les 4 ans***. Elle prend en compte :

- les élections professionnelles (1er tour des élections des titulaires au CE ou de la DUP ou, à défaut, des DP) organisées dans les entreprises de plus de 11 salariés sur un cycle de 4 ans ;
- le scrutin organisé, tous les 4 ans, auprès des salariés des entreprises de moins de 11 salariés et des employés à domicile. Le vote a lieu soit par voie électronique si l'employeur a le matériel nécessaire, soit par correspondance ;
- les élections pour les salariés de la production agricole, l'audience étant appréciée au regard des suffrages exprimés aux élections des membres représentant les salariés de la production agricole dans les chambres départementales d'agriculture.

La première mesure de l'audience au niveau des branches professionnelles et au niveau national et interprofessionnel est intervenue en 2013.

### 4) La représentativité syndicale au niveau national et interprofessionnel

Au niveau national et interprofessionnel, sont représentatives les organisations syndicales qui remplissent les conditions suivantes :

- ***être représentatives à la fois dans des branches de l'industrie, de la construction, du commerce et des services*** ;
- ***avoir recueilli au moins 8 % des suffrages exprimés résultant de l'addition au niveau national et interprofessionnel des suffrages exprimés au 1er tour des dernières élections*** des titulaires au CE ou de la DUP ou, à défaut, des DP, quel que soit le nombre de votants, ***des suffrages exprimés aux élections concernant les entreprises de moins de 11 salariés*** ainsi que des suffrages exprimés aux élections des membres représentant les salariés aux chambres départementales d'agriculture.

  Pour une confédération syndicale catégorielle interprofessionnelle nationale, ce critère s'apprécie au niveau des collèges électoraux dans lesquels leurs règles statutaires leur donnent vocation à présenter des candidats, à l'issue de l'addition au niveau national et interprofessionnel des résultats aux élections professionnelles ;
- ***satisfaire aux autres critères de représentativité***.

Au niveau national et interprofessionnel, 5 organisations syndicales sont représentatives :

- ***CGT*** : Confédération générale du travail (1895) ;
- ***CFDT*** : Confédération française démocratique du travail (1964) ;
- ***CGT-FO*** : Confédération générale du travail – Force ouvrière (1948) ;
- ***CFTC*** : Confédération française des travailleurs chrétiens (1919) ;
- ***CFE-CGC*** : Confédération française de l'encadrement – Confédération générale des cadres (1944).

À côté de ces confédérations, existent d'autres syndicats : Union nationale des syndicats autonomes (UNSA, 1993), Fédération syndicale unitaire (FSU, 1994), Union syndicale solidaire (1981)…

## 5) La représentativité syndicale au niveau de la branche professionnelle

Dans les branches professionnelles, sont représentatives les organisations syndicales qui remplissent les conditions suivantes :

- ***disposer d'une implantation territoriale équilibrée au sein de la branche*** ;
- ***avoir recueilli au moins 8 % des suffrages exprimés résultant de l'addition au niveau de la branche, d'une part, des suffrages exprimés au 1er tour des dernières élections*** des titulaires au CE ou de la DUP ou, à défaut, des DP, quel que soit le nombre de votants, et, ***d'autre part, des suffrages exprimés aux élections concernant les entreprises de moins de 11 salariés***.

  Pour les organisations syndicales catégorielles affiliées à une confédération syndicale catégorielle interprofessionnelle nationale, ce critère s'apprécie au niveau des collèges électoraux dans lesquels leurs règles statutaires leur donnent vocation à présenter des candidats, à l'issue de l'addition au niveau de la branche des résultats aux élections professionnelles ;
- ***satisfaire aux autres critères de représentativité***.

Le Haut Conseil du dialogue social rend, à l'issue de la mesure de l'audience des organisations syndicales au niveau national et interprofessionnel et du processus de vérification des autres critères exigés par la loi (indépendance, transparence financière, implantation territoriale…), un avis sur la liste des organisations syndicales représentatives dans les branches professionnelles.

Pendant 4 ans à compter de la première détermination des organisations syndicales représentatives au niveau des branches, toute organisation syndicale affiliée à l'une des organisations syndicales représentatives au niveau national et interprofessionnel est présumée représentative au niveau de la branche.

## 6) La représentativité syndicale au niveau de l'entreprise et de l'établissement

Dans l'entreprise ou l'établissement, sont représentatives les organisations syndicales qui remplissent les conditions suivantes :

- ***avoir recueilli au moins 10 % des suffrages exprimés au 1er tour des dernières élections*** des titulaires au CE ou de la DUP ou, à défaut, des DP, quel que soit le nombre de votants.

  Pour les organisations syndicales catégorielles affiliées à une confédération syndicale catégorielle interprofessionnelle nationale, ce critère s'apprécie au niveau des collèges électoraux dans lesquels leurs règles statutaires leur donnent vocation à présenter des candidats ;
- ***satisfaire aux autres critères de représentativité***.

***Cas particulier de la représentativité au niveau du groupe*** : la représentativité des organisations syndicales au niveau de tout ou partie du groupe est appréciée suivant les règles applicables à la représentativité syndicale au niveau de l'entreprise, par addition de l'ensemble des suffrages obtenus dans les entreprises ou établissements concernés.

### 7) La représentativité patronale

La représentativité des organisations professionnelles d'employeurs est déterminée d'après les mêmes critères que ceux applicables aux organisations syndicales à l'exception du critère des effectifs et des cotisations qui est pris en compte pour la mesure de l'audience.

***Sont représentatives au niveau de la branche professionnelle*** les organisations patronales :

- qui disposent d'une implantation territoriale équilibrée au sein de cette branche ;
- dont les entreprises adhérentes à jour de leur cotisation représentent au moins 8 % de l'ensemble des entreprises adhérant à des organisations patronales de la branche ;
- qui satisfont aux autres critères de représentativité.

***Sont représentatives au niveau national et interprofessionnel*** les organisations patronales :

- dont les organisations adhérentes sont représentatives à la fois dans des branches de l'industrie, de la construction, du commerce et des services ;
- dont les entreprises et les organisations adhérentes à jour de leur cotisation représentent au moins 8 % de l'ensemble des entreprises adhérant à des organisations patronales ;
- qui satisfont aux autres critères de représentativité.

La première mesure de la représentativité patronale interviendra en 2017, puis tous les 4 ans. À l'heure actuelle, 3 syndicats patronaux sont reconnus comme représentatifs : le ***MEDEF*** (Mouvement des entreprises de France), la ***CGPME*** (Confédération générale des petites et moyennes entreprises) et l'***UPA*** (Union professionnelle artisanale ; elle regroupe les artisans).

## E – La section syndicale

Dès lors qu'ils ont plusieurs adhérents dans l'entreprise, chaque syndicat qui y est représentatif, chaque syndicat affilié à une organisation syndicale représentative au niveau national et interprofessionnel ou chaque organisation syndicale qui satisfait aux critères de respect des valeurs républicaines et d'indépendance et est légalement constituée depuis au moins 2 ans et dont le champ professionnel et géographique couvre l'entreprise concernée peut constituer au sein de l'entreprise une section syndicale qui assure la représentation des intérêts matériels et moraux de ses membres.

***Les moyens d'action*** dont bénéficie la section syndicale pour exercer sa mission sont :

- ***la collecte des cotisations*** sur les lieux et pendant le temps de travail ;
- ***la distribution des tracts*** à l'entrée et à la sortie de l'entreprise ;
- ***l'affichage*** des communications syndicales sur des panneaux réservés à cet effet ;
- ***la mise à disposition d'un local*** : local commun à toutes les sections syndicales (de 200 à 1 000 salariés) et local propre à chaque section syndicale (au moins 1 000 salariés) ;
- ***la liberté de réunion*** : une fois par mois, elle peut réunir ses adhérents au sein de l'entreprise mais en dehors des lieux et des heures de travail ;
- ***les heures de délégation pour la préparation de la négociation collective*** : 10 heures par an (plus de 500 salariés) et 15 heures par an (plus de 1 000 salariés).

## *F – Le délégué syndical*

***Chaque organisation syndicale représentative*** dans l'entreprise ou l'établissement d'au moins 50 salariés, qui constitue une section syndicale, ***peut désigner un ou plusieurs délégués syndicaux*** pour la représenter auprès de l'employeur.

Le nombre de délégués syndicaux est fonction de l'effectif de l'entreprise.

| Effectif de l'entreprise | Délégués syndicaux |
|---|---|
| • de 50 à 999 salariés | 1 |
| • de 1 000 à 1 999 salariés | 2 |
| • de 2 000 à 3 999 salariés | 3 |
| • de 4 000 à 9 999 salariés | 4 |
| • au moins 10 000 salariés | 5 |

Dans toute entreprise d' au moins 2 000 salariés comportant au moins 2 établissements de 50 salariés chacun ou plus, chaque syndicat représentatif peut désigner ***un délégué syndical central d'entreprise***, distinct des délégués syndicaux d'établissement.

Dans les entreprises d'au moins 500 salariés, tout syndicat représentatif peut désigner un délégué syndical supplémentaire s'il a obtenu un ou plusieurs élus dans le collège des ouvriers et employés lors de l'élection du CE et s'il compte au moins un élu dans l'un des deux autres collèges. Ce délégué supplémentaire doit appartenir à l'un ou l'autre de ces deux collèges.

***Le délégué syndical*** ou le délégué syndical central doit :

- ***être choisi parmi les candidats aux élections professionnelles qui ont recueilli au moins 10 % des suffrages exprimés au 1er tour des dernières élections au CE*** ou de la DUP ou des DP, quel que soit le nombre de votants ;
- ***avoir 18 ans accomplis*** ;
- ***avoir au moins 1 an d'ancienneté, en continu ou non*** ;
- ***ne pas avoir subi de condamnation le privant de ses droits civiques***.

Dans l'entreprise ou l'établissement de moins de 50 salariés, les syndicats représentatifs dans l'entreprise ou l'établissement peuvent désigner, pour la durée de son mandat, un délégué du personnel comme délégué syndical (sur son temps de DP).

Le mandat de délégué syndical prend fin dès lors que le syndicat qui l'a désigné n'est plus reconnu représentatif dans l'entreprise.

Le délégué syndical a pour rôle :

– de diriger l'action syndicale dans l'entreprise ;

– de représenter le syndicat dans toute négociation collective concernant l'entreprise ;

– de représenter et défendre les adhérents du syndicat auprès de l'employeur ;

– d'assister éventuellement les délégués du personnel.

En plus des moyens d'action de la section syndicale, le délégué dispose :

- ***d'un crédit d'heures*** variable selon l'effectif de l'entreprise :
  - 10 heures par mois dans l'entreprise de 50 à 150 salariés,
  - 15 heures par mois dans l'entreprise de 151 à 499 salariés,
  - 20 heures par mois dans l'entreprise d'au moins 500 salariés ;
- ***de la libre circulation dans et hors l'entreprise*** pendant ses heures de délégation.

***Cas particulier du représentant de la section syndicale*** : chaque syndicat qui constitue une section syndicale au sein de l'entreprise ou de l'établissement d'au moins 50 salariés peut, s'il n'est pas représentatif dans l'entreprise ou l'établissement, désigner un représentant de la section pour le représenter au sein de l'entreprise ou de l'établissement. Dans l'entreprise de moins de 50 salariés, le syndicat non représentatif dans l'entreprise qui constitue une section syndicale peut désigner, pour la durée de son mandat, un DP comme représentant de la section syndicale (sur son temps de DP).

Le représentant de la section syndicale bénéficie des mêmes prérogatives que le délégué syndical à l'exception du pouvoir de négocier des accords collectifs (sauf mandatement par son organisation syndical en cas de carence au 1er tour des élections professionnelles). Il dispose d'un temps nécessaire à l'exercice de ses fonctions au moins égal à 4 heures par mois.

Son mandat prend fin, à l'issue des premières élections professionnelles suivant sa désignation, dès lors que le syndicat qui l'a désigné n'est pas reconnu représentatif dans l'entreprise.

## 2 Les dispositions communes aux institutions représentatives du personnel (IRP)

### *A – Le seuil d'effectif*

Les dispositions relatives aux institutions représentatives du personnel (IRP) s'appliquent aux employeurs de droit privé ainsi qu'à leurs salariés. Elles sont également applicables aux établissements publics à caractère industriel et commercial ou à caractère administratif lorsqu'ils emploient du personnel dans les conditions du droit privé.

Les institutions représentatives du personnel sont prévues en fonction d'***un seuil d'effectif variable***.

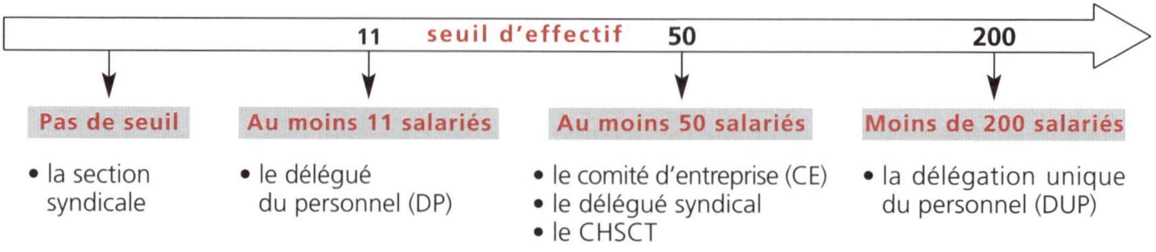

La mise en place de ces institutions s'effectue au niveau :

– soit de l'entreprise ou de l'établissement si l'entreprise comporte plusieurs établissements distincts ;

– soit d'une unité économique et sociale regroupant plusieurs entreprises juridiquement distinctes.

Le seuil d'effectif doit être atteint pendant 12 mois consécutifs ou non, au cours des 3 années précédant la mise en place de l'institution concernée.

En cas de non-renouvellement d'une institution pour cause de diminution d'effectif, la nouvelle élection ne peut intervenir qu'après une période de 3 ans au cours de laquelle l'effectif est resté égal ou supérieur au seuil pendant 12 mois consécutifs ou non calculé à partir de l'expiration du mandat des représentants du personnel de l'institution concernée.

## B – La détermination de l'effectif

Pour la ***détermination de l'effectif***, on considère la situation de chaque salarié au sein de l'entreprise ou de l'établissement.

Il existe ***3 situations possibles*** :

- ***le salarié pris en compte intégralement*** : le salarié sous CDI, le travailleur à domicile ;
- ***le salarié pris en compte partiellement*** :
  - *le salarié à temps partiel* : le salarié à temps partiel, quelle que soit la nature de son contrat de travail, est pris en compte en divisant la somme totale des horaires inscrits dans son contrat de travail par la durée légale ou la durée conventionnelle du travail,
  - *le salarié sous CDD, le salarié mis à disposition de l'entreprise par une entreprise extérieure ou le salarié intérimaire* : ils sont pris en compte dans l'effectif de l'entreprise **au prorata** de leur temps de présence au cours des 12 mois précédents ;
- ***le salarié non pris en compte*** :
  - le salarié titulaire d'un contrat d'apprentissage, d'un contrat de professionnalisation (CDD ou pendant la durée de l'action de professionnalisation si CDI), d'un CIE (dans la limite de 2 ans si CDI), d'un CAE,
  - le salarié sous CDD, mis à disposition ou intérimaire remplaçant un salarié absent ou dont le contrat est suspendu,
  - le salarié mis à disposition de l'entreprise par une entreprise extérieure en exécution d'un contrat de sous-traitance ou de prestations de services.

## C – Les élections des DP et des représentants du personnel au CE

***Le délégué du personnel et le comité d'entreprise sont des instances obligatoires***. Pour leur mise en place, des élections au niveau de l'entreprise ou de l'établissement, sont nécessaires.

***L'initiative des élections incombe à l'employeur***. Cependant, en l'absence de toute initiative de sa part, la demande peut venir d'un salarié de l'entreprise ou d'une organisation syndicale représentative. Dans ce cas, les formalités pour l'organisation des élections doivent être effectuées – par l'employeur – au maximum un mois après la réception de la demande.

Les élections sont organisées par collèges électoraux :

- ***un premier collège*** regroupe les ouvriers et les employés ;
- ***un deuxième collège*** regroupe les agents de maîtrise et les cadres.

  Dans l'entreprise de moins de 25 salariés, il n'est organisé qu'un seul collège électoral.

  Pour l'élection du CE, si une entreprise comporte au moins 25 cadres dans son effectif, il est organisé un ***troisième collège spécifique aux cadres***.

Le mode de scrutin adopté pour les élections est le ***scrutin de liste à 2 tours avec représentation proportionnelle à la plus forte moyenne***. Les listes doivent respecter, à l'unité près, la proportion d'hommes et de femmes de chaque collège électoral. Le vote a lieu à bulletin secret.

***Au 1er tour***, les organisations syndicales qui peuvent présenter des listes sont :

- les organisations syndicales qui satisfont aux critères de respect des valeurs républicaines et d'indépendance, légalement constituées depuis au moins 2 ans et dont le champ professionnel et géographique couvre l'entreprise ou l'établissement concernés ;
- les organisations syndicales reconnues représentatives dans l'entreprise ou l'établissement ;
- les organisations syndicales ayant constitué une section syndicale ;
- les syndicats affiliés à une organisation syndicale représentative au niveau national et interprofessionnel.

***Au 2e tour***, les candidatures individuelles ou collectives sont possibles.

***Pour être électeur***, le salarié doit :

- avoir 16 ans accomplis ;
- avoir au moins 3 mois d'ancienneté ;
- ne pas avoir subi de condamnation le privant de ses droits civiques.

***Pour être éligible***, le salarié doit :

- être électeur ;
- avoir 18 ans accomplis (au jour du scrutin) ;
- avoir au moins un an d'ancienneté, en continu ou non ;
- être en mesure d'exercer effectivement les fonctions ;
- ne pas être apparenté à l'employeur ;
- ne pas avoir été déchu de ses fonctions syndicales.

***Calendrier des élections*** : l'élection des 2 institutions a lieu à la même date mais donne lieu à des scrutins séparés. En cas de litige sur le déroulement ou le résultat des élections, le tribunal compétent est le tribunal d'instance.

**Calendrier des élections**

**J – 45** L'employeur doit au maximum 45 jours avant le 1er tour (90 jours si l'élection est consécutive au franchissement du seuil d'effectif) :
- informer le personnel par affichage de l'organisation des élections. Le document affiché doit indiquer la date envisagée pour le 1er tour des élections. Cette date doit se placer au plus tard le 45e jour suivant l'affichage (ou le 90e jour en cas de franchissement du seuil d'effectif) ;
- inviter les organisations syndicales qui peuvent établir des listes :
  - à négocier le protocole d'accord portant notamment sur l'organisation des élections, la répartition du personnel et des sièges entre les collèges,
  - à établir la liste de leurs candidatures.

Dans le cas d'un renouvellement, l'invitation doit être faite un mois avant l'expiration du mandat des représentants du personnel et le 1er tour des élections doit avoir lieu dans la quinzaine qui précède l'expiration de ce mandat.

**J – 4** L'employeur doit au minimum 4 jours avant le 1er tour :
- établir et publier les listes électorales ;
- afficher les listes des candidats ;
- assumer la préparation matérielle du scrutin.

**J – 0** *1er tour des élections* : il a lieu pendant le temps de travail et sur le lieu de travail. Le vote par correspondance est possible.

**J + 15** *2e tour des élections* : l'employeur doit organiser, au maximum 15 jours après le 1er tour, un 2e tour si le quorum n'a pas été atteint (total des suffrages exprimés inférieur à la moitié du total des inscrits) ou en cas d'absence de candidature (totale ou partielle).
Le procès-verbal des élections est établi et signé par les membres du bureau de vote. Il est transmis – par l'employeur – à l'inspecteur du travail dans les 15 jours suivant l'élection.
L'employeur doit établir un procès-verbal de carence en cas d'absence de candidature, l'afficher et le transmettre dans les 15 jours à l'inspecteur du travail.

**À NOTER** • En cas d'échec des négociations, sont amenés à intervenir sur la demande des parties :
- l'UT DIRECCTE pour établir le caractère d'établissement distinct dans le cadre des élections des DP ou du CE et pour la répartition du personnel entre les collèges électoraux et la répartition des sièges entre les catégories ;
- le juge d'instance (statuant en référé) pour les modalités de l'organisation du vote.

## D – La protection des représentants du personnel

Un accord détermine les mesures à mettre en œuvre pour concilier la vie professionnelle avec la carrière syndicale et pour prendre en compte l'expérience acquise, dans le cadre de l'exercice de mandats, par les représentants du personnel désignés ou élus dans leur évolution professionnelle.

***Les représentants du personnel bénéficient d'une protection particulière contre le licenciement avant, pendant et après l'exercice de leurs mandats***. Cette protection concerne aussi les salariés candidats non élus aux élections. Le dispositif protecteur se caractérise par :

- ***la consultation spéciale du CE pour avis*** : selon la procédure dont relève le licenciement, cette consultation a lieu après l'entretien préalable ou à l'occasion de la dernière réunion du CE. Le CE entend le salarié concerné, puis donne son avis au scrutin secret et à la majorité des membres élus présents. Sauf s'il exerce un autre mandat, le délégué syndical n'est pas concerné par cette étape ;
- ***la demande d'autorisation préalable du licenciement à l'inspecteur du travail*** : l'employeur doit dans les 15 jours suivant la réunion du CE adresser une demande motivée à l'inspecteur du travail. Cette demande est faite par lettre recommandée avec AR accompagnée de l'avis du CE. S'il s'agit d'un délégué syndical, la demande est faite après l'entretien préalable. L'inspecteur du travail dispose d'un délai de 15 jours pour motiver sa décision. L'absence de réponse dans le délai de 2 mois vaut rejet de la demande. Celle-ci peut faire l'objet d'un recours.

Le dispositif protecteur se cumule avec la procédure dont relève le licenciement.

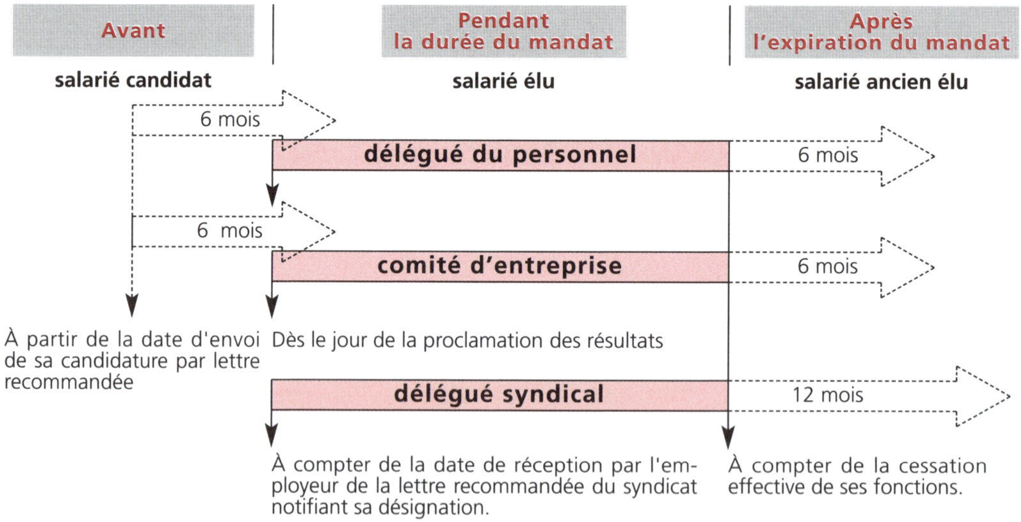


**À NOTER** • Les salariés demandant l'organisation des élections DP ou CE, bénéficient, à compter de la demande, d'une protection de 6 mois. La protection ne peut s'appliquer qu'à un seul salarié par un syndicat ainsi qu'au premier salarié, non mandaté par un syndicat, qui a demandé l'organisation des élections.

## E – L'exercice du mandat de représentant du personnel

Un même salarié peut éventuellement ***cumuler plusieurs mandats*** à l'exception de représentant élu du personnel au CE et représentant syndical au CE.

| Mandats | DP | CE | DS | DS au CE[1] | CHSCT[2] |
|---|---|---|---|---|---|
| DP | – | Oui | Oui | Oui | Oui |
| CE | Oui | – | Oui | Non | Oui |
| DS | Oui | Oui | – | Oui | Oui |
| DS au CE[1] | Oui | Non | Oui | – | Oui |
| CHSCT[2] | Oui | Oui | Oui | Oui | – |

1. Représentant syndical au CE. Dans l'entreprise de moins de 300 salariés et dans les établissements appartenant à cette entreprise, le délégué syndical est, de droit, représentant syndical au CE ou d'établissement.
2. Représentant du personnel au comité d'hygiène, de sécurité et des conditions de travail (*cf.* chapitre 18).

***Le crédit d'heures*** représente le temps mensuel que l'employeur doit laisser aux représentants du personnel pour exercer leurs fonctions. Il est variable selon l'instance concernée. Il est considéré comme temps de travail et donc ***rémunéré***. Il ne prend pas en compte le temps passé en réunion avec l'employeur. Il s'accompagne de la ***liberté de déplacement dans et hors l'entreprise***.

***Le délit d'entrave*** est le fait de l'employeur ou de son représentant lorsqu'il porte ou tente de porter atteinte à la mise en place d'une instance représentative du personnel, à l'exercice des fonctions d'un représentant du personnel, à l'exercice du droit syndical... Il est sanctionné par le tribunal de grande instance.

## 3 Le délégué du personnel (DP)

***Le délégué du personnel (DP) est une instance obligatoire dans toutes les entreprises ou établissements occupant au moins 11 salariés***.

Il est ***élu pour 4 ans*** et rééligible. Pour chaque délégué titulaire est élu un suppléant appelé à le remplacer en cas de nécessité.

| Effectif de l'entreprise | Titulaires | Suppléants |
|---|---|---|
| • de 11 à 25 salariés | 1 | 1 |
| • de 26 à 74 salariés | 2 | 2 |
| • de 75 à 99 salariés | 3 | 3 |
| • de 100 à 124 salariés | 4 | 4 |
| • de 125 à 174 salariés | 5 | 5 |
| • de 175 à 249 salariés | 6 | 6 |
| • de 250 à 499 salariés | 7 | 7 |
| • de 500 à 749 salariés | 8 | 8 |
| • de 750 à 999 salariés | 9 | 9 |
| • à partir de 1 000 salariés et par n tranches de 250 salariés | 9 + (n x 1) | 9 + (n x 1) |

***Cas particulier du délégué de site*** : il concerne les établissements de moins de 11 salariés exerçant leurs activités sur un même site (centre commercial, chantier...), où sont employés au moins 50 salariés ayant des problèmes en commun (sécurité, transport, cantine...).

## A – Les attributions du délégué du personnel

Le délégué a pour rôle ***la présentation à l'employeur des revendications individuelles ou collectives*** relatives aux salaires, à l'application du Code du travail, des lois et règlements relatifs à la protection sociale, à l'hygiène et la sécurité ainsi qu'aux accords collectifs de travail applicables dans l'entreprise. Le salarié conserve son droit de présenter lui-même, à l'employeur, ses revendications.

Le délégué ***collabore avec le CE et le CHSCT*** lorsqu'ils existent. Il ***exerce les attributions du CE ou du CHSCT en l'absence de ces derniers***. Dans ce cas, le nombre de délégués est aligné sur celui prévu en cas d'adoption de la délégation unique du personnel (*cf.* tableau p.126).

Il bénéficie pour accomplir sa mission du crédit d'heures attribué aux membres du CE et/ou du CHSCT et de la formation dont ces derniers peuvent bénéficier.

Le délégué peut ***saisir l'inspecteur du travail*** de toutes plaintes et observations relatives à l'application des lois et règlements relevant de sa compétence. Il peut l'accompagner lors de ses visites.

Le délégué du personnel est consulté :

- pour la période des congés payés, l'ordre des départs, le fractionnement ;
- en cas de report d'une demande de repos compensateur ;
- en cas de licenciement pour motif économique (*cf.* chapitre 9) ;
- sur le plan de formation ;
- sur le reclassement d'un salarié déclaré inapte à la suite d'un accident de travail ;
- en l'absence de CE, il est consulté sur :
  - l'exercice des attributions économiques du CE,
  - la gestion conjointe des œuvres sociales (employeur/DP),
  - la durée du travail, les heures supplémentaires, les horaires individualisés, le repos compensateur, le travail de nuit, le travail par équipes successives, le travail à temps partiel, le règlement intérieur, l'intéressement et la participation, le licenciement collectif pour motif économique... ;
- en l'absence de CHSCT : il est consulté sur les missions relevant de sa compétence.

## B – Les moyens d'action

***La réunion mensuelle obligatoire*** : une fois par mois l'employeur doit réunir l'ensemble des délégués (titulaires et suppléants).

Les demandes des DP doivent être remises à l'employeur, 2 jours ouvrables avant la réunion. Au cours de celle-ci, l'employeur doit y répondre. Les demandes et réponses motivées doivent obligatoirement être consignées, par écrit, sur le registre des DP dans un délai de 6 jours maximum. Ce registre peut être consulté par le personnel un jour par quinzaine (en dehors des heures de travail). Les DP peuvent se faire assister d'un représentant d'une organisation syndicale.

À leur demande, les délégués peuvent être reçus par l'employeur, collectivement, individuellement ou par catégorie selon les questions à traiter.

Le temps passé en réunion est considéré comme temps de travail.

Le délégué bénéficie pour accomplir sa mission :

- ***d'un crédit d'heures*** pour chaque délégué titulaire :
  - *10 heures par mois dans les entreprises de moins de 50 salariés,*
  - *15 heures par mois dans les entreprises d'au moins 50 salariés ;*
- ***de la libre circulation dans et hors l'entreprise*** pendant ses heures de délégation. Il peut aussi s'entretenir avec un salarié à son poste de travail ;
- ***d'un local*** mis à la disposition des délégués pour leurs réunions et permanences ;
- ***de panneaux d'affichage*** destinés à l'information du personnel.

## 4 Le comité d'entreprise (CE)

***Le comité d'entreprise (CE) est une instance obligatoire dans toutes les entreprises ou établissements occupant au moins 50 salariés.***

Il est composé :

- ***du chef d'entreprise*** ou de son représentant qui en est le président. Il peut se faire assister par 2 collaborateurs ayant voix consultatives ;
- ***de représentants du personnel*** : ils sont ***élus pour 4 ans*** et rééligibles. ***Un secrétaire*** est choisi parmi les membres titulaires. Pour chaque titulaire est élu un suppléant. Les suppléants assistent aux réunions du CE ;
- ***des représentants syndicaux*** : chaque organisation syndicale représentative ayant des élus au CE peut y nommer un représentant.

| Effectif de l'entreprise | Titulaires | Suppléants |
|---|---|---|
| • de 50 à 74 salariés | 3 | 3 |
| • de 75 à 99 salariés | 4 | 4 |
| • de 100 à 399 salariés | 5 | 5 |
| • de 400 à 749 salariés | 6 | 6 |
| • de 750 à 999 salariés | 7 | 7 |
| • de 1 000 à 1 999 salariés | 8 | 8 |
| • de 2 000 à 2 999 salariés | 9 | 9 |
| • de 3 000 à 3 999 salariés | 10 | 10 |
| • de 4 000 à 4 999 salariés | 11 | 11 |
| • de 5 000 à 7 499 salariés | 12 | 12 |
| • de 7 500 à 9 999 salariés | 13 | 13 |
| • au moins 10 000 salariés | 15 | 15 |

Le conseiller du travail, l'assistante sociale, le médecin du travail, peuvent être appelés à participer aux réunions du CE lorsqu'elles sont consacrées à des questions relevant de leur compétence.

## A – Les attributions du comité d'entreprise

Le CE a pour mission d'***assurer une expression collective des salariés permettant la prise en compte permanente de leurs intérêts dans les décisions de l'employeur*** relatives à la gestion et à l'évolution économique et financière de l'entreprise, à l'organisation du travail à la formation professionnelle et aux techniques de production.

Pour exercer ses attributions, le CE reçoit de l'employeur des ***informations périodiques***.

***Un mois après chaque élection du CE***, l'employeur lui remet une documentation économique et financière sur l'entreprise : sa forme juridique et son organisation, ses perspectives économiques, sa position au sein du groupe et/ou dans sa branche d'activité, la répartition du capital (+ 10 %).

***Une base de données économiques et sociales (BDES), mise régulièrement à jour, rassemble un ensemble d'informations que l'employeur met à disposition du CE*** et, à défaut, des DP ainsi qu'aux délégués syndicaux et aux membres du CHSCT.

Les informations contenues dans la BDSE portent sur les thèmes suivants :

- ***les investissements*** : investissement social (emploi, évolution et répartition des contrats précaires, des stages et des emplois à temps partiel, formation professionnelle et conditions de travail), investissements matériel et immatériel et, pour l'entreprise tenue de présenter un rapport sur la responsabilité sociale et environnementale à leurs actionnaires, les informations en matière environnementale présentées dans ce rapport ;
- ***les fonds propres et l'endettement*** ;
- ***l'ensemble des éléments de la rémunération des salariés et dirigeants*** ;
- ***les activités sociales et culturelles*** ;
- ***la rémunération des financeurs*** ;
- ***les flux financiers à destination de l'entreprise, notamment les aides publiques et les crédits d'impôts*** ;
- ***la sous-traitance*** ;
- ***le cas échéant, les transferts commerciaux et financiers entre les entités du groupe***.

Ces informations portent sur les 2 années précédentes et l'année en cours et intègrent des perspectives sur les 3 années suivantes. Les éléments d'informations contenus dans les rapports transmis de manière récurrente au CE sont mise à la disposition de ses membres dans la base de données. Cette mise à disposition vaut communication. Les consultations du CE pour les évènements ponctuels continuent de faire l'objet de l'envoi des informations nécessaires.

***Chaque année, le CE est consulté sur les orientations stratégiques de l'entreprise***, définies par l'organe chargé de l'administration ou de la surveillance de l'entreprise, et sur leurs conséquences sur l'activité, l'emploi, l'évolution des métiers et des compétences, l'organisation du travail, le recours à la sous-traitance, à l'intérim, à des contrats temporaires et à des stages. Le CE émet un avis sur ces orientations et peut proposer des orientations alternatives. Cet avis est transmis à l'organe concerné qui formule une réponse argumentée. Le CE en reçoit communication et peut y répondre.

Dans ses attributions consultatives, le CE émet des avis et des vœux. Il dispose d'un délai d'examen suffisant en fonction de la nature et de l'importance des questions qui lui sont soumises. Ces délais sont fixés par accord entre lui et l'employeur sans pouvoir être inférieur à 15 jours. À défaut d'accord, un décret fixe les délais. À l'expiration de ces délais, le CE est réputé avoir été consulté et avoir rendu un avis négatif. L'employeur rend compte, en la motivant, de la suite donnée à ces avis et vœux.

***Dans le cadre de ses attributions économiques, les principales consultations concernent*** :

- ***l'organisation, la gestion et la marche de l'entreprise*** ;
- ***les mesures affectant le volume ou la structure des effectifs, la durée du travail ou les conditions d'emploi, de travail et de formation professionnelle du personnel*** : licenciements économiques (*cf.* chapitre 9), chômage partiel (*cf.* chapitre 26)… ;
- ***la négociation d'un accord collectif portant sur un domaine de sa compétence*** ;
- ***la modification de l'organisation économique ou juridique de l'entreprise*** : en cas de fusion, de cession, de modification des structures de production de l'entreprise, d'acquisition ou cession de filiales, de prise de participation dans une société ;
- ***l'offre publique d'acquisition (OPA)*** : l'employeur de l'entreprise sur laquelle porte l'OPA réunit immédiatement son CE et l'employeur auteur de l'OPA réunit son CE dans les 2 jours ouvrables suivant la publication de l'offre ;
- ***les mesures de nature à améliorer les conditions de travail et d'emploi des salariés*** : garanties collectives de prévoyance et de retraite supplémentaire… ;
- ***les problèmes généraux des conditions de travail*** résultant de l'organisation du travail, de la technologie, des conditions d'emploi, de l'organisation du temps de travail, des qualifications et des modes de rémunération ;
- ***la durée et l'aménagement du temps de travail*** ;
- ***les orientations de la formation professionnelle, sur le plan de formation*** (*cf.* chapitre 5), sur l'apprentissage… ;
- ***les congés payés et les autres congés*** (*cf.* chapitre 13) ;
- ***l'épargne salariale*** ;
- ***l'introduction de nouvelles technologies*** ;
- ***la politique de la recherche de l'entreprise*** ;
- ***la santé et la sécurité*** en liaison avec le CHSCT ;
- ***les techniques de contrôle des salariés*** ;
- ***le rapport unique annuel*** (entreprise de moins de 300 salariés) sur l'activité de l'entreprise ou ***le bilan social*** (entreprise d'au moins 300 salariés) sur la situation de l'entreprise dans le domaine social, les réalisations effectuées et les changements intervenus au cours de l'année écoulée et des 2 années précédentes. Le bilan social est communiqué, après avis du CE, à l'inspecteur du travail, aux délégués syndicaux, aux salariés (sur demande) et aux actionnaires ;
- ***le règlement intérieur, le droit d'expression des salariés*** (*cf.* chapitre 10)…

***Le CE dispose d'un droit d'alerte*** lorsqu'il a connaissance de faits de nature à affecter de manière préoccupante la situation économique de l'entreprise. L'exercice de ce droit lui permet de demander à l'employeur de lui fournir des explications, d'établir si nécessaire un rapport (avec la possibilité de recourir à un expert-comptable et de convoquer le commissaire aux comptes) ainsi que de procéder éventuellement à la saisine du conseil d'administration ou de surveillance.

***Le CE est informé et consulté***, chaque année avant le 1er juillet, ***sur l'utilisation du crédit d'impôt compétitivité emploi (CICE)***. Il dispose d'un droit d'alerte, auprès l'organe chargé de la surveillance de l'entreprise, en cas d'utilisation non conforme de ce crédit.

***Dans le cadre de ses attributions d'ordre social et culturel, le CE*** :

- gère directement les activités sociales et culturelles non dotées de la personnalité civile : crèches, restaurants d'entreprise, bibliothèques, colonies de vacances... ;
- participe à la gestion de celles dotées de la personnalité civile : associations sportives, culturelles... ;
- contrôle la gestion des œuvres consacrées au logement, aux CFA, aux services sociaux...

## B – Les moyens d'action

***L'employeur doit convoquer le CE*** :

- ***au moins une fois tous les 2 mois dans les entreprises de moins de 150 salariés***, sauf s'il a opté pour la délégation unique du personnel (voir p. 126) ;
- ***au moins une fois par mois dans les entreprises d'au moins 150 salariés***.

Le CE peut se réunir une seconde fois à la demande de la majorité de ses membres.

L'ordre du jour est déterminé conjointement par l'employeur et le secrétaire.

L'ensemble des membres du CE peuvent s'exprimer au cours des réunions, mais seul l'employeur et les membres titulaires ont le droit de voter. ***Un procès-verbal*** est établi à l'issue de chaque réunion et affiché pour information du personnel.

Les membres du CE sont ***tenus à l'obligation de discrétion et au secret professionnel*** pour toute information donnée par l'employeur et jugée par lui comme confidentielle.

***Le CE peut recourir à des experts payés par l'employeur***. Le CE peut faire appel :

- à un expert-comptable en vue de l'examen annuel des comptes de l'entreprise, dans le cas où l'entreprise fait l'objet d'une OPA, dans le cadre de la procédure d'alerte, dans le cadre de la consultation sur les orientations stratégiques de l'entreprise, en cas de consultation sur un projet de restructuration et de compression d'effectif, en cas de consultation sur un projet de licenciement économique ;
- à des experts lors de l'introduction de nouvelles technologies...

Selon la taille de l'entreprise, le CE organise des commissions chargées de préparer ses délibérations :

- une commission formation (200 salariés) chargée de définir les actions en formation ;
- une commission de l'égalité professionnelle entre les femmes et les hommes (200 salariés) ;
- une commission d'information et d'aide au logement (300 salariés) ;

– une commission économique (1 000 salariés) chargée d'étudier les documents économiques et financiers concernant l'entreprise.

Les membres titulaires du CE bénéficient pour exercer leurs fonctions :

- ***d'un crédit d'heures de 20 heures par mois*** ;
- ***d'un local*** aménagé mis à sa disposition par l'employeur ;
- ***de la libre circulation dans et hors l'entreprise*** pendant ses heures de délégation. Il peut aussi s'entretenir avec un salarié à son poste de travail ;
- ***de panneaux d'affichage*** destinés à l'information du personnel ;
- ***d'une formation économique*** de 5 jours lors de sa première élection, puis tous les 4 ans de mandat consécutifs ou non.

## C – Le financement

Le CE a la libre disposition de son budget. Il dispose au niveau de ses ressources :

– d'une subvention de fonctionnement versée par l'employeur égale à 0,2 % de la masse salariale ;

– d'une contribution pour le financement des œuvres sociales et culturelles versée par l'employeur.

## D – Les structures en cas de pluralité d'établissements

***Dans le cas où une entreprise comporte plusieurs établissements d'au moins 50 salariés***, il est constitué :

– ***des comités d'établissement*** dotés des mêmes attributions que le CE ;

– ***un comité central d'entreprise*** exerçant essentiellement des attributions d'ordre économique concernant l'entreprise dans son ensemble. Il est composé de l'employeur, des délégués élus des comités d'établissement (au maximum 20 titulaires, 20 suppléants) et des représentants syndicaux de l'entreprise. Il se réunit au moins une fois tous les 6 mois.

***Dans le cas d'un groupe formé par une société dominante et les filiales de celle-ci***, il est constitué ***un comité de groupe***. Ce comité reçoit des informations sur la situation économique et financière concernant le groupe et ses filiales. Il est composé de l'employeur de la société dominante et des représentants du personnel désignés pour 4 ans par les organisations syndicales parmi leurs élus dans les CE des entreprises liées au groupe (maximum 30 élus). Il se réunit au moins une fois par an.

***Dans le cas où plusieurs entreprises envisagent de créer des institutions sociales communes***, elles doivent constituer ***un comité interentreprises***. Il est présidé par un des employeurs désignés par eux et assisté d'un ou deux suppléants. Les représentants des salariés sont désignés par les différents CE à raison de 2 par CE sans que le nombre total des représentants excède 12.

***Dans le cas où une entreprise*** (ou un groupe d'entreprises) ***emploie au moins 1 000 salariés dans les États membres de l'Union européenne ou des États membres de l'Espace économique européen et comporte une implantation d'au moins 150 salariés dans au moins 2 de ces États***, elle doit constituer ***un comité d'entreprise européen***. Il est composé d'une part, de l'employeur de l'entreprise de dimension européenne assisté de 2 personnes de son choix et, d'autre part, de représentants du personnel des établissements de l'entreprise (de 3 à 30 élus). Il a compétence sur les questions qui concernent soit l'ensemble de l'entreprise, soit au moins 2 établissements ou entreprises du groupe situés dans 2 des États. Il se réunit au moins une fois par an.

## 5 La délégation unique du personnel (DUP)

***Dans les entreprises de moins de 200 salariés, l'employeur a la faculté de décider, après consultation des représentants du personnel, de la fusion du CE et des DP en une délégation unique du personnel (DUP)***, si les 2 institutions existent au sein de l'entreprise. Cette faculté est ouverte à l'occasion de la constitution du CE ou lors du renouvellement de l'institution.

***La DUP est élue pour 4 ans*** selon les mêmes modalités que pour l'élection des DP et du CE. Le nombre de représentants du personnel est fonction de l'effectif de l'entreprise.

| Effectif de l'entreprise | Titulaires | Suppléants |
|---|---|---|
| • de 50 à 74 salariés | 3 | 3 |
| • de 75 à 99 salariés | 4 | 4 |
| • de 100 à 124 salariés | 5 | 5 |
| • de 125 à 149 salariés | 6 | 6 |
| • de 150 à 174 salariés | 7 | 7 |
| • de 175 à 199 salariés | 8 | 8 |

### A – Les attributions de la DUP

Dans le cadre de l'institution unique, les DP et le CE conservent leurs attributions respectives.

### B – Les moyens d'action

***Les réunions mensuelles obligatoires*** : une fois par mois, l'employeur doit réunir l'institution unique et fixer l'ordre du jour. L'institution tient 2 réunions, l'une à la suite de l'autre, selon les règles propres à chacune des institutions DP et CE.

***Le crédit d'heures est de 20 heures par mois pour le délégué titulaire*** pour l'exercice des fonctions de DP et de représentant du personnel au CE.

Les délégués disposent des mêmes autres moyens d'actions que ceux définis dans le cadre des institutions du DP et du CE (libre circulation, local, affichage...).

La loi relative au dialogue social et à l'emploi, adoptée par le Parlement fin juillet 2015, prévoit notamment :
- d'instituer une représentation à l'ensemble des salariés des entreprises de moins de 11 salariés dans le cadre de commissions régionales paritaires interprofessionnelles composées de salariés et d'employeurs issus des entreprises de moins de 11 salariés ;
- d'élargir la possibilité de mettre en place la DUP à toutes les entreprises de moins de 300 salariés ;
- de regrouper dans les entreprises d'au moins 300 salariés, par voie d'accord majoritaire, tout ou partie des institutions représentatives du personnel dans le cadre d'une nouvelle instance qui se substituera à elles ;
- la simplification et la rationalisation de l'ensemble des obligations d'information et de consultation et des obligations de négociation dans les entreprises.

# *La durée du travail*

Chapitre
**12**

## 1 La durée légale du travail

***La durée légale du travail effectif*** des salariés est fixée à ***35 heures par semaine civile***. Elle est fixé à ***1 607 heures*** lorsqu'elle est annuelle et à ***218 jours*** lorsqu'elle est fixé par un convention de forfait.

***Le temps de travail effectif est le temps pendant lequel le salarié est à la disposition de l'employeur et doit se conformer à ses directives sans pouvoir vaquer librement à des occupations personnelles***.

Le temps de travail effectif :

- ***inclut*** le temps nécessaire à la restauration et/ou les temps consacrés aux pauses dès lors que le salarié continue d'être à la disposition de l'employeur sans pouvoir vaquer librement à des occupations personnelles ;
- ***exclut*** le temps nécessaire à l'habillage et au déshabillage sauf stipulation contraire d'une convention collective, d'un usage ou d'un contrat de travail. Par contre, si une tenue de travail est imposée par des dispositions législatives, réglementaires, conventionnelles ou contractuelles et que l'habillage et le déshabillage doivent être réalisés sur le lieu de travail, les temps nécessaires à ces opérations doivent faire l'objet de contreparties, soit sous forme de repos, soit financières, devant être déterminées par voie conventionnelle ou, à défaut, par le contrat de travail.

Une durée équivalente à la durée légale du travail peut être instituée dans les professions et pour des emplois déterminés comportant des périodes d'inaction soit par décret pris en Conseil d'État, soit par décret pris après conclusion d'un accord de branche. La durée du travail inclut les heures de présence et les heures de travail effectif. Elle s'assimile à la durée légale. Les périodes d'équivalence sont rémunérées conformément aux usages ou aux accords collectifs.

Une ***période d'astreinte*** s'entend comme une période pendant laquelle le salarié, sans être à la disposition permanente et immédiate de l'employeur, a l'obligation de demeurer à son domicile ou à proximité afin d'être en mesure d'intervenir pour effectuer un travail au service de l'entreprise, la durée de cette intervention étant considérée comme un travail effectif. Les conditions d'organisation des astreintes ainsi que les compensations financières ou de repos auxquelles elles donnent lieu sont mises en place par voie conventionnelle ou à défaut par l'employeur après information et consultation du CE (ou des DP), et après information de l'inspection du travail.

La ***durée quotidienne du travail*** ne peut excéder ***10 heures*** sauf dérogation :

- ***d'origine conventionnelle*** : elle ne peut dans ce cas excéder 12 heures ;
- ***d'origine administrative*** : l'autorisation est donnée en cas de surcroît temporaire d'activité.

***Le temps minimal de repos quotidien doit être de 11 heures consécutives***. En conséquence, l'amplitude journalière, qui correspond au nombre d'heures séparant le début de la journée de travail de son achèvement calculée sur une même journée de 0 à 24 heures, ne peut être supérieure à plus de 13 heures.

Le temps de travail quotidien ne peut atteindre 6 heures sans que le salarié bénéficie d'un temps de pause d'une durée minimale de 20 minutes, sauf dispositions conventionnelles plus favorables.

La ***durée maximale hebdomadaire absolue*** ne peut excéder ***48 heures***, sauf dérogation pour circonstances exceptionnelles (sans pouvoir dépasser 60 heures par semaine).

La ***durée maximale hebdomadaire moyenne*** – calculée sur 12 semaines – ne doit pas excéder ***44 heures***. Un décret pris après conclusion d'une convention ou d'un accord collectif de branche peut porter cette limite à 46 heures.

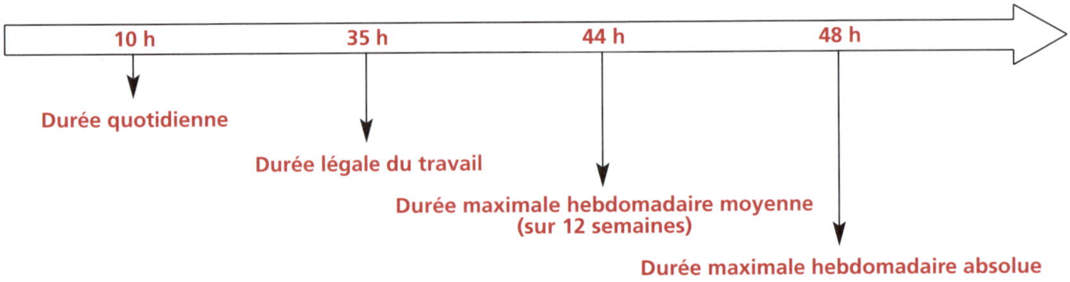


La ***répartition hebdomadaire du travail*** peut s'effectuer selon des modalités différentes : sur 6 jours, 5 jours et demi, 5 jours, 4 jours et demi, 4 jours (les 2 dernières modalités ne sont possibles que sur avis conforme du CE ou DP).

***Cas particuliers des cadres dirigeants*** : sont considérés comme ayant la qualité de cadre dirigeant les cadres auxquels sont confiées des responsabilités dont l'importance implique une grande indépendance dans l'organisation de leur emploi du temps, qui sont habilités à prendre des décisions de façon largement autonome et qui perçoivent une rémunération se situant dans les niveaux les plus élevés des systèmes de rémunération pratiqués dans leur entreprise ou établissement. Les cadres dirigeants sont exclus des dispositions légales relatives à la durée du travail, au repos quotidien ou hebdomadaire et aux jours fériés.

# 2 L'organisation du temps de travail

## A – La consultation du CE (ou DP) et l'information du personnel

Le CE (ou DP) est informé et consulté sur toutes mesures de nature à affecter la durée du travail dans l'entreprise (durée et aménagement du temps de travail, travail de nuit, temps partiel...).

L'horaire de travail, sous ses différentes formes, doit être affiché sur le lieu de travail et communiqué à l'inspection du travail avant sa mise en œuvre et avant toute modification.

## B – L'horaire collectif

L'horaire collectif est un ***horaire uniforme pour l'ensemble des salariés de l'entreprise***. Il est fixé par l'employeur.

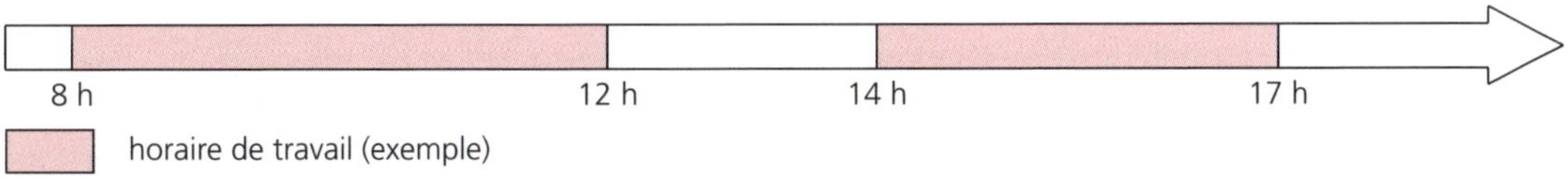


La journée continue se caractérise par une réduction du temps de pause de la demi-journée (entre 30 et 60 minutes). Elle permet une réduction du temps de présence dans l'entreprise.

## C – L'horaire individualisé

L'horaire individualisé permet au salarié de fournir sa prestation de travail dans un cadre plus souple. Il comporte :

- ***des plages fixes*** où tous les salariés doivent être présents ;
- ***des plages mobiles*** où le salarié peut choisir librement son horaire.

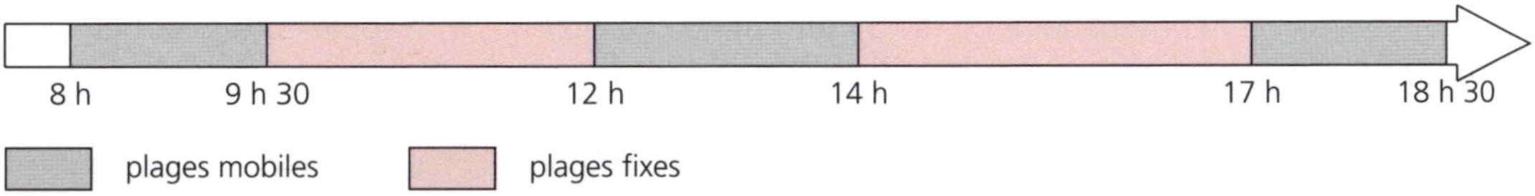


Le salarié doit respecter une pause obligatoire de 45 minutes pour le déjeuner.

Le salarié a la possibilité de reporter d'une semaine sur l'autre 3 heures avec un cumul maximum de 10 heures. Un accord collectif d'entreprise peut prévoir des reports supérieurs.

La mise en place d'horaires individualisés est subordonnée à une demande des salariés, à l'absence d'opposition du CE (ou DP) expressément consulté (l'employeur ne participe pas au vote) et à l'information de l'inspection du travail. L'absence de CE (ou DP) n'empêche pas l'établissement d'horaires individualisés après autorisation de l'inspection du travail.

L'employeur doit tenir un décompte quotidien et hebdomadaire du nombre d'heures de travail effectuées par chaque salarié.

## D – Le travail par relais et par roulement

Ils sont autorisés par décret ou accord collectif pour certaines professions :

- *le travail par relais* : il consiste à répartir le personnel par équipes alternantes ou chevauchantes (ex. : cinémas, hôpitaux...) ;
- *le travail par roulement* : il consiste à répartir les journées de travail du personnel sur un rythme différent permettant de faire travailler l'entreprise 6 jours sur 7 ou 7 jours sur 7 (ex. : métallurgie, hôtels, cafés-restaurants, hôpitaux...).

## E – L'équipe de suppléance

Dans les entreprises industrielles, l'employeur peut mettre en place une équipe ayant pour seule fonction de remplacer l'équipe de semaine pendant le ou les jours de congés collectifs accordés à celle-ci (jours de repos hebdomadaire, jours fériés ou congés payés).

La durée d'activité quotidienne des salariés en équipe de suppléance est :

- de 12 heures maximum, si la période de recours n'excède pas 48 heures consécutives (ex. : samedi-dimanche) ;
- de 10 heures maximum, si la période de recours excède 48 heures consécutives (ex. : vendredi-samedi-dimanche) ;
- celle de l'équipe remplacée, si la période de recours correspond à la période des congés payés.

La mise en place d'équipes de suppléance suppose un accord de branche étendu et la conclusion d'un accord d'entreprise (ou à défaut l'autorisation de l'inspection du travail).

## F – Le travail en continu (ou travail posté)

Le travail en continu consiste en une succession ininterrompue d'équipes au cours de la journée et de la semaine permettant de faire fonctionner l'entreprise 24 h sur 24, 7 j sur 7, 365 jours par an. La durée moyenne hebdomadaire de travail sur l'année ne doit pas être supérieure à 35 heures. Il est autorisé soit par décret, soit par accord de branche ou accord d'entreprise.

## G – Le travail de nuit

Tout travail ***entre 21 heures et 6 heures*** est considéré comme travail de nuit. Toutefois, un accord collectif peut prévoir une autre période de 9 heures consécutives, située entre 21 heures et 7 heures et comprenant, en tout état de cause, l'intervalle compris entre 24 heures et 5 heures.

Dans les zones touristiques internationales, le début de la période de nuit peut être reporté jusqu'à 24 heures. Lorsqu'il est fixé au delà de 22 heures, la période de nuit s'achève à 7 heures. Seuls les salariés volontaires peuvent travailler entre 21 heures et 24 heures.

Le travail de nuit est interdit aux jeunes de moins de 18 ans entre 22 heures et 6 heures.

Est considéré comme travailleur de nuit, tout travailleur qui accomplit :

- soit au moins 2 fois par semaine 3 heures de travail de nuit selon son horaire habituel ;

– soit au moins 270 heures de travail de nuit sur une période de 12 mois consécutifs sauf dispositions plus favorables fixées par convention ou accord collectif étendu.

La durée du travail des travailleurs de nuit est limitée :

– la durée quotidienne du travail ne peut exéder 8 heures (au lieu de 10 heures) sauf dérogation ;

– la durée maximale hebdomadaire moyenne – calculée sur 12 semaines – ne peut pas excéder 40 heures (au lieu de 44 heures) sauf dérogation.

Une compensation sous forme de repos compensateur et, le cas échéant, sous forme de compensation salariale, doivent être définies par voie conventionnelle. À défaut de convention ou d'accord collectif ayant prévu cette contrepartie, il appartient à l'employeur de fixer la durée de ce repos après consultation des représentants du personnel.

### *H – Le télétravail*

Le télétravail désigne toute forme d'organisation du travail dans laquelle un travail qui aurait pu être exécuté dans les locaux de l'entreprise est effectué par un salarié à son domicile en utilisant les technologies de l'information et de la communication dans le cadre d'un contrat de travail.

L'employeur est tenu de prendre en charge tous les coûts découlant directement de l'exercice du télétravail. À défaut d'accord collectif applicable, le contrat de travail précise les modalités de contrôle du temps de travail. L'employeur fixe, en concertation avec le salarié, les plages horaires durant lesquelles il peut habituellement le contacter. Le salarié a priorité pour occuper ou reprendre un poste sans télétravail.

Le refus d'accepter un poste de télétravail n'est pas un motif de licenciement.

### *I – La récupération des heures collectivement perdues*

Les heures – au-dessous de la durée légale – collectivement perdues donnent lieu à récupération dans les 12 mois qui suivent en cas de causes accidentelles, d'intempéries, de force majeure ou d'inventaire ou à l'occasion d'un « *pont* » (voir p. 144).

Le CE et l'inspecteur du travail doivent être informés des modalités de la récupération. Elle ne peut augmenter la durée du travail de plus d'une heure par jour et 8 heures par semaine.

Les heures de récupération sont rémunérées au taux normal sans majoration. Le salarié ne peut refuser de les effectuer même s'il était absent lors de l'interruption collective de travail.

## 3 Les heures supplémentaires

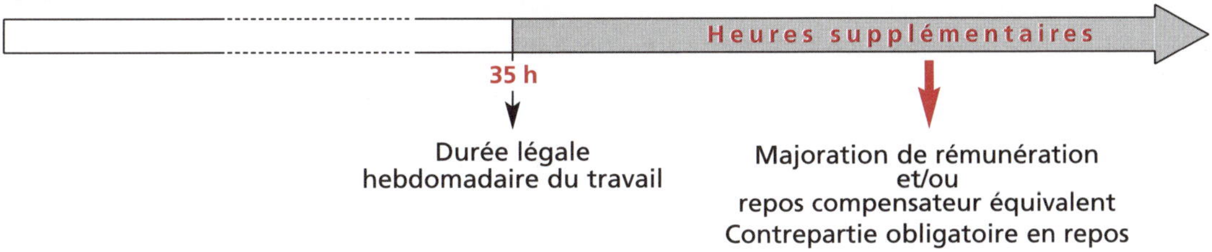

## A – La mise en œuvre des heures supplémentaires

Les heures supplémentaires sont les ***heures de travail effectuées au-delà de la durée légale ou au-delà de la durée considérée comme équivalente*** à l'exclusion des heures de récupération. Elles se décomptent ***par semaine civile***. La semaine civile débute le lundi à 0 heure et se termine le dimanche à 24 heures (ou par accord d'entreprise du dimanche 0 heure au samedi 24 heures).

Le salarié ne peut refuser d'accomplir les heures supplémentaires que l'employeur lui demande d'effectuer. Le refus du salarié constitue une faute justifiant une sanction, voire un licenciement.

***Une convention ou un accord collectif d'entreprise*** ou d'établissement ou, à défaut, une convention ou un accord de branche :

- définit ***le contingent annuel d'heures supplémentaires*** ;
- fixe, en complément de la majoration des heures supplémentaires, ***l'ensemble des conditions d'accomplissement d'heures supplémentaires au-delà du contingent annuel*** ainsi que les caractéristiques et les conditions de prise de ***la contrepartie obligatoire en repos due pour toute heure supplémentaire accomplie au-delà du contingent annuel***. Il peut également prévoir qu'une contrepartie en repos est accordée au titre des heures supplémentaires accomplies dans la limite du contingent.

À défaut d'accord collectif, le contingent annuel d'heures supplémentaires est fixé à 220 heures par salarié. Les modalités de son utilisation et de son éventuel dépassement donnent lieu au moins une fois par an à une consultation du CE ou, à défaut, des DP, s'il en existe.

Les heures supplémentaires sont accomplies :

- ***dans la limite du contingent annuel***, après information du CE ou, à défaut, des DP, s'il en existe ;
- ***au-delà du contingent annuel***, après avis du CE ou, à défaut, des DP, s'il en existe.

La contrepartie obligatoire en repos due pour toute heure supplémentaire accomplie au-delà du contingent annuel est fixée à :

- 50 % pour les entreprises de 20 salariés au plus ;
- 100 % pour les entreprises de plus de 20 salariés.

## B – La rémunération des heures supplémentaires

Les heures supplémentaires accomplies au-delà de la durée légale hebdomadaire, ou de la durée considérée comme équivalente, donnent lieu à une ***majoration de salaire*** de :

- ***25 % pour les 8 premières heures*** (de la 36$^{e}$ à la 43$^{e}$ heure incluse) ;
- ***50 % pour les heures suivantes*** (à partir de la 44$^{e}$ heure).

Une convention ou un accord de branche étendu ou une convention ou un accord d'entreprise ou d'établissement peut prévoir un taux de majoration différent qui ne peut être inférieur à 10 %.

Les majorations pour heures supplémentaires sont calculées sur la base du salaire réel.

Les heures supplémentaires sont payées en même temps que le salaire, et figurent sur le bulletin de paie (*cf.* chapitre 14).

Elles ouvrent droit à une déduction forfaitaire de cotisations patronales pour les seules entreprises de moins de 20 salariés.

### C – Le repos compensateur de remplacement

Une convention ou un accord collectif d'entreprise ou d'établissement ou, à défaut, une convention ou un accord de branche peut prévoir le remplacement de tout ou partie du paiement des heures supplémentaires, ainsi que des majorations, par ***un repos compensateur de remplacement***.

L'accord doit préciser :

- les heures concernées par la substitution ;
- le caractère obligatoire ou non ;
- la forme du repos compensateur (réduction d'horaire, jours de congés supplémentaires, affectation sur un compte épargne-temps...) ;
- les modalités du choix des dates pour l'utilisation de ce repos.

Dans toute entreprise dépourvue de délégué syndical non assujettie à la NAO, ce remplacement peut être mis en place par l'employeur, à condition que le CE ou les DP, s'ils existent, ne s'y opposent pas.

Le repos compensateur de remplacement correspond à :

→ ***pour les 8 premières heures*** : 1 heure donne droit à 1 heure 15 minutes de repos ;
→ ***pour les heures suivantes*** : 1 heure donne droit à 1 heure 30 minutes de repos.

Cette substitution peut être partielle ou totale.

Les heures supplémentaires intégralement remplacées par un repos compensateur de remplacement sont exclues du décompte du contingent annuel d'heures supplémentaires.

Le salarié peut, en accord avec son employeur, renoncer à ce repos compensateur et obtenir le paiement des heures supplémentaires correspondantes.

## 4 L'aménagement du temps de travail

### A – La répartition des horaires sur une période supérieure à la semaine et au plus égale à l'année

***Un accord collectif d'entreprise*** ou d'établissement ou, à défaut, une convention ou un accord de branche ***peut définir les modalités d'aménagement du temps de travail et organiser la répartition de la durée du travail sur une période supérieure à la semaine et au plus égale à l'année***.

L'accord collectif doit préciser :

- les conditions et délais de prévenance des changements de durée ou d'horaire de travail ; sauf stipulations contraires le délai de prévenance est fixé à 7 jours ;
- les limites pour le décompte des heures supplémentaires ;
- les conditions de prise en compte, pour la rémunération des salariés, des absences ainsi que des arrivées et départs en cours de période ;
- lorsqu'il s'applique aux salariés à temps partiel, les modalités de communication et de modification de la répartition de la durée et des horaires de travail.

***Le dispositif d'aménagement du temps de travail prévu par l'accord collectif ne constitue pas une modification du contrat de travail***, sauf pour les salariés à temps partiel. En conséquence, il s'impose aux salariés, sans que l'employeur ait à recueillir leur accord.

Par dérogation, dans les entreprises qui fonctionnent en continu, l'organisation du temps de travail peut être organisée sur plusieurs semaines par décision de l'employeur.

Lorsqu'un accord collectif organise une variation de la durée de travail hebdomadaire sur tout ou partie de l'année, ***constituent des heures supplémentaires***, selon le cadre retenu pour leur décompte :

- ***les heures effectuées au-delà de 1 607 heures annuelles ou de la limite annuelle inférieure fixée par l'accord***, déduction faite des heures supplémentaires effectuées au-delà de la limite haute hebdomadaire éventuellement fixée par l'accord et déjà comptabilisées ;
- ***les heures effectuées au-delà de la moyenne de 35 heures calculée sur la période de référence fixée par l'accord*** déduction faite des heures supplémentaires effectuées au-delà de la limite haute hebdomadaire fixée, le cas échéant, par l'accord et déjà comptabilisées.

L'accord collectif peut prévoir que la rémunération mensuelle des salariés dont la durée de travail hebdomadaire est organisée sur tout ou partie de l'année est indépendante de l'horaire réel et est calculée dans les conditions prévues par l'accord. Toutefois, lorsque les heures supplémentaires sont accomplies au-delà des limites prévues par l'accord, les rémunérations correspondantes sont payées avec le salaire du mois considéré.

## B – La répartition de l'horaire sur une période de 4 semaines au plus

***En l'absence d'accord collectif, la durée du travail*** de l'entreprise ou de l'établissement ***peut être organisée sous forme de périodes de travail, chacune d'une durée de 4 semaines au plus***. Un décret en fixe les modalités.

L'employeur établit le programme indicatif de la variation de la durée du travail. Ce programme est soumis pour avis, avant sa première mise en œuvre, au CE ou, à défaut, aux DP, s'ils existent. Toute modification de ce programme fait également l'objet d'une consultation du CE.

L'employeur communique au moins une fois par an au CE ou, à défaut, aux DP un bilan de la mise en œuvre du programme indicatif de la variation de la durée du travail.

Les salariés sont prévenus des changements de leurs horaires de travail dans un délai de 7 jours ouvrés au moins avant la date à laquelle ce changement intervient.

La rémunération mensuelle des salariés des entreprises organisant des périodes de travail sur 4 semaines au plus est indépendante de l'horaire réel. Elle est calculée sur la base de 35 heures hebdomadaires.

Lorsque la durée du travail est organisée sous forme de périodes de travail, chacune d'une durée de 4 semaines au plus, sont des heures supplémentaires :

- ***les heures effectuées au-delà de 39 heures par semaine*** ;
- ***les heures effectuées au-delà de la durée moyenne de 35 heures hebdomadaires calculée sur la période de référence de 4 semaines au plus***, déduction faite, le cas échéant, des heures supplémentaires comptabilisées au titre du dépassement de la durée hebdomadaire.

En cas d'arrivée ou départ en cours de période de 4 semaines au plus, les heures accomplies au-delà de 35 heures hebdomadaires sont des heures supplémentaires.

Les semaines où la durée de travail est inférieure à 35 heures, le salaire est maintenu sur la base de 35 heures hebdomadaires.

En cas d'absence rémunérée, le temps non travaillé n'est pas récupérable et est valorisé sur la base du temps qui aurait été travaillé si le salarié avait été présent, heures supplémentaires comprises.

## 5 Les conventions de forfait

### A – Les conventions de forfait en heures sur la semaine ou sur le mois

La durée du travail de tout salarié peut être fixée par une convention individuelle de forfait en heures sur la semaine ou sur le mois.

La conclusion d'une convention individuelle de forfait requiert l'accord du salarié.

La convention est établie par écrit. Elle doit préciser le nombre d'heures correspondant au forfait convenu ainsi que le cadre de référence, hebdomadaire ou mensuel, choisi.

La durée de travail fixée par la convention peut être supérieure à la durée légale tout en respectant les durées maximales quotidienne et hebdomadaire ainsi que les dispositions légales relatives aux repos quotidien et hebdomadaire.

La rémunération du salarié ayant conclu une convention de forfait en heures est au moins égale à la rémunération minimale applicable dans l'entreprise pour le nombre d'heures correspondant à son forfait, augmentée des majorations pour heures supplémentaires applicables dans l'entreprise.

Le dépassement du forfait entraîne le paiement des heures excédentaires en sus de la rémunération forfaitaire en leur appliquant le régime des heures supplémentaires.

## B – Les conventions de forfait en jours ou en heures sur l'année

### 1) La mise en place des conventions de forfait sur l'année

La conclusion de conventions individuelles de forfait, en heures ou en jours, sur l'année est prévue par un accord collectif d'entreprise ou de branche qui détermine les catégories de salariés susceptibles de conclure une telle convention, ainsi que la durée annuelle du travail à partir de laquelle le forfait est établi, et fixe les caractéristiques principales de ces conventions.

La conclusion d'une convention individuelle de forfait requiert l'accord du salarié. La convention est établie par écrit.

Le CE est consulté chaque année sur le recours aux conventions de forfait ainsi que sur les modalités de suivi de la charge de travail des salariés concernés.

### 2) La convention de forfait en heures sur l'année

Les salariés qui ***peuvent conclure une convention de forfait en heures sur l'année***, dans la limite de la durée annuelle de travail applicable aux conventions individuelles de forfait fixée par l'accord collectif, sont :

- ***les cadres dont la nature des fonctions ne les conduit pas à suivre l'horaire collectif*** applicable au sein de l'atelier, du service ou de l'équipe auquel ils sont intégrés ;
- ***les salariés qui disposent d'une réelle autonomie dans l'organisation de leur emploi du temps***.

***La durée de travail peut être supérieure à la durée légale de 1 607 heures*** tout en respectant les durées maximales quotidienne et hebdomadaire (dérogation possible par voie conventionnelle) ainsi que les dispositions légales relatives au repos quotidien et hebdomadaire.

La rémunération du salarié ayant conclu une convention de forfait en heures est au moins égale à la rémunération minimale applicable dans l'entreprise pour le nombre d'heures correspondant à son forfait, augmentée, le cas échéant, des majorations pour heures supplémentaires.

Le dépassement du forfait entraîne le paiement des heures excédentaires en sus de la rémunération forfaitaire en leur appliquant le régime des heures supplémentaires.

### 3) La convention de forfait en jours sur l'année

Les salariés qui ***peuvent conclure une convention de forfait en jours sur l'année***, dans la limite de la durée annuelle de travail fixée par l'accord collectif, sont :

- ***les cadres qui disposent d'une autonomie dans l'organisation de leur emploi du temps et dont la nature des fonctions ne les conduit pas à suivre l'horaire collectif*** applicable au sein de l'atelier, du service ou de l'équipe auquel ils sont intégrés ;
- ***les salariés dont la durée du temps de travail ne peut être prédéterminée et qui disposent d'une réelle autonomie dans l'organisation de leur emploi du temps*** pour l'exercice des responsabilités qui leur sont confiées.

***Le nombre de jours travaillés dans l'année fixé par l'accord collectif ne peut excéder 218 jours.***

Le salarié qui le souhaite peut, en accord avec son employeur, renoncer à une partie de ses jours de repos en contrepartie d'une majoration de son salaire. Ce nombre ne peut excéder un nombre maximal fixé par l'accord. À défaut d'accord, ce nombre maximal est de ***235 jours***. Le nombre maximal annuel de jours travaillés doit être compatible avec les dispositions relatives au repos quotidien, au repos hebdomadaire, aux jours fériés chômés dans l'entreprise et aux congés payés.

Un avenant à la convention détermine le taux de la majoration applicable à la rémunération de ce temps de travail supplémentaire, sans qu'il puisse être inférieur à 10 %.

Un entretien annuel individuel est organisé par l'employeur, avec chaque salarié ayant conclu une convention. Il porte sur la charge de travail du salarié, l'organisation du travail dans l'entreprise, l'articulation entre l'activité professionnelle et la vie personnelle, ainsi que sur sa rémunération.

Les salariés ayant conclu une convention de forfait en jours sont soumis aux dispositions relatives aux durées maximales de travail ainsi qu'à celles relatives aux repos journaliers et hebdomadaires.

Lorsqu'un salarié perçoit une rémunération manifestement sans rapport avec les sujétions qui lui sont imposées, il peut saisir le juge judiciaire afin que lui soit allouée une indemnité calculée en fonction du préjudice subi eu égard notamment au niveau du salaire pratiqué dans l'entreprise, et correspondant à sa qualification.

Lorsqu'un employeur méconnaît les clauses d'un accord collectif relatives au contrôle et au suivi des conventions de forfait jours, celles-ci sont sans effet. Dans ce cas, le salarié peut prétendre au paiement de ses heures supplémentaires.

## 6 Le travail à temps partiel

### A – La définition du temps partiel

***Le salarié à temps partiel est le salarié dont la durée du travail, calculée sur une base hebdomadaire ou, en moyenne sur une période pouvant aller jusqu'à un an, est inférieure à celle d'un salarié à temps plein.***

Tout salarié est considéré à temps partiel dès lors que sa durée du travail est ***inférieure*** :

- ***à la durée légale du travail*** ou à la durée conventionnelle si celle-ci est inférieure ;
- ***à la durée mensuelle résultant de l'application, sur cette période, de la durée légale du travail*** ou de la durée conventionnelle si celle-ci est inférieure ;
- ***à la durée annuelle résultant de l'application, sur cette période, de la durée légale du travail*** ou de la durée conventionnelle si celle-ci est inférieure, diminuée des heures correspondant aux jours de congés légaux et aux jours fériés.

Les organisations liées par une convention de branche ou par des accords professionnels ouvrent une négociation sur les modalités d'organisation du temps partiel dès lors qu'au moins un tiers de l'effectif de la branche professionnelle occupe un emploi à temps partiel. La négociation porte notamment sur la durée minimale d'activité hebdomadaire ou mensuelle, le nombre et la durée des périodes d'interruption d'activité, le délai de prévenance préalable à la modification des horaires et la rémunération des heures complémentaires.

## B – La durée minimale d'activité hebdomadaire

***La durée minimale d'activité est fixée à 24 heures par semaine*** ou, le cas échéant, à l'équivalent mensuel de cette durée ou à l'équivalent calculé sur la période prévue par un accord collectif organisant la répartition du travail sur une période supérieure à la semaine et au plus égale à l'année.

La durée minimale ne s'applique pas aux CDD ou aux CTT conclus pour une durée de 7 jours ou moins ou pour le remplacement d'un salarié absent ainsi qu'aux étudiants salariés de moins de 26 ans.

Une durée de travail inférieure à 24 heures peut être fixée :

- à la demande écrite et motivée du salarié pour lui permettre soit de faire face à des contraintes personnelles, soit de cumuler plusieurs activités afin d'atteindre une durée globale d'activité correspondant à un temps plein ou au moins égale à 24 heures par semaine ;
- par accord de branche étendu s'il comporte des garanties quant à la mise en œuvre d'horaires réguliers ou permettant au salarié de cumuler plusieurs activités afin d'atteindre une durée globale d'activité correspondant à un temps plein ou au moins égale à 24 heures par semaine.

En cas de dérogation, les horaires de travail du salarié doivent être regroupés sur des journées ou des demi-journées régulières ou complètes.

## C – La mise en place du temps partiel

Les horaires de travail à temps partiel peuvent être pratiqués :

- sur la base d'une convention ou accord de branche étendu ou d'un accord d'entreprise ;
- en l'absence d'accord, après avis du CE (ou DP), cet avis devant être transmis dans un délai de 15 jours à l'inspecteur du travail ;
- en l'absence de représentation du personnel, à l'initiative de l'employeur ou à la demande du salarié après information de l'inspection du travail.

Les conditions de mise en place d'horaires à temps partiel à la demande des salariés sont fixées par une convention ou accord collectif étendu ou par un accord d'entreprise qui doit prévoir :

- les modalités selon lesquelles le salarié à temps complet peut occuper un emploi à temps partiel dans la même entreprise et inversement. L'accord de branche étendu peut prévoir la possibilité pour l'employeur de proposer au salarié à temps partiel un emploi à temps complet ne correspondant pas à sa catégorie professionnelle ou un emploi à temps complet non équivalent.
- la procédure à respecter par le salarié pour faire sa demande à l'employeur et le délai laissé à l'employeur pour y apporter une réponse motivée.

En l'absence d'accord collectif, le salarié adresse sa demande à l'employeur par lettre recommandée avec AR en précisant la durée du travail souhaitée ainsi que la date envisagée pour sa mise en œuvre. La demande est transmise 6 mois au moins avant cette date. L'employeur doit répondre au salarié par lettre recommandée avec AR dans un délai de 3 mois à compter de la réception de la demande. L'employeur ne peut refuser la demande du salarié qu'à 2 conditions, à savoir :

- l'absence d'emploi disponible dans sa catégorie professionnelle ou l'absence d'emploi équivalent ;

– le changement d'emploi demandé aurait des conséquences préjudiciables à la production et à la bonne marche de l'entreprise.

## D – Les heures complémentaires

Les heures complémentaires sont possibles à ***2 conditions*** :

- ***le nombre d'heures complémentaires*** effectuées par un salarié à temps partiel au cours d'une même semaine ou d'un même mois ***ne peut être supérieur au dixième de la durée hebdomadaire ou mensuelle de travail prévue dans son contrat***.

  Chacune des heures complémentaires accomplies dans cette limite donne lieu à une majoration de salaire de 10 %.

  Un accord de branche étendu peut porter cette limite jusqu'au tiers de la durée fixée au contrat ; dans ce cas, chacune des heures complémentaires effectuées au-delà du dixième donne lieu à une majoration de salaire de 25 %. L'accord peut prévoir un taux différent qui ne peut être inférieur à 10 % ;
- ***les heures complémentaires ne peuvent avoir pour effet de porter la durée de travail effectuée par un salarié au niveau de la durée légale du travail*** ou de la durée fixée conventionnellement.

Lorsque pendant une période de 12 semaines consécutives ou pendant 12 semaines au cours d'une période de 15 semaines ou sur la période prévue par un accord collectif si elle est supérieure, l'horaire moyen réellement effectué par un salarié a dépassé de 2 heures au moins par semaine, ou de l'équivalent mensuel de cette durée, l'horaire prévu dans son contrat, celui-ci est modifié en ajoutant à l'horaire antérieurement fixé la différence entre cet horaire et l'horaire moyen réellement effectué. Cette modification doit être faite, sauf opposition du salarié intéressé, en respectant un préavis de 7 jours.

Le refus du salarié d'effectuer des heures complémentaires proposées par l'employeur ne constitue ni une faute ni un motif de licenciement :

– si elles étaient au-delà des limites fixées par le contrat ;

– lorsque le salarié est informé moins de 3 jours avant la date à laquelle elles sont prévues.

## E – Le complément d'heures

Une convention ou un accord de branche étendu peut prévoir la possibilité, par un avenant au contrat de travail, d'augmenter temporairement la durée prévue par le contrat. Chacune des heures complémentaires accomplies au-delà de cette durée donne lieu à une majoration de salaire de 25 %. L'avenant doit indiquer la durée pendant laquelle il s'applique et le nombre d'heures concernées.

La convention ou l'accord :

– fixe le nombre maximal d'avenants pouvant être conclus, dans la limite de 8 par an et par salarié, en dehors des cas de remplacement d'un salarié absent nommément désigné ;

– peut prévoir la majoration salariale des heures effectuées dans le cadre de l'avenant ;

– détermine les modalités selon lesquelles les salariés peuvent bénéficier prioritairement des compléments d'heures.

### F – L'organisation du temps de travail

L'organisation du temps partiel est fixé dans le contrat de travail du salarié (cf. chapitre 7).

L'horaire de travail à temps partiel ne peut comporter, au cours d'une même journée, plus d'une interruption d'activité ou une interruption supérieure à 2 heures. Un accord de branche étendu peut déroger à cette règle en définissant les amplitudes horaires pendant lesquelles les salariés doivent exercer leur activité et leur répartition dans la journée de travail, moyennant des contreparties spécifiques et en tenant compte des exigences propres à l'activité exercée.

Toute modification de l'horaire de travail doit être notifiée au salarié 7 jours au moins avant la date à laquelle elle doit avoir lieu. Une convention collective de branche étendue peut réduire ce délai jusqu'à un minimum de 3 jours ouvrés à condition de prévoir des contreparties.

Le refus du salarié d'accepter un changement de la répartition de son horaire sur la semaine ou le mois ou de la répartition journalière ne constitue pas une faute ou un motif de licenciement :

– si le contrat de travail n'a pas prévu les cas et la nature de telles modifications ;

– lorsque le changement, bien que prévu par le contrat, n'est pas compatible avec des obligations familiales impérieuses, avec le suivi d'un enseignement scolaire ou supérieur, avec une période d'activité fixée chez un autre employeur ou avec une activité professionnelle non salariée.

***Cas particulier de l'aménagement du temps de travail sur l'année sur demande du salarié en raison des besoins de sa vie familiale*** : dans ce cas, la réduction du temps de travail se fait sous forme d'une ou plusieurs périodes de repos supplémentaire d'au moins une semaine. La durée du travail doit être fixée dans la limite annuelle du temps de travail. Pendant les périodes travaillées, le salarié est occupé selon l'horaire collectif applicable à l'entreprise. Les heures effectuées au-delà de la durée légale ouvrent droit aux majorations de salaire pour heures supplémentaires et/ou à un repos compensateur équivalent ou à une combinaison des deux. L'avenant au contrat doit préciser la ou les périodes non travaillées. Il peut aussi prévoir le lissage de la rémunération.

## 7 Le repos quotidien

Tout salarié a droit de bénéficier d'un repos quotidien d'***une durée minimale de 11 heures consécutives*** (12 heures pour les moins de 18 ans et 14 heures pour les moins de 16 ans).

***Un accord collectif de travail étendu ou un accord d'entreprise*** ou d'établissement ***peut*** :

→ ***déroger à la durée minimale de repos quotidien*** notamment pour des activités caractérisées par la nécessité d'assurer une continuité du service ou par des périodes d'intervention fractionnées. La dérogation ***ne peut avoir pour effet de réduire la durée du repos quotidien en deçà de 9 heures*** ;

→ ***prévoir la réduction de la durée du repos quotidien en cas de surcroît d'activité***.

En l'absence d'accord collectif étendu, cette dérogation peut être mise en œuvre sur autorisation de l'inspecteur du travail ou à l'initiative de l'employeur en cas de travaux urgents en raison d'un accident ou d'une menace d'accident.

Les dérogations au repos quotidien peuvent s'appliquer à condition que des périodes au moins équivalentes de repos soient accordées aux salariés concernés. Lorsque l'octroi de ce repos n'est pas possible, une contrepartie équivalente doit être prévue par accord collectif.

## 8 Le repos hebdomadaire

***Il est interdit de faire travailler un même salarié plus de 6 jours par semaine***.

Tout salarié a droit, au cours de chaque période de 7 jours, à ***un repos minimal de 35 heures consécutives*** : un repos hebdomadaire d'une durée minimale de 24 heures consécutives auxquelles s'ajoutent les 11 heures consécutives de repos quotidien.

***Le repos hebdomadaire est donné le dimanche*** (repos dominical). Il connaît cependant de nombreuses dérogations.

### A – Les dérogations permanentes de plein droit au repos dominical

***Les dérogations permanentes de plein droit*** permettent aux employeurs de donner le repos hebdomadaire par roulement pour tout ou partie du personnel.

***Elles concernent certains établissements dont le fonctionnement ou l'ouverture est rendu nécessaire par les contraintes de la production, de l'activité ou les besoins du public***.

Un décret en Conseil d'État détermine les catégories d'établissements intéressées. Il s'agit notamment des hôpitaux, des transports, de l'hôtellerie, des restaurants, des débits de boisson, des fleuristes, des entreprises de presse, d'information ou de spectacles, des commerces de détail, de biens culturels ou d'ameublement, du secteur du bricolage...

***Dans les commerces de détail alimentaire, le repos hebdomadaire peut être donné le dimanche à partir de 13 heures***. Les salariés âgés de moins de 21 ans logés chez leurs employeurs bénéficient d'un repos compensateur, par roulement et par semaine, d'un autre après-midi. Les autres salariés bénéficient d'un repos compensateur, par roulement et par quinzaine, d'une journée entière.

Dans les commerces de détail alimentaire dont la surface de vente est supérieure à 400 m$^2$, les salariés privés du repos dominical bénéficient d'une rémunération majorée d'au moins 30 % par rapport à la rémunération due pour une durée équivalente.

### B – Les dérogations conventionnelles au repos dominical

***Les dérogations permanentes d'origine conventionnelle*** concernent les industries où le travail est organisé de façon continue ou qui font appel à des équipes de suppléance.

Sauf dispositions conventionnelles le prévoyant, ***aucune contrepartie légale n'est prévue***. Dans ce cas, tout emploi est susceptible d'impliquer pour un salarié un travail le dimanche puisque cela découle de facteurs structurels.

## C – Les autres dérogations au repos dominical

Les dérogations individuelles et temporaires sont accordées par l'autorité administrative :

- ***les dérogations accordées par le maire*** : elles concernent les établissements de commerce de détail où le repos hebdomadaire a lieu normalement le dimanche. ***Le nombre de ces dimanches ne peut excéder 12 par an***. La dérogation est accordée par le maire après avis du conseil municipal. Si le nombre de ces dimanches excède 5, la décision du maire est prise après avis conforme de l'établissement de coopération intercommunal à fiscalité propre dont la commune est membre.

  Chaque salarié privé du repos du dimanche bénéficie d'un repos compensateur et perçoit pour ce jour de travail une rémunération au moins égale au double de la rémunération normalement due pour une durée équivalente ;

- ***les dérogations accordées par le préfet*** : elles concernent ***tout établissement pour lequel il est établi que le repos simultané, le dimanche, de tous les salariés de l'établissement serait préjudiciable au public ou compromettrait le fonctionnement normal de cet établissement***. Dans ce cas, le repos peut être autorisé par le préfet, soit toute l'année, soit à certaines époques de l'année seulement suivant l'une des modalités suivantes :

  – un autre jour que le dimanche à tous les salariés de l'établissement ;

  – du dimanche midi au lundi midi ;

  – le dimanche après-midi avec un repos compensateur d'une journée par roulement et par quinzaine ;

  – par roulement à tout ou partie des salariés ;

- ***les dérogations sur un fondement géographique*** : elles concernent ***les établissements de vente au détail qui mettent à disposition des biens et des services, et qui sont situés dans les zones touristiques internationales, dans les zones touristiques caractérisées par une affluence particulièrement importante de touristes ou dans les zones commerciales caractérisées par une offre commerciale et une demande potentielle particulièrement importantes, le cas échéant en tenant compte de la proximité immédiate d'une zone frontalière*** ainsi que les établissements situés dans l'emprise d'une gare compte tenu de l'affluence exceptionnelle de passagers dans cette gare.

  Les zones touristiques internationales sont délimitées par les ministres chargés du travail, du tourisme et du commerce, les zones touristiques ou commerciales par le préfet de région (à la demande du maire concerné) et l'autorisation pour les établissements situés dans une gare est donnée par un arrêté conjoint des ministres chargés des transports, du travail et du commerce après avoir recueilli l'avis des collectivités territoriales, des syndicats d'employeurs et des syndicats de salariés concernés.

Les dérogations préfectorales et celles sur un fondement géographique sont accordées au vu d'un accord ***collectif ou, à défaut, d'une décision unilatérale de l'employeur prise après***

***référendum qui fixe les contreparties accordées aux salariés privés du repos dominical*** ainsi que les engagements pris en terme d'emploi ou en faveur de certains publics en difficulté ou de personnes handicapées.

Seuls les salariés volontaires ayant donné leur accord par écrit à leur employeur peuvent travailler le dimanche sur le fondement d'une telle dérogation. Le refus de travailler le dimanche ne constitue pas une faute ou un motif de licenciement. Le salarié qui travaille le dimanche peut à tout moment demander à bénéficier d'une priorité pour occuper ou reprendre un emploi ne comportant pas de travail le dimanche.

En l'absence d'accord collectif, le salarié privé de repos dominical conserve la faculté de refuser de travailler 3 dimanches de son choix par année civile. Il doit en informer préalablement son employeur en respectant un délai d'un mois.

## 9 Les jours fériés

Il existe ***11 jours fériés*** :

– 10 jours fériés ordinaires ;

– 1 jour férié légal : le 1er mai.

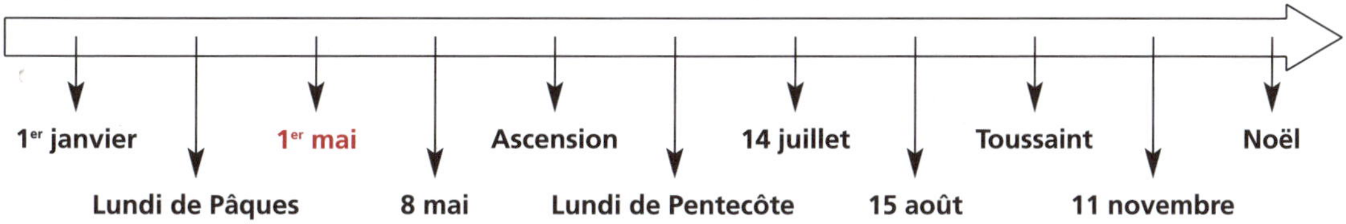


***Le 1er mai*** est légalement le seul jour obligatoirement férié et chômé pour tous les salariés :

– *férié* : le salarié ne travaille pas ;

– *chômé* : le salarié est rémunéré y compris les heures supplémentaires (sauf s'il tombe un jour non travaillé de la semaine).

Si le salarié travaille le 1er mai, il a droit, en plus de son salaire, à une indemnité égale au montant de celui-ci.

***Les jours fériés ordinaires :***

→ ***le repos des jours fériés n'est légalement obligatoire que pour les jeunes de moins de 18 ans, dans l'industrie***. Les usages et/ou les conventions collectives ont étendu le principe du repos des jours fériés aux autres salariés ; dans ce cas, il s'impose à l'employeur. Si le jour férié tombe un jour de travail, les heures de travail perdues n'ouvrent pas droit à récupération ;

→ ***si les jours fériés sont chômés***, ils sont :

– ***rémunérés*** pour les salariés totalisant au moins 3 mois d'ancienneté dans l'entreprise,

– ***non rémunérés*** pour les salariés exclus de la mensualisation (travailleurs à domicile, saisonniers, intermittents ou temporaires sauf si les salariés de l'entreprise en bénéficient).

Le « ***pont*** » est le fait d'accorder au salarié un ou deux jours ouvrables chômés compris entre un jour férié et le jour de repos hebdomadaire. Les heures ainsi chômées donnent lieu à récupération.

À NOTER • Le paiement du jour férié inclue les heures supplémentaires éventuelles qui auraient été accomplies ce jour-là • Si le jour férié chômé tombe un jour habituellement non travaillé, il ne donne droit à aucune indemnité.

## 10 La journée de solidarité

***Une journée de solidarité, de 7 heures, est instituée en vue d'assurer le financement des actions en faveur de l'autonomie des personnes âgées ou handicapées***. Elle prend la forme :

- ***d'une journée supplémentaire de travail non rémunérée, de 7 heures, pour les salariés*** ;
- ***d'une contribution de 0,30 % pour les employeurs***.

Les modalités d'accomplissement de la journée de solidarité sont fixées par accord d'entreprise ou d'établissement ou à défaut par accord de branche. L'accord peut prévoir :

– le travail d'un jour férié précédemment chômé autre que le 1er mai ;

– le travail d'un jour de réduction du temps de travail ;

– ou toute autre modalité permettant le travail de 7 heures précédemment non travaillées en application de dispositions conventionnelles ou de modalités d'organisation des entreprises.

À défaut d'accord collectif, ces modalités sont définies par l'employeur, après consultation du CE ou, à défaut, des DP s'ils existent.

Le travail accompli, dans la limite de 7 heures durant la journée de solidarité ne donne pas lieu à rémunération.

Pour les salariés à temps partiel, la limite de sept heures prévue est réduite proportionnellement à la durée contractuelle. Le salarié ne peut invoquer le fait que la date retenue corresponde à un jour non travaillé en vertu de son contrat de travail à temps partiel pour refuser d'effectuer la journée de solidarité. Le refus du salarié à temps partiel d'effectuer la journée de solidarité à la date retenue par l'employeur ne constitue pas une faute ou un motif de licenciement si elle est incompatible avec ses obligations familiales impérieuses, le suivi d'un enseignement scolaire ou supérieur ou avec une période d'activité fixée chez un autre employeur ou avec une activité professionnelle non salariée.

Lorsqu'un salarié a déjà accompli, au titre de l'année en cours, une journée de solidarité, s'il doit s'acquitter d'une nouvelle journée de solidarité en raison d'un changement d'employeur, les heures travaillées ce jour-là donnent lieu à rémunération supplémentaire et s'imputent sur le contingent d'heures supplémentaires ou sur le nombre d'heures complémentaires. Elles donnent lieu à repos compensateur. Toutefois, le salarié peut refuser d'exécuter cette journée supplémentaire de travail sans que son refus constitue une faute ou un motif de licenciement.

Chapitre
**13**

# Les congés

## 1 Les congés payés annuels

### A – Le droit aux congés payés

***Tout salarié a droit à un congé de 2,5 jours ouvrables par mois de travail effectif chez le même employeur***. S'il travaille moins d'un mois, le nombre de jours de congés est proratisé et arrondi au nombre entier supérieur.

### B – La durée des congés payés

La durée des congés payés est proportionnelle au temps de travail effectif effectué pendant la période de référence. Elle est déterminée à raison de ***2,5 jours ouvrables par mois de travail effectif***, ou période équivalente, pendant la période de référence.

La durée totale du congé exigible ne peut excéder ***30 jours ouvrables soit 5 semaines*** pour une période de référence complète de travail. Lorsque le nombre de jours de congés n'est pas un nombre entier, il est arrondi au nombre entier supérieur.

***La période de référence va du 1er juin de l'année précédente au 31 mai de l'année en cours.***

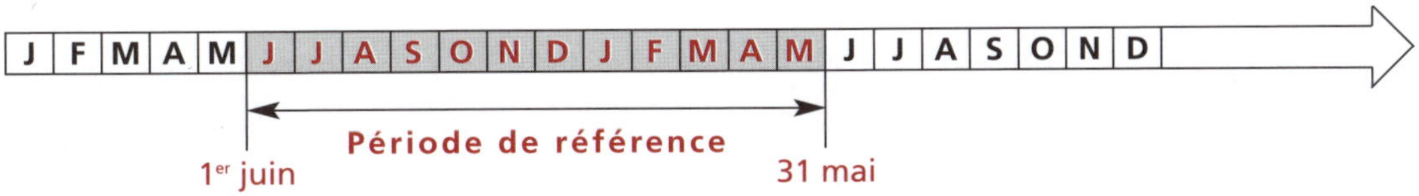


En cas d'aménagement du temps de travail, la période de référence peut, par voie conventionnelle, être différente de la période 1er juin-31 mai pour être, par exemple, calquée sur la période annuelle de décompte du temps de travail.

Un mois de travail effectif correspond à un mois de date à date et non à un mois civil.

Sont assimilées à un mois de travail effectif pour la détermination de la durée du congé les périodes équivalentes à 4 semaines ou 24 jours de travail (22 jours ou 20 jours suivant l'horaire hebdomadaire de travail).

La méthode la plus avantageuse pour le salarié doit être appliquée. Ainsi 48 semaines de travail effectif ou assimilé permettent au salarié d'acquérir un congé annuel intégral (une absence de 4 semaines n'a donc pas d'incidence).

Certaines périodes d'absence sont assimilées à des périodes de travail effectif :

– les jours de repos acquis au titre de la réduction du temps de travail ;

– certains congés particuliers.

Les arrêts de travail non liés à un accident du travail ou à une maladie professionnelle ne sont pas assimilés à des périodes de travail effectif permettant d'acquérir des congés payés.

La durée du congé peut être majorée :

– pour les mères de famille de moins de 21 ans (*cf.* chapitre 17) ;

– pour les jeunes de moins de 21 ans (*cf.* chapitre 17) ;

– en cas de fractionnement du congé principal (voir p. 148) ;

– en raison de l'âge ou de l'ancienneté du salarié (par voie conventionnelle).

Les jours ouvrables sont constitués de tous les jours de la semaine à l'exception :

– du jour de repos hebdomadaire, en général le dimanche ;

– des jours fériés chômés dans l'entreprise.

La présence d'un jour férié chômé pendant les congés payés permet au salarié de les prolonger d'une journée, sauf si le jour férié n'est pas chômé dans l'entreprise ou s'il tombe un dimanche.

***Le décompte des jours ouvrables*** :

- ***le premier jour ouvrable de congé est le premier jour où le salarié aurait dû travailler***. Ainsi le salarié arrêtant son travail la veille d'un jour non travaillé dans l'entreprise ne compte pas celui-ci comme jour ouvrable ;
- ***le dernier jour de congé compte pour le calcul des jours ouvrables même s'il correspond à un jour non travaillé dans l'entreprise***. Pour un salarié à temps partiel, les jours ouvrables se décompte jusqu'à la reprise du travail.

***Les jours ouvrés*** : certaines entreprises effectuent le décompte du congé en jours ouvrés, c'est-à-dire en jours normalement travaillés. S'il s'agit d'une simple transposition, 30 jours ouvrables correspondent, dans une entreprise dont l'horaire de travail est réparti sur 5 jours, à 25 jours ouvrés. L'utilisation de cette méthode ne doit pas être défavorable au salarié par rapport au calcul légal.

**À NOTER** • Le salarié à temps partiel a les mêmes droits à congé que le salarié à temps complet, le temps de travail minimum s'appréciant indépendamment de l'horaire de travail effectué • La réglementation concernant les congés payés a un caractère d'ordre public ce qui entraîne pour l'employeur l'obligation d'accorder le congé et pour le salarié l'obligation de prendre le congé • Le salarié effectuant pendant ses congés un travail rémunéré tout comme l'employeur utilisant ses services peuvent faire l'objet d'une condamnation à des dommages-intérêts envers le fonds du chômage • Constitue un motif réel et sérieux de licenciement, tout travail rémunéré pendant la période de congés chez un autre employeur.

## C – L'organisation des congés payés

***La période des congés*** est fixée :

- ***par voie conventionnelle*** ;
- ***ou à défaut par l'employeur*** conformément aux usages et après consultation des DP et du CE.

Elle comprend obligatoirement la ***période du 1er mai au 31 octobre***. Elle doit être portée à la connaissance du personnel 2 mois avant son ouverture.

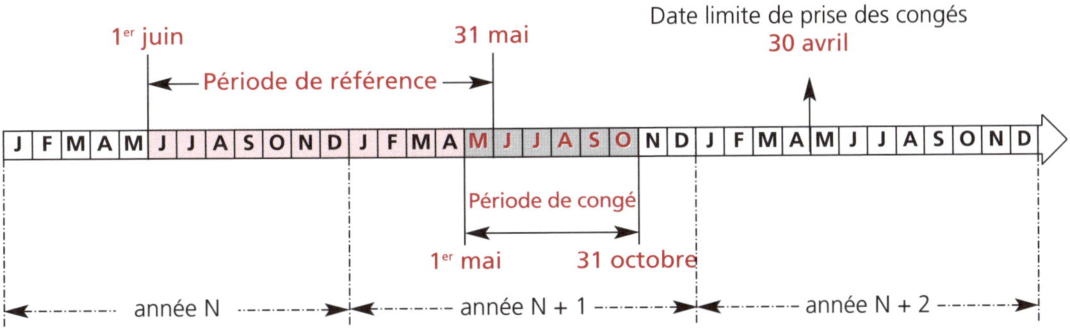


***La prise de congés payés est possible dès l'ouverture des droits (congés payés anticipés)***. Cette disposition permet, notamment aux nouveaux embauchés, la prise des congés sans attendre l'expiration de la période de référence. La prise de congés par anticipation nécessite l'accord exprès du salarié et de l'employeur. L'employeur ne peut l'imposer au salarié. Sauf accord de l'employeur, le salarié ne peut pas anticiper des congés qu'il n'a pas encore acquis.

À défaut de disposition contraire, les congés acquis au titre de l'année de référence antérieure doivent être épuisés au 30 avril de l'année en cours.

Dans les entreprises où la durée du travail est décomptée à l'année, un accord collectif étendu ou un accord d'entreprise peut prévoir un report des congés payés au titre de l'année de référence. Ce report peut être exercé durant l'année civile suivant celle pendant laquelle a débuté l'année comprenant la période de prise de ces congés.

Le congé payé annuel doit être pris ***au moins en 2 fois***, soit par roulement soit avec fermeture de l'entreprise. Les salariés des départements et régions d'outre-mer et les salariés étrangers ont la possibilité de prendre d'affilée les 5 semaines de congé pour rentrer chez eux.

***Le congé principal*** est égal au plus à ***24 jours ouvrables, soit 4 semaines***. Il peut être :

– pris en une seule fois dans la période de congé ;

– ou fractionné à l'initiative de l'employeur qui doit obtenir l'agrément du salarié ou à l'initiative du salarié qui doit obtenir l'accord de l'employeur.

En cas de fractionnement :

- une partie du congé principal d'au moins 12 jours ouvrables continus, doit être pris pendant la période de congé ;
- les jours restants du congé principal pris en dehors de cette période ouvrent droit à des congés supplémentaires : 1 jour ouvrable pour un congé de 3 à 5 jours et 2 jours ouvrables pour un congé de 6 jours ou plus.

***La 5e semaine*** peut être prise indifféremment pendant la période de congé ou en dehors. Elle peut être fractionnée (avec ou sans l'accord du salarié) ou accolée à une partie des jours du congé principal non utilisés.

***Les congés par roulement*** : à l'intérieur de la période des congés et à moins que l'ordre des départs ne résulte de stipulations conventionnelles ou d'usages, cet ordre est fixé par l'employeur après avis, le cas échéant, des DP. Pour fixer l'ordre des départs, l'employeur tient compte :

- de la situation familiale du salarié ;
- des possibilités de congé du conjoint ou du partenaire d'un PACS ;
- de l'ancienneté du salarié dans l'entreprise ;
- de l'activité du salarié chez un ou plusieurs autres employeurs.

L'employeur doit communiquer les dates de départ aux salariés et les afficher dans l'entreprise.

Sauf circonstances exceptionnelles aucune modification ne peut être apportée à la date des départs en congé des salariés, dans le délai d'un mois avant la date prévue du départ.

***Les congés avec fermeture de l'entreprise*** : l'employeur peut décider la fermeture de l'entreprise pour tout ou partie des congés après consultation du CE et des DP. Le salarié qui n'aurait pas acquis un droit au congé d'une durée égale à la fermeture de l'entreprise peut prétendre à des indemnités au titre du chômage partiel (aide publique seulement).

**À NOTER •** Un salarié peut renoncer anonymement et sans contrepartie, avec l'accord de son employeur, à des jours de repos (RTT, jours de récupération ou congés payés au-delà de 24 jours) au bénéfice d'un autre salarié de l'entreprise ayant la charge d'un enfant âgé de moins de 20 ans atteint d'une maladie, d'un handicap ou victime d'un accident rendant indispensable une présence soutenue.

## D – L'indemnité de congés payés

L'indemnité de congés payés est à la charge de l'employeur. Il existe ***deux modes de calcul*** pour la déterminer. Le mode le plus favorable au salarié doit être appliqué. La comparaison doit se faire dans le cadre de l'indemnité totale des congés payés :

- ***le calcul selon la méthode du dixième*** : l'indemnité de congés payés est égale au 1/10e de la rémunération totale perçue par le salarié pendant la période de référence (le 13e mois n'est pas intégré) ;
- ***le calcul selon la méthode du salaire théorique*** (ou règle du maintien du salaire) : l'indemnité de congés payés ne doit pas être inférieure à la rémunération que le salarié aurait perçue s'il avait continué à travailler pendant la période de congé.

***L'indemnité de congés payés*** est versée en principe à terme échu, c'est-à-dire en fin de mois, mais souvent elle est versée avant le départ du salarié en congé. Le bulletin de salaire comporte obligatoirement les dates de congé.

***L'indemnité compensatrice de congés payés*** est versée en cas de résiliation du contrat de travail, sauf en cas de faute lourde. Elle correspond aux congés acquis et non utilisés par le salarié pendant la période de référence.

### E – Les avantages sociaux

Le salarié bénéficie dans certains cas :

- ***des chèques-vacances*** : ils sont utilisés pour le règlement de dépenses liées aux vacances. C'est un système facultatif. Le salarié ne peut acquérir les chèques-vacances que par des versements mensuels. La contribution de l'employeur à l'acquisition des chèques-vacances est fonction de la rémunération du salarié (80 % au maximum du montant des chèques-vacances si elle est inférieure au plafond mensuel de la Sécurité sociale, 50 % si elle est supérieure à ce plafond) ;
- ***du billet annuel de congés payés*** : tout salarié peut en bénéficier pour lui et sa famille. Il est délivré une fois par an par la SNCF. Il permet d'obtenir une réduction de 25 % pour un trajet aller-retour d'au moins 200 km. La réduction est portée à 50 % lorsque le salarié paye au moins la moitié du billet par chèques-vacances.

À NOTER • Si le salarié tombe malade pendant ses congés payés, il peut reporter les jours de congés dont il n'a pu bénéficier du fait de sa maladie • Si le salarié s'est trouvé dans l'impossibilité de prendre ses congés du fait d'un arrêt prolongé pour maladie, il peut prétendre soit à un report de ses congés, soit, si son contrat de travail est rompu, au versement d'une indemnité compensatrice de congés payés. • Le préavis est suspendu pendant toute la durée des congés.

## 2 Les congés particuliers

***Tout salarié a droit, sous certaines conditions, à bénéficier de congés particuliers entraînant la suspension du contrat de travail***. À l'issue de ces congés, le salarié réintègre son emploi ou un emploi équivalent.

***Les congés liés à la naissance ou à l'adoption*** :

- ***le congé de maternité*** (*cf.* chapitre 17) : la salariée enceinte a droit sans condition d'ancienneté à un congé non rémunéré pour la naissance d'un enfant. La durée du congé est, pour la naissance du 1er enfant, de 6 semaines avant et 10 semaines après. La salariée perçoit les indemnités journalières de la Sécurité sociale ;
- ***le congé d'adoption*** (*cf.* chapitre 17) : la salariée ou son conjoint a droit sans condition d'ancienneté à un congé non rémunéré pour l'arrivée d'un enfant adopté au foyer. Le congé part du jour où l'enfant adopté arrive au foyer. La durée du congé est égale au congé maternité qui suit l'accouchement. Le bénéficiaire du congé perçoit les indemnités journalières de la Sécurité sociale ;

– ***le congé de paternité et d'accueil de l'enfant*** (*cf.* chapitre 21) : tout salarié a droit, sans condition d'ancienneté, à un congé non rémunéré à l'occasion de la naissance de son enfant. La durée du congé est de 11 jours calendaires consécutifs au plus pour la naissance d'un enfant (18 jours en cas de naissance multiple). Les jours calendaires incluent les jours habituellement non travaillés (samedis, dimanches et jours fériés compris). Le congé est non fractionnable et doit être pris dans les 4 mois suivant la naissance de l'enfant. Il est cumulable avec le congé de 3 jours accordés à l'occasion de la naissance de l'enfant. Pendant le congé, le salarié perçoit les indemnités journalières de la Sécurité sociale. Si le congé d'adoption est partagé entre la mère et le père adoptifs, sa durée est augmentée de la durée du congé de paternité et d'accueil de l'enfant ;

– ***le congé parental d'éducation*** (*cf.* chapitre 24) : tout(e) salarié(e), ayant plus d'un an d'ancienneté, peut à l'issue du congé maternité ou du congé adoption bénéficier d'un congé non rémunéré pour élever son enfant (ou demander un travail à temps partiel). Cette possibilité est offerte à la mère et/ou au père. Le bénéfice de ce congé est ouvert jusqu'au 3e anniversaire de l'enfant. La durée initiale est d'un an ou plus et peut être renouvelé 2 fois. Le bénéficiaire du congé perçoit sous certaines conditions la prestation d'accueil du jeune enfant.

***Les congés légaux pour événements familiaux*** :

– tout salarié a droit, sans condition d'ancienneté, à un ***congé rémunéré*** en cas de :
  - *mariage du salarié ou conclusion d'un PACS* : 4 jours,
  - *naissance (ou adoption)* : 3 jours,
  - *mariage d'un enfant* : 1 jour,
  - *décès du conjoint, du partenaire d'un PACS ou d'un enfant* : 2 jours,
  - *décès du père, de la mère, d'un frère, d'une sœur, du beau-père ou de la belle-mère* : 1 jour,
  - *journée défense et citoyenneté* : 1 jour ;

– tout salarié a droit, sans condition d'ancienneté, à un ***congé non rémunéré pour enfant malade*** (enfant de moins de 16 ans). La durée du congé est au maximum de 3 jours par an (5 jours si l'enfant a moins d'un an ou si le salarié a la charge de 3 enfants ou plus âgés de moins de 16 ans) ;

– tout salarié qui acquiert la nationalité française a droit de bénéficier à un ***congé non rémunéré d'une demi-journée pour assister à sa cérémonie d'accueil dans la citoyenneté française***.

Le salarié doit justifier de la réalité de l'événement en cause.

***Les congés pour convenances personnelles*** :

– ***le congé sabbatique*** : tout salarié, ayant au moins 3 ans d'ancienneté et 6 ans d'activité professionnelle, peut bénéficier d'un congé non rémunéré pour se consacrer aux activités de son choix. La durée du congé est de 6 à 11 mois. L'employeur peut, sous certaines conditions, différer ce congé ou s'y opposer ;

– ***le congé pour création d'entreprise*** : tout salarié, ayant au moins 2 ans d'ancienneté, peut bénéficier d'un congé non rémunéré ou travailler à temps partiel pour la création ou la reprise d'une entreprise ou pour diriger une jeune entreprise innovante. L'entreprise ne doit pas avoir une activité concurrente de celle de son entreprise. La durée du congé est d'un an renouvelable une fois pour un an. L'employeur peut, sous certaines conditions, différer ce congé ou s'y opposer ;

- *le congé de solidarité familiale* : tout salarié a droit, sans condition d'ancienneté, à un congé non rémunéré pour accompagner une personne en fin de vie. Cette personne peut être un ascendant, un descendant ou une personne partageant son domicile. Le congé a une durée maximale de 3 mois renouvelable une fois. Le congé peut être transformé en période de travail à temps partiel ou être fractionné en journée. Le salarié perçoit une allocation journalière, pendant une durée maximale de 3 semaines. Son montant est égale à l'allocation journalière de présence parentale ;
- *le congé de présence parentale* : tout salarié a droit, sans condition d'ancienneté, à un congé non rémunéré pour s'occuper de son enfant victime d'une maladie, d'un accident ou d'un handicap grave. Le congé est constitué d'un crédit de 310 jours ouvrés, pour un même enfant et par maladie, correspondant au nombre maximum d'allocations journalières, à utiliser pendant une période de 3 ans au maximum. Aucun de ces jours ne peut être fractionné. L'employeur fournit mensuellement au salarié une attestation indiquant le nombre de jours de congés pris à ce titre afin qu'il puisse percevoir l'allocation journalière de présence parentale (*cf.* chapitre 24) ;
- *le congé de soutien familial* : tout salarié, ayant au moins 2 ans d'ancienneté, peut bénéficier d'un congé non rémunéré ou travailler à temps partiel pour s'occuper d'un parent dépendant : aidant familial auprès d'une personne âgée ou d'une personne handicapée (taux d'incapacité supérieur à 80 %) ou parents assumant la charge d'un enfant handicapé bénéficiant de l'AEEH. La durée du congé est de 3 mois, renouvelable. Ce congé ne peut excéder la durée d'un an pour l'ensemble de la carrière. Pendant le congé, le salarié continue à acquérir des droits à retraite ;
- *le congé pour don d'ovocytes* : toute salariée effectuant un don d'ovocytes bénéficie d'une autorisation d'absence pour se rendre aux examens et se soumettre aux interventions nécessaires. L'employeur ne peut s'opposer à ce congé. Il doit maintenir la rémunération de la salariée concernée et assimiler ses absences à du travail effectif.

*Les congés nécessités par une activité d'intérêt général* :

- *le congé pour candidature au mandat parlementaire* : tout salarié candidat à l'Assemblée nationale ou au Sénat a droit, sans condition d'ancienneté, à un congé non rémunéré pour participer à la campagne électorale. La durée du congé est de 20 jours maximum (fractionnement possible). Il peut, après accord avec l'employeur, imputer ses absences sur ses congés payés ou les récupérer. En cas d'élection, le contrat est suspendu si le salarié le demande. Si le contrat a été suspendu plus de 5 ans, le salarié bénéficie d'une priorité de réembauchage pendant 1 an ;
- *le congé pour exercice de fonctions publiques* : tout salarié – conseiller prud'homme, assesseur du tribunal des affaires sociales, juré ou témoin, administrateur des organismes de Sécurité sociale, membre d'un organisme représentatif d'immigré, représentant une association familiale auprès des pouvoirs publics, membre d'un conseil municipal, général ou régional – a le droit de s'absenter pour participer aux séances des organismes auxquels il appartient. Les absences sont, en principe, non rémunérées.

  Le salaire est maintenu pour le salarié administrateur des organismes de Sécurité sociale ou représentant d'une association (40 h/an). Le maintien du salaire est remboursé à l'employeur.

  Le salarié membre d'un conseil municipal, général ou régional dispose, en plus, d'un crédit d'heures trimestriel, non rémunéré, variable selon l'importance du mandat ;

- ***le congé de représentation d'associations*** : tout salarié, membre d'une association loi 1901 ou membre d'une mutuelle, désigné par elle comme représentant pour siéger dans une instance consultative au niveau départemental, régional ou national, a droit à un congé, non rémunéré, de 9 jours ouvrables par an (fractionnable). L'employeur peut, sous certaines conditions, différer ce congé ou s'y opposer ;
- ***le congé de sapeur-pompier volontaire*** : tout salarié ayant la qualité de sapeur-pompier volontaire a droit, pour participer aux missions opérationnelles qu'impliquent ses fonctions, à des autorisations d'absence. Il a droit aussi à un congé de formation pour participer aux actions de formation liées à ses fonctions. La durée de ce congé est de 30 jours, fractionnable, au cours des trois premières années, et au-delà, 5 jours par an. L'employeur peut, sous certaines conditions, s'opposer au congé ;
- ***le congé pour catastrophe naturelle*** : tout salarié résidant ou habituellement employé dans une zone touchée par une catastrophe naturelle, peut bénéficier sans condition d'ancienneté d'un congé non rémunéré pour participer aux activités d'organismes apportant une aide aux victimes. La durée du congé est de 20 jours maximum. L'employeur peut, sous certaines conditions, s'opposer au congé ;
- ***le congé de solidarité internationale*** : tout salarié, ayant un an d'ancienneté, peut bénéficier d'un congé non rémunéré pour participer à une mission hors de France pour le compte d'une association à objet humanitaire ou pour le compte d'une organisation internationale de solidarité internationale. La durée du congé ou la durée cumulée de plusieurs congés de solidarité internationale ne peut excéder 6 mois. L'employeur peut, sous certaines conditions, différer ce congé ou s'y opposer ;
- ***le congé de formation économique, sociale et syndicale*** : tout salarié, peut bénéficier, sans condition d'ancienneté, d'un congé rémunéré pour participer à des stages ou sessions de formation économique, sociale ou syndicale. Ils sont organisés soit par des institutions spéciales, soit par des centres rattachés à des organisations syndicales de salariés représentatives au niveau national. La durée du congé est de 12 jours par an. Il est porté à 18 jours pour les animateurs des stages ou sessions et pour les responsables syndicaux. Le congé peut être fractionné (par demi-journée). L'employeur peut, sous certaines conditions, différer ce congé ou s'y opposer ;
- ***le congé de formation des cadres et animateurs pour la jeunesse*** : tout salarié de moins de 25 ans peut bénéficier, sans condition d'ancienneté, d'un congé non rémunéré pour participer à un stage de formation ou de perfectionnement de cadres ou animateurs pour la jeunesse. La durée du congé est de 6 jours par an. L'employeur peut, sous certaines conditions, différer ce congé ou s'y opposer.

***Les congés liés à la formation*** : le droit individuel à la formation, le congé individuel de formation, le congé de bilan de compétences, le congé pour validation des acquis de l'expérience, le congé de formation jeunes travailleurs, le congé examen, la période de professionnalisation, la période de mobilité volontaire sécurisée, le congé d'enseignement et de recherche, le congé pour participer aux instances de la formation continue... constituent les principaux congés liés à la formation (*cf.* chapitre 6).

## 3 Le compte épargne-temps (CET)

***Le compte épargne-temps (CET) permet au salarié d'accumuler des droits à congé rémunéré ou de bénéficier d'une rémunération, immédiate ou différée, en contrepartie des périodes de congé ou de repos non prises ou des sommes qu'il y a affectées.***

Le CET peut être institué par convention ou accord d'entreprise ou d'établissement ou, à défaut, par convention ou accord de branche.

La convention ou l'accord collectif détermine dans quelles conditions et limites le CET peut être alimenté en temps ou en argent à l'initiative du salarié ou, pour les heures accomplies au-delà de la durée collective, à l'initiative de l'employeur. Le congé annuel ne peut être affecté au CET que pour sa durée excédant 24 jours ouvrables.

Le CET peut être alimenté dans les conditions et limites définies par l'accord collectif :

→ ***à l'initiative du salarié par*** :

- tout ou partie des congés payés annuels excédant la durée de 24 jours ouvrables,
- les heures acquises au titre du repos compensateur de remplacement et de la contrepartie obligatoire en repos pour heures supplémentaires,
- les jours de repos et de congés accordés au titre d'un l'accord collectif concernant l'aménagement du temps de travail sous forme de journées ou demi-journées de repos. Les salariés soumis à une convention de forfait en heures ou en jours sur l'année peuvent affecter au CET les heures effectuées au-delà de la durée prévue par la convention de forfait ou les jours de repos accordés dans le cadre du forfait annuel en jours,
- tout ou partie des primes versées en application d'un accord d'intéressement,
- tout ou partie des sommes issues de la participation, d'un PEE, d'un PEI ou d'un PERCO à l'issue de leur période d'indisponibilité,
- les augmentations ou les compléments du salaire de base. Cela concerne aussi bien l'augmentation générale que l'augmentation individualisée accordées au salarié, ainsi que les primes conventionnelles dont il bénéficie (13$^{e}$ mois, prime de vacances, prime de bilan…).

  La convention ou l'accord collectif peut prévoir d'autres possiblités d'alimentation du CET par des éléments monétaires ;

→ ***à l'initiative de l'employeur par*** :

- les heures effectuées au-delà de la durée collective du travail, lorsque les caractéristiques des variations de l'activité le justifient,
- un abondement (complément versé par l'employeur).

L'accord collectif définit les modalités de gestion du CET et détermine les conditions d'utilisation, de liquidation et de transfert des droits d'un employeur à un autre.

Les conditions d'utilisation peuvent notamment prévoir que les droits affectés sur le CET sont utilisés à l'initiative du salarié pour :

- indemniser tout ou partie ;
  - d'un congé congé parental d'éducation, d'un congé pour création d'entreprise, d'un congé sabbatique ou d'un congé de solidarité internationale,
  - d'un temps partiel choisi ou d'un temps partiel au titre du congé parental d'éducation ou du congé de présence parentale pour enfant malade,
  - d'une période de formation en dehors du temps de travail effectuée notamment dans le cadre des actions de développement des compétences,
  - d'une cessation d'activité progressive ou totale ;
- compléter sa rémunération dans la limite des droits acquis dans l'année. La convention ou l'accord collectif peut déroger à cette limite et prévoir une durée de stockage plus longue ;
- alimenter un PEE, un PEI ou un PERCO, pour contribuer au financement de prestations de retraite supplémentaire à caractère collectif et obligatoire ou pour racheter des années d'études ou des années ayant donné lieu à un versement de cotisations insuffisant pour valider 4 trimestres d'assurance.

Nonobstant les stipulations de l'accord collectif, tout salarié peut, sur sa demande et en accord avec son employeur, utiliser les droits affectés sur le CET pour compléter sa rémunération.

L'utilisation sous forme de complément de rémunération des droits versés sur le CET au titre du congé annuel n'est autorisée que pour ceux de ces droits correspondant à des jours excédant la durée de 30 jours.

Le salarié peut décider à tout moment de liquider ses droits.

Les droits acquis dans le cadre du CET sont garantis dans la limite du montant maximum garanti par l'AGS (six fois le plafond mensuel retenu pour le calcul des contributions au régime d'assurance chômage). Un accord collectif peut prévoir un dispositif d'assurance ou de garantie permettant de dépasser ce plafond. À défaut d'accord collectif, le mécanisme de garantie financière est mis en place par l'employeur afin de sécuriser l'ensemble des droits dépassant le plafond le plus élevé garanti par l'AGS. Dans l'attente de la mise en place d'un dispositif de garantie, lorsque les droits acquis, convertis en unités monétaires, excèdent le plafond garanti, une indemnité correspondant à la conversion monétaire de l'ensemble des droits est versée au salarié.

À défaut de dispositions d'une convention ou d'un accord collectif de travail prévoyant les conditions de transfert des droits d'un employeur à un autre, le salarié :

- doit percevoir, en cas de rupture du contrat de travail, une indemnité correspondant à la conversion monétaire de l'ensemble des droits qu'il a acquis ;
- ou peut demander, en accord avec l'employeur, la consignation auprès d'un organisme tiers de l'ensemble des droits, convertis en unités monétaires, qu'il a acquis. Le déblocage des droits consignés se fait au profit du salarié bénéficiaire ou de ses ayants droit.

# Le salaire

Chapitre
**14**

## 1 Les éléments du salaire

***Le salaire est la rémunération que l'employeur verse au salarié en contrepartie du travail fourni***. Il est librement fixé lors de l'embauche sous réserve de respecter les dispositions légales ou conventionnelles. Il se compose d'un salaire de base auquel s'ajoutent éventuellement les heures supplémentaires et des accessoires du salaire.

***Le salaire de base*** représente la partie fixe de la rémunération du salarié. Il est calculé de différentes manières :

- ***le salaire au temps*** : il est le mode de rémunération le plus utilisé. Le salarié est rémunéré par référence à un temps de base (l'heure, la journée, la semaine ou le mois) pendant lequel il se tient à la disposition de l'employeur. On distingue :
  - *le salaire horaire* : le salaire correspond à la durée réelle du temps de travail effectif (salariés non mensualisés),
  - *le salaire mensuel* : le salaire est en partie forfaitaire, indépendant de la durée effective du temps de travail (salariés mensuels et mensualisés) ;
- ***le salaire au rendement*** : le salarié est rémunéré en fonction des quantités produites. Il existe différentes techniques pour calculer le rendement du salarié :
  - la quantité produite (le salaire aux pièces ou à la tâche),
  - l'économie de temps réalisé,
  - les efforts déployés par le salarié ;
- ***le salaire au pourcentage*** : le salarié est rémunéré en fonction du pourcentage calculé sur le chiffre d'affaires qu'il réalise. Ce mode de calcul peut concerner :
  - soit la totalité de la rémunération du salarié,
  - soit un complément – la commission – qui s'ajoute à un fixe.

  Ce type de rémunération concerne surtout les VRP ;
- ***le salaire au pourboire*** : le salarié est rémunéré, en partie ou en totalité, par les pourboires versés par la clientèle (le service porté). Ce type de rémunération est particulier à certaines professions où le salarié est en contact direct avec la clientèle.

***Les accessoires du salaire*** s'ajoutent au salaire de base. Ils sont de natures diverses :

- ***les avantages en nature*** : ils correspondent à la fourniture ou à la mise à disposition d'un bien ou d'un service, permettant au salarié de faire l'économie des frais qu'il aurait dû normalement supporter. Ils font partie intégrante du salaire et sont, en principe, évalués selon leur coût réel. Des évaluations règlementaires existent pour l'avantage en nature de repas ou de logement, pour l'avantage en nature lié à l'utilisation privée du véhicule mis à disposition permanente du salarié par l'employeur… ;
- ***les primes*** : elles constituent un complément du salaire. Elles tiennent compte des conditions dans lesquelles le salarié exécute son travail :
  - *primes liées aux qualités propres du salarié* : prime d'ancienneté, de rendement…,
  - *primes liées à la nature et aux conditions de travail* : prime de sujétion (primes de danger, de froid, d'insalubrité, de salissure, de nuit, de dimanche…) ;
- ***les indemnités*** : elles ne constituent pas un complément de salaire. Elles correspondent au remboursement, par l'employeur, de frais engagés par le salarié dans le cadre de son travail : prime de panier, prime de transport (pour la région parisienne)… ;
- ***les gratifications*** sont :
  - soit *facultatives et individualisées* lorsqu'elles constituent un acte de libéralité de l'employeur. Elles ne constituent pas un complément de salaire : gratification à l'occasion du mariage du salarié, pour la naissance d'un enfant…,
  - soit *obligatoires* lorsqu'elles sont prévues dans les conventions ou accords d'entreprises ou résultent d'un usage constant dans l'entreprise. Elles constituent un complément de salaire : 13$^{e}$ mois, prime de vacances, prime de bilan…

## 2 La fixation du salaire

Le salaire est fixé ***librement*** lors de la conclusion du contrat de travail entre le salarié et l'employeur.

L'employeur doit cependant respecter :

- le salaire minimum professionnel et les coefficients hiérarchiques en fonction des qualifications fixées par les conventions et accords collectifs ;
- l'égalité de rémunération entre les femmes et les hommes pour un même travail ou un travail de valeur égale.

Les limites à la fixation des salaires sont des limites minimum. L'employeur peut les dépasser lors de la conclusion du contrat de travail avec le salarié.

### A – Le salaire minimum interprofessionnel de croissance (SMIC)

***Aucun salarié, âgé de plus de 18 ans, ne peut toucher un salaire inférieur au salaire minimum interprofessionnel de croissance (SMIC)***, sauf pour les apprentis, les salariés en formation alternée, les salariés en réinsertion, les jeunes travailleurs (*cf.* chapitres 4 et 16).

Le SMIC assure aux salariés dont les rémunérations sont les plus faibles :

- ***le maintien de leur pouvoir d'achat*** : le SMIC est indexé sur l'évolution de l'indice national des prix à la consommation de l'INSEE. Si en cours d'année l'indice enregistre ***une hausse de 2 %***, le SMIC est revalorisé d'autant à compter du premier jour du mois suivant ;
- ***une participation au développement économique de la nation*** : elle est assurée, indépendamment de l'indice des prix, par la fixation du SMIC, chaque année avec effet ***au 1er janvier***. En aucun cas, l'accroissement annuel du pouvoir d'achat du SMIC ne peut être inférieur à la moitié de l'augmentation du pouvoir d'achat des salaires horaires moyens enregistrés au cours de l'année.

Le taux horaire du SMIC est fixé par voie réglementaire à l'issue de la procédure suivante :

– un groupe d'experts indépendants se prononce chaque année sur l'évolution du SMIC. Le rapport qu'il établit à cette occasion est adressé à la Commission nationale de la négociation collective et au gouvernement. Il est rendu public ;

– la Commission nationale de la négociation collective donne un avis motivé au ministre chargé du Travail sur la fixation du SMIC.

Pour déterminer si la rémunération du salarié atteint ou non le SMIC, on prend en compte toutes les sommes qu'il perçoit en contrepartie ou à l'occasion du travail, à l'exclusion des remboursements de frais, des majorations pour heures supplémentaires, des libéralités et des primes qui ne rémunèrent pas directement le travail effectué mais d'autres éléments (prime d'ancienneté, de pénibilité...).

***Le SMIC est revalorisé le 1er janvier de chaque année***. En cours d'année, le SMIC peut être revalorisé par voie réglementaire.

Le taux horaire du SMIC est fixé au 1er janvier 2015 à 9,61 € soit 1 457,52 € par mois sur la base de la durée légale du travail de 35 heures (base 151,67 heures).

**À NOTER** • Parallèlement au SMIC, il subsiste un ***minimum garanti*** utilisé pour le calcul de diverses allocations, indemnités ou plafond de ressources. Il varie uniquement en fonction de l'indice des prix. Son montant est de 3,52 € depuis le 1er janvier 2015.

## *B – Le salaire minimum conventionnel*

L'employeur qui est soumis à une convention collective, doit respecter les dispositions concernant la détermination des classifications professionnelles et des niveaux de qualification ainsi que les minima conventionnels. Il doit donc appliquer au salarié le salaire minimum conventionnel correspondant à sa position dans la classification. Les limites à la fixation des salaires sont des limites minimum. L'employeur peut les dépasser lors de la conclusion du contrat de travail avec le salarié.

Si le salaire minimum conventionnel est inférieur au SMIC, l'employeur doit verser un complément de rémunération pour porter le salaire au niveau du SMIC. Les branches professionnelles qui auraient des minima salariaux en dessous du SMIC voient les allégements de charges sociales diminués à proportion de l'écart entre le SMIC et les minima salariaux de la branche.

## C – La mensualisation

La rémunération des salariés est mensuelle et indépendante, pour un horaire de travail effectif déterminé, du nombre de jours travaillés dans le mois. Le paiement mensuel neutralise les conséquences de la répartition inégale des jours entre les 12 mois de l'année. Pour un horaire équivalent à la durée légale hebdomadaire, la rémunération mensuelle due au salarié se calcule en multipliant la rémunération horaire par les 52/12$^{e}$ de la durée légale hebdomadaire.

La mensualisation est obligatoire pour l'ensemble des salariés, sauf pour les travailleurs à domicile, les travailleurs saisonniers, les travailleurs intermittents et les travailleurs temporaires.

## D – La négociation annuelle obligatoire (NAO)

Dans toute entreprise où existe une ou plusieurs sections syndicales avec nomination de délégués syndicaux, l'employeur est tenu d'engager chaque année une négociation qui porte notamment sur les salaires effectifs, la durée effective et l'organisation du temps de travail (*cf.* chapitre 3).

L'entreprise qui ne remplit pas son obligation d'ouvrir la négociation annuelle sur les salaires se voit supprimer 10 % des allégements de charges sociales.

# 3 Le paiement du salaire

***La périodicité du paiement*** varie selon les salariés :

- ***au moins 1 fois par mois pour les salariés mensuels ou mensualisés*** ;
- ***au moins 2 fois par mois, à 16 jours au plus d'intervalle, pour les salariés non mensualisés*** ;
- ***au moins tous les 3 mois pour les commissions des VRP***.

La périodicité doit être respectée et ce quelle que soit la date d'échéance du salaire.

Le salaire est versé un jour ouvrable, sur le lieu de travail et pendant les heures de travail, sauf en cas de paiement réalisé par virement. Il est payé en espèces ou par chèque barré ou par virement à un compte bancaire ou postal. Si son montant est égal ou supérieur à 1 500 €, il est obligatoirement payé par chèque barré ou par virement.

***Un bulletin de paie est remis obligatoirement au salarié à l'occasion de chaque paie***. Il doit être lisible et compréhensible. Il n'est soumis à aucune condition de forme mais doit comporter toutes les mentions obligatoires prescrites par la loi (voir p. 160 et 161). Dans le cas où le bulletin de paie fait l'objet d'une codification résultant d'une informatisation de sa rédaction, une fiche explicative doit être remise au salarié pour lui permettre d'identifier les rubriques codifiées.

Avec l'accord du salarié concerné, la remise du bulletin de paie peut être effectuée sous forme électronique, dans des conditions de nature à garantir l'intégrité des données.

L'employeur conserve un double des bulletins de paie des salariés ou les bulletins de paie remis aux salariés sous forme électronique pendant 5 ans.

Le salarié dispose d'un délai de 3 ans pour réclamer le paiement des sommes qui lui sont dues.

Le bulletin de salaire peut faire l'objet d'une rédaction simplifiée concernant :

- ***les cotisations salariales*** : elles peuvent être regroupées dès lors qu'elles s'appliquent à la même assiette et qu'elles sont versées au même organisme collecteur. Dans ce cas, le bulletin de paie doit être présenté avec des titres précisant l'objet de ces prélèvements. Le taux, le montant et la composition de chacun de ces prélèvements sont communiqués au salarié au moins une fois par an ou lorsque prend fin le contrat de travail, soit sur le bulletin de salaire, soit sur un document annexe ;
- ***les cotisations patronales*** : la nature, le montant et le taux des cotisations patronales assises sur la rémunération brute doivent être indiqués soit sur le bulletin de paie, soit sur un récapitulatif annuel. Si elles figurent sur le bulletin de paie, elles peuvent être regroupées dans les mêmes conditions que les cotisations salariales.

Certaines mentions sont interdites sur le bulletin de paie :

- ***pas de mention relative à l'exercice du droit de grève*** : les retenues pour heures de grève doivent apparaître en utilisant une expression neutre telle que « *absence non rémunérée* » ;
- ***pas de mention relative à l'activité de représentation des salariés*** : les heures de délégation ne doivent pas être distinguées des autres heures de travail effectif. Si elles sont prises en dehors de l'horaire de travail, elles doivent apparaître sous une expression neutre telle que : « *autres heures* ».

***Le titre emploi-service entreprise (TESE)*** : toute entreprise, dont l'effectif n'excède pas 9 salariés, peut adhérer à un service d'aide à l'accomplissement de ses obligations en matière sociale dénommé service titre emploi-service entreprise (TESE). L'organisme habilité délivre à l'employeur, pour remise au salarié, une attestation mensuelle d'emploi qui se substitue à la remise du bulletin de paie.

**La simplification du bulletin de paie**

Deux étapes sont prévues pour améliorer la lisibilité du bulletin de paie et réduire le nombre de lignes qu'il contient, notamment celles relatives aux cotisations et contributions sociales :

- ***première étape*** : depuis le 1er janvier 2015, les entreprises volontaires peuvent tester un modèle de bulletin de paie simplifié. Cette nouvelle fiche de paie se caractérise par l'allègement des mentions associées aux prélèvements des employeurs permettant ainsi de reduire de façon significative le nombre de lignes du bulletin de salaire, sans nuire à l'information des salariés ;
- ***deuxième étape*** : au cours de l'année 2015, la simplification et la normalisation des autres parties du bulletin de paie, notamment les mentions relatives aux prélèvements salariaux, aux organismes collecteurs, au décompte des congés et au droit à formation feront l'objet d'un second train de simplifications pour en améliorer la lisibilité. L'objectif du Gouvernement est un déploiement, au 1er janvier 2016, du bulletin de paie allégé dans toutes les entreprises.

## Bulletin de paie

**SOCIÉTÉ ORDI-SERVICE**
45 rue du Domaine du Choisy
92 100 Boulogne
Tel : 01 48 45 45 45 (1)
Fax : 01 48 46 46 46

APE : 9228 (2)
SIRET : 43023563000018
URSSAF : 850751121185 U (4)

(3)
Convention collective nationale des métiers de l'électronique

(6) Emploi : réparateur
Qualification : OHQ 231 (7)
Service : maintenance

(8) Période du : 01/09/2015 au 30/09/2015
Paiement par virement le : 29/09/2015 (16)

**ANDRÉ DUPRÉ**
25 rue du chant de l'alouette
75013 PARIS (5)

Sécurité sociale n° : 1 55 11 75 111 302 65

| Intitulé | Base | Taux | Montant | Charges employeur | |
|---|---|---|---|---|---|
| | | | | Taux | Montant |
| Salaire mensuel (9) | 151,67 | 17,50 | 2 654,23 | | |
| Heures supplémentaires à 25 % | | | | | |
| Heures supplémentaires à 50 % | | | | | |
| Prime ........ (11) ........ | | | | | |
| Congés payés du ......au ...... (17) | | | | | |
| **Salaire brut** (10) | | | **2 654,23** | | |
| C.S.G. (non déductible) | 2011,71 | 2,40 | 62,59 | | |
| C.S.G. (déductible) | 2011,71 | 5,10 | 133,00 | | |
| C.R.D.S.(non déductible) | 2011,71 | 0,50 | 13,04 | | |
| Assurance maladie + contribution solidarité | 2047,55 | 0,75 | 19,91 | 13,10 | 347,70 |
| Assurance vieillesse | 2047,55 | 7,05 | 189,78 | 10,20 | 273,39 |
| Allocations familiales (18) | 2047,55 | | | 5,25 | 139,35 |
| Accidents du travail | 2047,55 | | | 2,00 | 53,08 |
| Chômage (T.A) | 2047,55 | 2,40 | 63,70 | 4,00 | 106,17 |
| Fonds de garantie des salaires | 2047,55 | | | 0,30 | (19) 10,62 |
| Retraite complémentaire (ARRCO) | 2047,55 | 3,05 | 82,28 | 4,58 | 123,42 |
| AGFF | 2047,55 | 0,80 | 21,23 | 1,20 | 31,85 |
| Mutuelle | 68,00 | 0,70 | 47,60 | 0,30 | 20,40 |
| Formation continue | 2047,55 | | | 1,60 | 42,47 |
| Taxe sur les transports RIDF | 2047,55 | | | 1,70 | 45,12 |
| Fonds national d'aide au logement | 2047,55 | | | 0,50 | 13,27 |
| **Salaire net imposable** (14) | | | **2 117,13** | | |
| Indemnité transport (13) | | | 40,75 | | |
| Chèques restaurant (12) | 135,00 | 0,40 | 54,00 | 0,60 | 81,00 |
| **Net à payer** (15) | | | **2 007,85** | Total charges | 1 287,84 |

**Cumul de l'année**

Brut : 24 427,95 €
Plafond SS : 28 530,00 €
Net imposable : 20 963,26 €

**Congés payés**
Droits acquis : 10,0 jours
Solde : 5,0 jours

(20) **Dans votre intérêt et pour faire valoir vos droits, conservez ce bulletin de paie sans limitation de durée.**

## Les mentions obligatoires sur le bulletin de paie

*L'employeur*

1 Le nom et l'adresse de l'employeur et le cas échéant la désignation de l'établissement dont dépend le salarié.

2 Le code de l'activité principale : APE/ NAF (numéro de la nomenclature des activités économiques attribué par l'INSEE à l'entreprise).

3 L'intitulé de la convention collective de branche applicable au salarié.

4 La référence de l'organisme auquel l'employeur verse les cotisations de Sécurité sociale et le numéro sous lequel ses cotisations sont versées.

*Le salarié*

5 Le nom et prénom du salarié.

6 L'emploi du salarié.

7 La position du salarié dans la classification conventionnelle qui est applicable : position, niveau, groupe, catégorie, coefficient.

*La durée du travail*

8 La période de travail.

9 Le nombre d'heures de travail en distinguant les heures payées au taux normal et celles majorées pour heures supplémentaires (25 % ou 50 %) ou pour autres causes en mentionnant les taux appliqués correspondants.
Pour les salariés rémunérés selon un forfait hebdomadaire, mensuel ou annuel en heures ou en jours, la nature et le volume du forfait auquel se rapporte le salaire. Exemple : forfait mensuel pour 40 heures hebdomadaires (base = 174 h).

*La rémunération*

10 Le montant de la rémunération brute du salaire.

11 La nature et le montant des accessoires du salaire soumis aux cotisations salariales et patronales.

12 La nature et le montant des déductions autres que les cotisations salariales éventuellement effectuées sur la rémunération.

13 La nature et le montant des sommes s'ajoutant à la rémunération et non soumises aux cotisations (frais de transport, indemnité de panier, de repas...).

14 Le salaire net imposable :
(salaire brut – Cotisations salariales) + CSG non déductible + CRDS.+.Contribution patronale de prévoyance complémentaire.

15 Le montant de la somme effectivement perçue par le salarié.

16 La date de paiement du salaire.

17 Les dates de congé et le montant de l'indemnité correspondante lorsqu'une période de congé annuel est comprise dans la période de paie considérée.

*Les cotisations*

18 La nature et le montant des cotisations salariales retenues, en application de dispositions législatives, réglementaires ou conventionnelles, sur la rémunération brute (*cf.* plafond de la Sécurité sociale, chapitre 22).

19 La nature et le montant des cotisations patronales, en application de dispositions législatives, réglementaires ou conventionnelles, assises sur la rémunération brute peuvent être indiqués au salarié soit sur son bulletin de paie, soit sur un récapitulatif annuel.

*La conservation du bulletin de paie*

20 Une mention incitant le salarié à conserver son bulletin de paie sans limitation de durée.

## 4 La protection des salaires

***La protection contre les créanciers de l'employeur*** :

- ***le privilège général*** : il concerne le paiement des 6 derniers mois de travail, les indemnités de congés payés et les indemnités de licenciement et de préavis. Le salarié n'arrive qu'au 5e rang après les impôts, les frais de justice... rendant cette protection inopérante ;
- ***le superprivilège*** : il garantit au salarié, en cas de règlement judiciaire ou de liquidation des biens, le paiement des 60 derniers jours de travail et des indemnités de congés payés dans la limite d'un plafond mensuel égal au double du plafond mensuel de la Sécurité sociale ;
- ***le fonds de garantie des salaires*** : tout employeur doit assurer ses salariés en vue de garantir le paiement des salaires en cas de redressement ou de liquidation judiciaires. Ce fonds de garantie est géré par l'AGS (Association pour la gestion du régime d'assurance des créances des salariés). Il est financé par une cotisation versée par l'employeur correspondant à 0,30 % du montant des salaires versés dans la limite de 4 fois le plafond de la Sécurité sociale.

***La protection contre les créanciers du salarié*** : un créancier peut engager une procédure devant le juge d'instance pour obtenir une ordonnance de saisie-arrêt sur les salaires. Elle est transmise à l'employeur du salarié qui doit prélever directement sur le salaire le montant de la saisie et l'adresser au greffe du tribunal. Le Trésor public peut directement exiger de l'employeur une retenue sur salaire dans la limite des sommes saisissables.

Le salaire ayant avant tout un caractère alimentaire, il ne peut être saisi en totalité. Un barème détermine la fraction mensuelle saisissable du salaire :

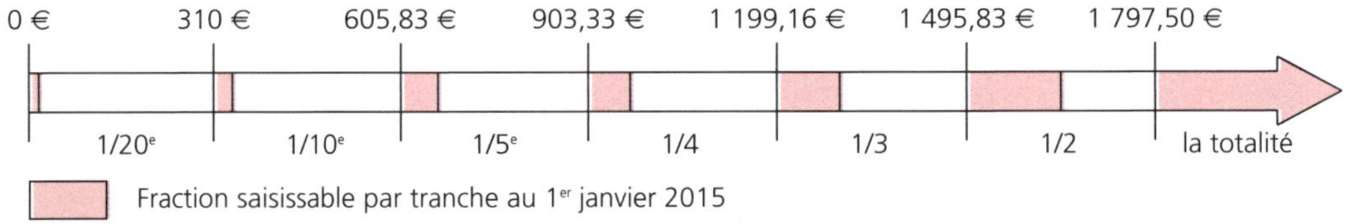


Les tranches sont majorées de 117,50 € par personne à charge, sur justificatif présenté par l'intéressé.

Dans tous les cas, il est laissé au salarié une somme égale au montant forfaitaire du RSA (sans majoration pour personne à charge).

**À NOTER** • Les indemnités de licenciement sont totalement saisissables • Les prestations familiales et les rentes d'accidents du travail sont insaisissables. • En cas d'absence non rémunérée, le salaire doit être calculé en multipliant le salaire horaire par le nombre d'heures de travail réellement effectuées. • Il ne faut pas confondre acompte et avance sur salaire :

- *un acompte* constitue un paiement partiel et anticipé du salaire. Il est déductible en totalité et de plein droit sur la paie à venir ;
- *une avance* constitue un prêt de l'employeur à son salarié. Le remboursement s'effectue par une retenue sur salaire qui ne peut excéder 1/10e du montant du salaire.

# *La participation, l'intéressement et l'épargne salariale*

Chapitre **15**

## 1 Les dispositions communes à l'épargne salariale

### *A – Le Conseil d'orientation de la participation, de l'intéressement, de l'épargne salariale et de l'actionnariat salarié*

Le Conseil d'orientation de la participation, de l'intéressement, de l'épargne salariale et de l'actionnariat salarié a pour missions :

- de promouvoir auprès des entreprises et des salariés les dispositifs de participation, d'intéressement, d'épargne salariale et d'actionnariat salarié ;
- d'évaluer ces dispositifs et de formuler toute proposition susceptible de favoriser leur diffusion.

Il peut en outre être saisi par le gouvernement et par les commissions compétentes de chaque assemblée de toute question entrant dans son champ de compétences.

### *B – La négociation collective sur l'épargne salariale*

L'épargne salariale doit faire l'objet d'une négociation collective entre les partenaires sociaux :

→ ***au niveau des branches professionnelles*** :

- les conventions collectives nationales de branche, pour être étendues, doivent comporter les modalités de mise en œuvre des dispositifs de participation aux résultats, d'intéressement des salariés et des plans d'épargne d'entreprise,
- les organisations liées par une convention de branche ou, à défaut, par des accords professionnels, se réunissent tous les 5 ans sur l'épargne salariale ;

→ ***au niveau de l'entreprise*** à l'occasion de la NAO (*cf*. chapitre 3).

### *C – Les salariés bénéficiaires*

Tous les salariés d'une entreprise ou d'un groupe compris dans le champ des accords de participation, d'intéressement ou des plans d'épargne doivent pouvoir bénéficier de leurs dispositions. Toutefois, une condition d'ancienneté dans l'entreprise ou dans le groupe peut être exigée. Elle ne peut excéder 3 mois.

### D – L'information des salariés et des représentants du personnel

Tout salarié d'une entreprise proposant un dispositif d'épargne salariale reçoit, lors de la conclusion de son contrat de travail, un livret d'épargne salariale présentant l'ensemble de ces dispositifs. Il reçoit en quittant son entreprise un livret d'épargne salariale contenant un état récapitulatif de l'ensemble des sommes et valeurs mobilières épargnées ou transférées au sein de l'entreprise dans le cadre de la participation, de l'intéressement ou d'un plan d'épargne d'entreprise.

L'accord de participation, d'intéressement ou d'épargne salariale prévoit le système d'information du personnel ainsi que les conditions d'information du CE, ou de la commission spécialisée créée par lui ou, à défaut, des DP, sur les conditions l'application de l'accord, notamment par la création d'un comité de suivi.

## 2 La participation

La participation a pour objectif d'***associer les salariés aux fruits de l'expansion de l'entreprise***.

La participation est ***obligatoire dans toute entreprise d'au moins 50 salariés*** quelles que soient la nature de son activité et sa forme juridique. Une entreprise de moins de 50 salariés peut s'y soumettre volontairement. Dans ce cas, l'employeur peut lui-même bénéficier de ce régime.

L'entreprise assujettie doit constituer chaque année une réserve spéciale de participation (RSP), prélevée sur ses bénéfices. Le montant en est déterminé par la formule :

$$RSP = \frac{1}{2}\left(B - \frac{5C}{100}\right) \times \left(\frac{S}{VA}\right)$$

**RSP** : réserve spéciale de participation.
**B** : bénéfice net de l'entreprise.
**C** : capitaux propres.
**S** : montant des salaires bruts.
**VA** : valeur ajoutée.

L'accord collectif peut, sous certaines conditions, déroger à la formule légale.

L'employeur peut décider de verser un supplément de RSP, dans le respect des plafonds et selon les modalités de répartition prévues par l'accord de participation ou, le cas échéant, par un accord spécifique conclu selon les mêmes modalités que pour l'accord de participation.

L'accord de participation – portant sur le mode de calcul de la réserve, sa répartition et son utilisation – est conclu :

- soit dans le cadre d'accords collectifs au niveau professionnel ou interprofessionnel ;
- soit entre l'employeur et les représentants des organisations syndicales représentatives ;
- soit, à défaut de délégué syndical, avec le CE ou (les DP) ou, à défaut, avec un ou plusieurs salariés mandatés par une ou plusieurs organisations syndicales représentatives (*cf.* chapitre 3) ;
- soit au sein du CE ;
- soit par consultation du personnel dans les entreprises de moins de 50 salariés. Une majorité des 2/3 du personnel est nécessaire pour que l'accord soit applicable.

L'accord de participation est conclu pour une durée déterminée ou sans limitation de durée. Il fait l'objet d'un dépôt auprès de l'UT DIRECCTE du lieu où il a été conclu.

***La répartition de la RSP entre les bénéficiaires*** s'effectue selon un des critères suivants :

- ***proportionnellement aux salaires*** : les salaires sont pris en compte dans la limite d'une somme fixée par l'accord, qui doit être identique pour tous les salariés bénéficiaires et ne peut en tout état de cause excéder 4 fois le plafond de la Sécurité sociale. L'accord peut prévoir un salaire-plancher, dans ce cas la répartition est calculée :
  - soit en fonction du salaire-plancher pour les salariés ayant un salaire inférieur à celui-ci,
  - soit en fonction du salaire pour les salariés ayant un salaire supérieur à ce celui-ci ;
- ***proportionnellement à la durée de présence du salarié au cours de l'exercice concerné*** (les absences assimilées à une période de travail effectif sont prises en compte) ;
- ***uniformément entre les salariés de l'entreprise*** ;
- ***combiner les différents critères énoncés***.

Un même salarié ne peut se voir attribuer une somme égale ou supérieure à 3/4 du plafond annuel de la Sécurité sociale.

Les sommes attribuées à la réserve spéciale de participation peuvent être affectées :

- soit sur un compte courant bloqué destiné à financer des investissements au sein de l'entreprise (le salarié a un droit de créance sur l'entreprise égal au montant des sommes versées) ;
- soit sur un compte ouvert au nom du salarié en application d'un plan d'épargne salariale (PEE, PEI, PERCO). Si l'entreprise a un PERCO, la moitié de la RSP doit lui être affectée sauf si le salarié en décide autrement.

Les sommes versées au titre de la participation sont :

- ***soit indisponibles pendant 5 ans*** : le salarié peut obtenir un déblocage anticipé dans certains cas : mariage ou PACS, naissance (ou adoption) d'un 3$^{e}$ enfant puis de chaque enfant suivant, divorce (si l'intéressé a la garde d'un enfant), invalidité ou décès du bénéficiaire ou de son conjoint, cessation du contrat de travail, acquisition de la résidence principale, surendettement du salarié, création ou reprise d'une entreprise... Dans ce cas, les sommes perçues sont exonérées de l'impôt sur le revenu et de toutes charges sociales, à l'exception de la CSG et de la CRDS ;
- ***soit, en tout ou partie, versées immédiatement au salarié qui en fait la demande*** : dans ce cas, les sommes perçues sont soumises à l'impôt sur le revenu mais exonérées de toutes charges sociales, à l'exception de la CSG et de la CRDS.

En cas de rupture du contrat de travail, le salarié peut, au lieu de débloquer ses droits, demander que les sommes acquises soient affectées dans le PEE de son nouvel employeur.

Chaque bénéficiaire reçoit une information annuelle lui indiquant le montant de la réserve de participation, le montant de ses droits, l'utilisation qui est faite du montant de sa participation et la période d'indisponibilité.

L'employeur présente un rapport au CE dans les 6 mois qui suivent la clôture de chaque exercice.

**À NOTER** • En l'absence d'accord de participation, un régime subsidiaire est appliqué. Les sommes sont alors versées sur des comptes ouverts au nom des intéressés en application d'un plan d'épargne d'entreprise (PEE). La période d'indisponibilité est de 8 ans.

## 3 L'intéressement

L'intéressement a pour objectif ***d'associer, financièrement et collectivement, les salariés aux résultats de l'entreprise***. ***L'accord d'intéressement n'a aucun caractère obligatoire***.

Un accord d'intéressement peut être conclu dans toute entreprise ou établissement quelles que soient la nature de son activité, son effectif et sa forme juridique dès lors que les obligations incombant à l'employeur en matière de représentation du personnel sont satisfaites.

L'accord d'intéressement peut prévoir un intéressement aux résultats de l'entreprise, un intéressement à l'accroissement de la productivité ou tout autre mode de rémunération collective permettant de réaliser l'intéressement des salariés en entreprise.

L'accord d'intéressement est conclu selon les mêmes modalités que pour l'accord de participation. Il est conclu pour une durée qui ne peut excéder 3 ans.

La répartition de l'intéressement entre les salariés s'effectue selon un des critères suivants :

- uniformément ;
- en fonction du salaire : un salaire plafond peut être institué ;
- en fonction de la durée de présence dans l'entreprise au cours de l'exercice ;
- en fonction de l'utilisation conjointe de ces différents critères.

Le montant de l'intéressement ne peut dépasser :

– un plafond global égal à 20 % de la masse salariale brute ;

– un plafond individuel égal à la moitié du plafond annuel de la Sécurité sociale.

Le conseil d'administration ou le directoire de l'entreprise, ou en leur absence, l'employeur peut décider de verser un supplément d'intéressement au titre de l'exercice clos. Ce supplément d'intéressement est affecté à la réalisation d'un PEE. Il est soumis au plafond global de 20 % de la masse salariale et réparti selon les modalités prévues par l'accord d'intéressement.

Les sommes versées au titre de l'intéressement – n'ayant pas le caractère d'élément de salaire – ne sont pas soumises à cotisations, à l'exception de la CSG et de la CRDS.

Elles sont soumises à l'impôt sur le revenu, sauf si le salarié décide d'affecter au PEE le produit de l'intéressement (dans la limite d'un montant égal à 50 % du plafond de la Sécurité sociale).

## 4 Le plan d'épargne d'entreprise (PEE)

Le plan d'épargne d'entreprise (PEE) est ***un système d'épargne collective ouvrant aux salariés d'une entreprise la faculté de participer, avec l'aide de celle-ci, à la constitution d'un portefeuille de valeurs mobilières***.

Un PEE peut être institué dans toute entreprise quelles que soient la nature de son activité, son effectif et sa forme juridique par décision unilatérale de l'employeur ou par accord conclu avec le personnel selon les mêmes modalités que pour l'accord de participation.

Les salariés bénéficiaires sont ceux qui souhaitent adhérer au PEE.

Le PEE est alimenté par :

- ***les versements des salariés et éventuellement de l'entreprise*** :
  - le montant des versements annuels du salarié ne peut excéder le 1/4 de sa rémunération annuelle,
  - le montant des versements de l'entreprise ne peut excéder 8 % du plafond annuel de la Sécurité sociale par an et par salarié. L'abondement ne peut être supérieur au triple du montant de la contribution du salarié. Si le PEE est mis en œuvre pour faciliter l'actionnariat en titres de l'entreprise ou d'une des sociétés appartenant au même groupe, le montant de l'abondement de l'entreprise peut être majoré de 80 % ;
- ***les sommes attribuées*** aux salariés ***au titre de la participation et de l'intéressement***. Le versement des sommes issues de l'intéressement n'est pas obligatoire ;
- ***le montant des droits inscrits à un CET*** : le montant de ces droits ainsi que le montant des sommes correspondant à des jours de repos non pris utilisés pour alimenter le PEE ne sont pas pris en compte pour l'appréciation du plafond des versements annuels d'un salarié à condition qu'ils servent à l'acquisition de titres de l'entreprise, ou d'une entreprise qui lui est liée, ou de parts ou d'actions d'organismes de placement collectif de valeurs mobilières.

Le portefeuille de valeurs mobilières est constitué d'actions de SICAV, de fonds communs de placement ou d'actions émises par les sociétés créées par les salariés pour le rachat de l'entreprise.

Les sommes versées sur le PEE sont indisponibles pendant 5 ans. Elles peuvent être débloquées dans les mêmes conditions qu'en matière de participation.

Elles ne sont pas exonérées de l'impôt sur le revenu, sauf si elles proviennent de la participation, de l'intéressement ou des abondements de l'entreprise. Par contre, les revenus provenant de ces sommes sont exonérés de l'impôt sur le revenu, à l'exception de la CSG et de la CRDS, lorsqu'ils sont réemployés dans le PEE avec la même indisponibilité.

## 5 Le plan d'épargne interentreprises (PEI)

Le plan d'épargne interentreprises (PEI) est ***un système d'épargne collective ouvrant aux salariés des petites et moyennes entreprises la faculté d'accéder aux dispositifs d'épargne salariale en mutualisant les coûts de mise en place et de fonctionnement du plan d'épargne***.

Un PEI peut être institué :

- par accord collectif concernant un secteur géographique, une branche professionnelle ou plusieurs entreprises nommément désignées ;

– par accord entre plusieurs employeurs pris individuellement ; l'accord doit être approuvé soit par le CE, soit par le personnel à la majorité des 2/3 du personnel de chaque entreprise concernée.

Les bénéficiaires du PEI sont les mêmes que pour le PEE.

L'alimentation du PEI, l'affectation des sommes versées, leur indisponibilté et leur régime fiscal sont identiques à ceux du PEE.

## 6 Le plan d'épargne pour la retraite collectif (PERCO)

Le plan d'épargne pour la retraite collectif (PERCO) est ***un système d'épargne collective ouvrant aux salariés la faculté de constituer, avec l'aide de leur entreprise, une épargne en vue de leur retraite***.

L'entreprise qui a mis en place un PEE depuis plus de 5 ans est tenue d'ouvrir une négociation en vue de la mise en place d'un PERCO. Il peut être institué au niveau d'une entreprise ou au niveau d'un groupe constitué par des entreprises juridiquement indépendantes mais ayant établi entre elles des liens financiers et économiques.

La mise en place du PERCO répond aux mêmes conditions que pour le PEE. Il ne peut être mis en place que si les participants disposent déjà d'un PEE ou d'un PEI et qu'ils ont la possibilité d'opter pour un de ces plans de durée plus courte. Il peut prévoir l'adhésion par défaut des salariés de l'entreprise, sauf avis contraire de ces derniers. Le PERCO peut être combiné avec un PEI.

Les bénéficiaires sont les mêmes que pour le PEE.

Le PERCO est alimenté :

- ***par les versements volontaires du salarié*** : ils peuvent provenir de l'intéressement, de la participation, ainsi que de versements volontaires, dans la limite du 1/4 de sa rémunération annuelle. Le salarié peut aussi y transférer les sommes provenant d'un PEE ou d'un PEI, avant l'expiration du délai d'indisponibilité de 5 ans.

  Le montant des droits inscrits à un CET utilisés pour alimenter un PERCO n'est pas pris en compte pour l'appréciation du plafond des versements annuels d'un salarié ;
- ***par les versements éventuels de l'entreprise*** : le montant de l'abondement de ne peut excéder 16 % du plafond annuel de la Sécurité sociale par an et par salarié ou le triple du montant de la contribution du salarié. Ce montant est majoré de 50 % lorsque le plan est investi en actions de l'entreprise ou d'une société du même groupe.

Les sommes versées peuvent être utilisés dans les mêmes conditions que pour un PEE. Le PERCO peut prévoir qu'une partie des sommes versées est investie dans les entreprises solidaires.

Les sommes versées sont bloquées jusqu'au départ en retraite de l'intéressé.

La sortie du PERCO s'effectue sous forme de rente viagère, sauf si l'accord collectif prévoit une sortie en capital. L'accord peut aussi prévoir le panachage entre ces 2 modes de sortie.

Le régime fiscal des sommes affectées au PERCO est identique à celui prévu pour le PPE.

# 7 L'actionnariat salarié

***L'actionnariat des salariés se caractérise par la détention par les salariés d'actions de leur entreprise***. Les dispositions législatives concernant l'actionnariat salarié visent :

– à renforcer la représentation des salariés dans les organes dirigeants des sociétés anonymes ;

– à favoriser le développement de l'actionnariat salarié par l'intermédiaire des différents PEE.

## A – Le développement de l'actionnariat salarié

Lors de toute augmentation du capital, le conseil d'administration doit soumettre à l'assemblée générale extraordinaire un projet de résolution tendant à réaliser une augmentation de capital réservée aux salariés adhérents d'un PEE. Elle peut aussi prévoir l'attribution gratuite d'actions ou d'autres titres donnant accès au capital.

Si les actions détenues par les salariés d'une société représentent moins de 3 % du capital, le conseil d'administration doit convoquer une assemblée générale extraordinaire tous les 3 ans pour qu'elle se prononce sur un projet de résolution tendant à réaliser une augmentation de capital réservée aux adhérents du PEE.

Les sommes versées par les salariés au titre du PEE sont généralement placées dans des fonds communs de placement d'entreprises (FCPE).

Le développement de la participation des salariés au capital de l'entreprise se réalise, notamment :

– par la possibilité de placer sur un PEE les actions gratuites attribuées aux salariés dès lors qu'elles sont attribuées à l'ensemble des salariés, de manière homogène et selon des critères objectifs ;

– par la possibilité d'offrir une décote (jusqu'à 20 %, voire 30 % dans certains cas) sur les actions cédées aux salariés issues d'une augmentation de capital réservée aux adhérents au PEE ;

– par l'instauration d'un mécanisme de reprise d'entreprise par les salariés…

## B – La représentation des salariés dans les organes de direction

***Représentation facultative des salariés*** : les statuts du conseil d'administration ou de surveillance des sociétés anonymes ou en commandite par actions peuvent prévoir qu'une partie des administrateurs soit élus par les salariés, dans la limite maximum de 4.

***Représentation obligatoire des salariés actionnaires dès lors qu'ils détiennent plus de 3 % du capital*** : un ou plusieurs membres du conseil d'administration ou de surveillance sont élus par l'assemblée générale des actionnaires sur proposition des actionnaires salariés.

***Représentation obligatoire des salariés*** : dans les sociétés anonymes ou en commandite par actions ayant un effectif, pendant 2 exercices consécutifs, d'au moins 5 000 salariés permanents dans la société et ses filiales dont le siège social est fixé sur le territoire français ou d'au moins 10 000 salariés permanents dont le siège social est fixé sur le territoire français et à l'étranger, et ayant l'obligation de mettre en place un comité d'entreprise, il est stipulé dans les statuts que le conseil d'administration ou de surveillance comprend des administrateurs représentant les salariés. Cette représentation s'ajoute à celle facultative ou obligatoire lorsque les salariés détiennent plus de 3 % du capital de l'entreprise. Son nombre dépend du nombre d'administrateurs, au moins égal à 2 si le nombre d'administrateurs est supérieur à 12, au moins à 1 s'il est égal ou inférieur à 12. Lorsqu'un seul administrateur est à désigner il est soit élu par les salariés, soit désigné par le comité de groupe (le comité central dentreprise ou le CE de la société) ou soit par l'organisation syndicale la plus représentative. Lorsqu'au moins 2 administrateurs sont à désigner, la désignation de l'un d'eux a lieu selon l'une des 3 modalités énoncées et l'autre par le comité d'entreprise européen.

Les administrateurs salariés issus des 3 types de représentation des salariés dans les organes de direction ne sont pas pris en compte pour la détermination du nombre minimal et du nombre maximal d'administrateurs.

# *L'hygiène, la sécurité et les conditions de travail*

Chapitre **16**

***Les règles relatives à l'hygiène, la sécurité et les conditions de travail*** font l'objet :

- ***de dispositions générales*** concernant l'ensemble des salariés et auxquelles toute entreprise est tenue de se conformer (exemples : l'aération, le chauffage, l'insonorisation, les installations sanitaires) ;
- ***de dispositions particulières*** concernant les femmes et les jeunes travailleurs (exemples : les travaux pénibles ou préjudiciables pour la santé) ;
- ***de dispositions spéciales*** lorsque l'activité de l'entreprise implique l'utilisation de procédés de travail dangereux ou l'emploi de produits toxiques susceptibles de provoquer des maladies professionnelles ;
- ***d'une surveillance assurée par le médecin du travail et le service social du travail*** ;
- ***d'un contrôle*** assuré par :
  - *l'inspecteur du travail et le contrôleur de sécurité de la CARSAT*,
  - *le comité d'hygiène, de sécurité et des conditions de travail* (CHSCT),
  - *les salariés eux-mêmes.*

***Les règles relatives en matière d'hygiène et de sécurité*** concernent essentiellement 3 domaines :

- ***l'hygiène des locaux de travail*** : mesure réglementant l'aération, le chauffage, l'éclairage, le bruit, les installations sanitaires, le nettoyage des locaux... ;
- ***la santé des salariés*** : l'interdiction des boissons alcoolisées, l'interdiction de fumer dans les locaux, l'interdiction de tout harcèlement sexuel ou moral, la mise à disposition d'un réfectoire ou d'une cantine, la surveillance médicale... ;
- ***la prévention en matière de sécurité*** :
  - *la prévention des accidents du travail et des maladies professionnelles* : la réglementation concernant l'utilisation des machines dangereuses (dispositif de sécurité, contrôle...) ou l'emploi des produits toxiques (étiquetage, stockage...), la désignation d'un salarié comme responsable sécurité, la formation à la sécurité, le matériel de premiers secours...,
  - *la prévention des incendies* (les issues de secours, éclairage de sécurité, matériel d'extinction...).

L'employeur doit élaborer ***un document unique d'évaluation des risques professionnels***. Cette évaluation comporte un inventaire des risques identifiés dans chaque unité de travail de l'entreprise.

## 1 Le comité d'hygiène, de sécurité et des conditions de travail

***Le comité d'hygiène, de sécurité et des conditions de travail (CHSCT) est obligatoire dans toute entreprise*** ou établissement ***occupant au moins 50 salariés***. En deçà de ce seuil, l'inspecteur du travail peut imposer sa création en raison de la nature des travaux effectués dans l'entreprise.

Le délégué du personnel exerce les attributions du CHSCT en l'absence de ce dernier (sans crédit d'heures supplémentaires dans les entreprises de moins de 50 salariés).

***La composition du CHSCT***, qui doit être affichée, est la suivante :

- ***l'employeur*** qui en est le président ;
- ***une délégation du personnel élue pour 2 ans*** par un collège composé des DP et des membres du CE. Le secrétaire du CHSCT est désigné parmi la délégation du personnel.

| Effectif de l'entreprise | Nombres de délégués |
|---|---|
| • de 50 à 199 salariés | 3 délégués dont 1 appartenant à la maîtrise[1] |
| • de 200 à 499 salariés | 4 délégués dont 1 appartenant à la maîtrise[1] |
| • de 500 à 1 499 salariés | 6 délégués dont 2 appartenant à la maîtrise[1] |
| • au moins 1 500 salariés | 9 délégués dont 3 appartenant à la maîtrise[1] |

1. Personnel de maîtrise ou des cadres.

***Les réunions du CHSCT*** ont lieu :

- au moins une fois par trimestre à l'initiative de l'employeur. L'ordre du jour est établi conjointement par l'employeur et le secrétaire. Il est transmis 15 jours avant la réunion aux intéressés ;
- à la suite d'un accident du travail grave ou d'une maladie professionnelle ;
- à la demande motivée de 2 membres du CHSCT ;
- en cas de danger grave ou imminent pour les salariés.

Un procès-verbal est établi à l'issue de chaque réunion.

Participent de droit, avec voix consultative, aux réunions du CHSCT :

– l'inspecteur du travail et le contrôleur de sécurité de la CARSAT ;

– le médecin du travail chargé de la surveillance médicale du personnel ;

– le responsable du service de sécurité et des conditions de travail ;

– les représentants syndicaux dans les entreprises d'au moins 300 salariés.

Le CHSCT peut inviter toute personne qualifiée sur un sujet qu'il est amené à traiter. Il peut recourir, dans certains cas, à un expert (présence d'un risque grave, projet modifiant les conditions de travail….). Il peut aussi y recourir dans le cadre d'une consultation sur un projet de restructuration et de compression des effectifs. Lorsqu'un projet est commun à plusieurs établissements d'une même entreprise, l'empoyeur peut mettre en place une instance temporaire de coordination des différents CHSCT concernés par le projet en vue de recourir à une expertise unique.

Chaque année, l'employeur présente un rapport écrit sur la situation générale de l'hygiène, de la sécurité et des conditions de travail ; ainsi que sur les actions menées au cours de l'année écoulée en matière de prévention. Il présente, en même temps, un programme de prévention et d'amélioration des conditions de travail pour l'année à venir.

***Les missions du CHSCT*** sont multiples. D'une manière générale, il contribue à la protection de la santé, à la sécurité et à l'amélioration des conditions de travail des salariés. Il doit :

- veiller à l'observation des prescriptions législatives et réglementaires en matière d'hygiène et de sécurité ;
- analyser les risques professionnels auxquels peuvent être exposés les salariés ainsi qu'à l'analyse des conditions de travail ;
- procéder à des inspections régulières ;
- enquêter en cas d'accident du travail ou de maladie professionnelle ;
- établir des statistiques annuelles concernant les accidents du travail et les maladies professionnelles ;
- contribuer à la protection de la santé physique et mentale et de la sécurité des salariés de l'établissement ;
- contribuer à l'amélioration des conditions de travail notamment en vue de faciliter l'accès des femmes à tous les emplois et de répondre au problème de maternité ;
- mener des actions de prévention, notamment en matière de harcèlement sexuel et de harcèlement moral ;
- donner son avis sur toute modification des conditions d'hygiène, de sécurité et de travail (notamment en cas de nouvelles installations) ;
- être consulté sur le règlement intérieur et sur les programmes de formation concernant la sécurité.

Pour exercer leur fonction, les délégués disposent :

– ***d'un crédit d'heures*** : variable selon l'effectif de l'entreprise :
  - moins de 100 salariés : 2 heures par mois,
  - de 100 à 299 salariés : 5 heures par mois,
  - de 300 à 499 salariés : 10 heures par mois,
  - de 500 à 1 499 salariés : 15 heures par mois,
  - au moins 1 500 salariés : 20 heures par mois ;

– ***d'une formation spécifique*** nécessaire à l'exercice de leurs missions ;

– ***de la protection contre le licenciement*** au même titre que les membres du CE.

Le CHSCT dispose d'un registre spécial, tenu sous la responsabilité de l'employeur, où doivent être consignés les avis de ses membres sur l'existence d'une cause de danger grave et imminent.

Ils sont tenus à l'obligation de discrétion et au secret professionnel pour toute information donnée par l'employeur et jugée par lui comme confidentielle.

## 2 La procédure d'alerte et de retrait

***Tout salarié peut se retirer d'une situation de travail dont il a un motif raisonnable de penser qu'elle présente un danger grave et imminent pour sa vie ou sa santé***. Il doit immédiatement en informer l'employeur ou son représentant ainsi qu'un membre du CHSCT.

L'exercice de ce droit ne doit pas avoir pour conséquence de créer pour un autre salarié une situation de risque grave et imminent. Le salarié usant de ce droit est protégé, aucune sanction et retenue de salaire ne peut être prise à son encontre et l'employeur ne peut lui demander de reprendre son activité tant que la situation persiste.

*La procédure d'alerte* :

- 1 – ***Le membre du CHSCT qui constate directement – ou indirectement par l'intermédiaire du salarié – une situation de danger grave et imminent doit en aviser immédiatement l'employeur***. En même temps, il consigne sur un registre spécial tous les renseignements concernant la situation.
- 2 – ***L'employeur procède sur le champ à une enquête, accompagné par le membre du CHSCT qui l'a prévenu*** et prend les dispositions nécessaires pour remédier à cette situation. Il adresse une fiche de renseignements à l'inspecteur du travail dans les 15 jours.
- 3 – ***En cas de divergence sur la nature du danger ou les moyens pour y remédier, le CHSCT est convoqué dans les 24 heures***. En même temps, l'inspecteur du travail et le contrôleur de sécurité de la CARSAT sont informés de la situation.
- 4 – ***Si la divergence persiste entre l'employeur et la majorité du CHSCT, l'inspecteur du travail est saisi***. Celui-ci pourra soit mettre en œuvre la procédure de mise en demeure, soit saisir le juge des référés (*cf.* chapitre 2).

***Tout salarié alerte immédiatement l'employeur s'il estime, de bonne foi, que les produits ou procédés de fabrication utilisés ou mis en œuvre par l'entreprise font peser un risque grave sur la santé publique ou l'environnement***. L'alerte est consignée par écrit et l'employeur informe le salarié de la suite qu'il réserve à celle-ci. En cas de divergence avec l'employeur sur le bien fondé d'une alerte ou en l'absence de suite dans un délai d'un mois, le salarié ou le CHSCT peuvent saisir le préfet. Le donneur d'alerte est protégé contre toute discrimination.

## 3 Le plan de prévention de la pénibilité

L'entreprise d'au moins 50 salariés dont une partie du personnel est exposé à des facteurs de risques professionnels liés à des contraintes physiques marquées, à un environnement physique agressif ou à certains rythmes de travail susceptibles de laisser des traces durables identifiables et irréversibles sur la santé, doit être couverte par ***un accord ou un plan relatif à la prévention de la pénibilité***.

L'entreprise d'au moins 300 salariés doit être couverte par un accord d'entreprise et l'entreprise d'au moins 50 salariés et de moins de 300 salariés soit par un accord d'entreprise, soit par un accord de branche étendu portant sur la prévention de la pénibilité. À défaut d'accord, l'entreprise peut élaborer un plan de prévention de la pénibilité avec le CE ou, à défaut, les DP.

En l'absence d'accord ou de plan, l'entreprise est soumise à une pénalité de 1 % des rémunérations versées aux salariés concernés. Cette pénalité est affectée à la branche accident du travail et maladies professionnelles de la Sécurité sociale.

## 4 Le harcèlement sexuel ou moral

***Le harcèlement sexuel est le fait d'imposer à une personne, de façon répétée, des propos ou comportements à connotation sexuelle qui, soit portent atteinte à sa dignité en raison de leur caractère dégradant ou humiliant, soit créent à son encontre une situation intimidante, hostile ou offensante.***

***Est assimilé au harcèlement sexuel le fait, même non répété, d'user de toute forme de pression grave, dans le but réel ou apparent d'obtenir un acte de nature sexuelle, que celui-ci soit recherché au profit de l'auteur des faits ou au profit d'un tiers.***

Les faits de harcèlement sexuel sont punis de 2 ans d'emprisonnement et de 30 000 € d'amende. Les sanctions pénales sont alourdies en cas de circonstances aggravantes (3 ans d'emprisonnement et de 45 000 € d'amende).

***Le harcèlement moral est caractérisé par des agissements répétés à l'encontre d'un salarié qui ont pour objet ou pour effet une dégradation des conditions de travail susceptible de porter atteinte à ses droits et à sa dignité, d'altérer sa santé physique ou mentale, ou de compromettre son avenir professionnel.***

Les faits de harcèlement moral sont punis de 2 ans d'emprisonnement et de 30 000 € d'amende.

L'interdiction concerne le harcèlement sexuel ou moral exercé tant par l'employeur que par toute personne qui lui est substituée ou qu'entre collègues. Aucun rapport d'autorité n'est exigé entre la victime et l'auteur du harcèlement. La protection contre le harcèlement sexuel ou moral vise tous les salariés, quels que soient l'activité, la taille de l'entreprise, l'ancienneté ou le statut du salarié.

En cas de litige, la charge de la preuve du harcèlement sexuel ou moral est répartie entre le salarié et l'employeur :

- la preuve des faits qui lui semblent relever du harcèlement sexuel ou moral incombe au salarié qui apporte les éléments laissant supposer l'existence d'un tel harcèlement ;
- l'employeur doit établir que ses agissements ne sont pas constitutifs d'un harcèlement sexuel ou moral et que sa décision est justifiée par des éléments objectifs.

C'est au juge qu'il revient de former sa conviction au vu de ces éléments, au besoin après avoir ordonné toutes mesures d'instruction qu'il estime utiles.

L'employeur doit prendre toutes les dispositions nécessaires en vue de prévenir les faits de harcèlement sexuel ou moral. Tout salarié ayant procédé à de tels agissements peut être sanctionné par l'employeur.

Les délégués du personnel peuvent exercer leur droit d'alerte en cas de harcèlement sexuel ou moral.

Toute sanction ou toute mesure discriminatoire à l'encontre d'un salarié qui a subi ou refusé de subir des agissements de harcèlement sexuel ou moral ou pour avoir rapporté de tels faits est nulle de plein droit.

## 5 Le service de santé au travail

***Toute entreprise doit obligatoirement constituer son propre service médical ou adhérer à un service médical inter-entreprises***. Le service médical est placé sous l'autorité du médecin du travail.

Le ***médecin du travail*** a un rôle exclusivement préventif destiné à éviter toute altération de la santé des salariés du fait de leur travail. Il a essentiellement ***deux missions*** :

– il est ***un conseiller de l'entreprise*** – auprès de l'employeur, du CHSCT, du CE, des DP... – pour tout ce qui concerne l'hygiène, la sécurité et les conditions de travail des salariés ;

– il assure ***la surveillance médicale des salariés***.

Le médecin du travail procède aux ***examens médicaux obligatoires*** suivants :

- ***la visite médicale d'embauche*** : elle a lieu au plus tard avant l'expiration de la période d'essai ou avant l'embauche s'il s'agit de salariés soumis à une surveillance médicale spéciale (jeunes de – 18 ans, femmes enceintes, salariés affectés à des travaux comportant des risques spéciaux, salariés handicapés...). Au moment de la visite, le médecin constitue un dossier médical qui est complété après chaque examen médical ultérieur. À l'issue de la visite, il délivre au salarié une fiche d'aptitude ;
- ***le suivi médical des salariés*** : la périodicité du suivi médical varie selon les risques spécifiques identifiés par les partenaires sociaux au sein de la branche professionnelle :

  – *24 mois pour les salariés dont l'activité ne présente pas de risques spécifiques*. Une périodicité supérieure à 24 mois est possible après accord de l'UT DIRECCTE,

  – *surveillance médicale particulière* (au moins un examen tous les 24 mois) pour les salariés exposés à l'amiante, au plomb, aux rayonnements ionisants, au bruit, aux vibrations..., les salariés de moins de18 ans, les salariés handicapés et les femmes enceintes.

  Tout salarié peut demander à voir le médecin du travail. De même, l'employeur peut demander un examen médical pour un salarié lorsque cela lui paraît nécessaire ou en cas d'affectation à un poste particulier ;
- ***la visite de reprise ou de prérepise du travail*** : la visite de reprise a lieu à la suite d'une maladie professionnelle, d'un congé maternité, d'un arrêt de travail d'au moins 30 jours pour cause de maladie ou d'accident professionnel ou non. La visite de préreprise a lieu pour tout arrêt de travail de plus de 3 mois ;
- ***des examens complémentaires*** : si le médecin du travail les estime nécessaires pour déterminer l'aptitude du salarié au poste de travail et pour le dépistage des maladies professionnelles ou des maladies contagieuses.

Le médecin du travail ne peut en aucun cas se substituer au médecin traitant du salarié.

## 6 Le service social du travail

Le service social du travail est facultatif. Il a pour mission de faciliter la vie personnelle des salariés, d'aider les familles dans leurs démarches auprès d'autres services sociaux...

# Le travail des jeunes et des femmes

Chapitre
**17**

## 1 Les dispositions particulières aux jeunes de moins de 18 ans

Aucun jeune ne peut être admis au travail s'il n'est libéré de l'obligation scolaire, soit ***16 ans***. Des aménagements existent à ce principe :

– un élève de classe préparatoire à l'apprentissage peut dès l'âge de 14 ans être amené à effectuer des stages en entreprise ;

– un jeune ayant le niveau de 3e peut dès l'âge de 15 ans entrer en apprentissage ;

– un adolescent peut dès l'âge de 14 ans travailler pendant la moitié de ses vacances scolaires.

***Tous les travaux présentant un danger moral sont interdits***. Un jeune ne peut donc être employé à la fabrication, à la manutention ou à la vente de dessins, d'écrits, d'affiches ou de films contraires aux bonnes mœurs.

***La durée du travail effectif doit respecter la durée légale hebdomadaire***. À titre exceptionnel, l'inspecteur du travail peut – après avis du médecin du travail – accorder une dérogation dans la limite de 5 heures supplémentaires par semaine.

***La durée quotidienne du travail ne peut excéder 8 heures***. Un temps de pause de 30 minutes doit être accordé au-delà de toute période de travail quotidienne de 4 heures et demie.

***La durée du repos hebdomadaire doit être de 2 jours consécutifs***. En cas de dérogation d'origine conventionnelle ou accordée par l'inspecteur du travail, la durée du repos doit être au minimum de 36 heures.

Le repos quotidien ne peut être inférieur à 12 heures consécutives pour les jeunes de moins de 18 ans et 14 heures pour les jeunes de moins de 16 ans.

Le travail de nuit est interdit entre 20 heures et 6 heures pour les jeunes de moins de 16 ans et entre 22 heures et 6 heures pour les jeunes de plus de 16 ans et moins de 18 ans (sauf dérogations accordées pour certains métiers ou pour prévenir ou réparer des accidents).

Le repos à l'occasion des jours fériés reconnus par la loi est obligatoire (sauf dérogation).

Quelle que soit son ancienneté dans l'entreprise, ***un jeune a droit à un congé de 30 jours ouvrables***. Seuls les jours acquis pendant la période de référence donnent droit à l'indemnité de congés payés. Ce droit à un congé de 30 jours s'applique au jeune âgé de moins de 21 ans au 30 avril de l'année précédente.

***La rémunération ne peut être inférieure au SMIC***. Elle subit cependant un abattement en fonction de l'âge : de 20 % avant 17 ans et de 10 % entre 17 et 18 ans. Cet abattement est supprimé dès que le jeune a 6 mois de pratique professionnelle.

Le jeune travailleur bénéficie, en matière d'hygiène et de sécurité, de protections particulières :

– interdiction des travaux dangereux ;

– limitation pour le port des charges : 20 kg pour les garçons et 10 kg pour les filles ;

– interdiction de la vente aux étalages extérieurs après 20 heures ou si la température est < 0°.

Le jeune fait l'objet d'une surveillance particulière par le médecin du travail.

## 2 L'égalité professionnelle entre les femmes et les hommes

La loi énonce le principe de l'égalité professionnelle entre les femmes et les hommes. Elle précise entre autres :

- l'interdiction de toute discrimination fondée sur le sexe ou sur l'état de grossesse en matière d'embauche, de renouvellement de contrat, de résiliation de contrat, de rémunération, de formation, d'affectation, de qualification, de classification, de promotion professionnelle ou de mutation ;
- l'interdiction de mentionner dans une offre d'emploi des restrictions liées au sexe, à la situation de famille ou à l'état de grossesse ;
- l'égalité de rémunération entre homme et femme pour un même travail (ou travail équivalent).

Pour favoriser l'application de ce principe, il est mis en œuvre un certain nombre de mesures :

– ***la suppression des écarts de rémunération entre les femmes et les hommes*** : les organisations liées par une convention de branche ou, à défaut, par des accords professionnels, doivent définir et programmer les mesures permettant de supprimer les écarts de rémunération entre les femmes et les hommes (*cf.* chapitre 3) ;

– ***un plan d'égalité professionnelle entre les femmes et les hommes*** : toute entreprise d'au moins 50 salariés non couverte par un accord collectif relatif à l'égalité professionnelle ou, à défaut, par un plan d'action fixant des objectifs dans ce domaine et les actions permettant de les atteindre, est soumise à une pénalité de 1 % du montant des rémunérations ;

– ***le rapport annuel de situation comparée des conditions générales d'emploi et de formation des femmes et des hommes*** : dans les entreprises de 50 salariés et plus, l'employeur présente au CE ce rapport qui comporte une analyse sur la base d'indicateurs pertinents, reposant sur des éléments chiffrés, permettant d'apprécier, pour chacune des catégories professionnelles, la situation respective des femmes et des hommes en matière d'embauche, de formation, de promotion professionnelle, de qualification, de classification, de conditions de travail et de rémunération effective et d'articulation entre l'activité professionnelle et la vie personnelle et familiale ;

- ***une négociation annuelle sur les objectifs en matière d'égalité professionnelle entre les femmes et les hommes, ainsi que sur les mesures permettant de les atteindre*** : cette négociation se déroule dans le cadre de la NAO (*cf.* chapitre 3) ;
- ***un affichage des textes relatifs à l'égalité professionnelle*** : ils sont obligatoirement affichés dans les locaux de travail et d'embauche.

L'employeur, qui ne respecte pas le principe de l'égalité professionnelle, est puni d'une amende de 3 750 € et/ou d'un emprisonnement d'un an. Le tribunal correctionnel peut – au lieu de la sanction – proposer à l'employeur la mise en œuvre dans un délai déterminé d'un plan d'égalité professionnelle.

Par ailleurs, l'employeur doit respecter les dispositions légales assurant aux femmes une protection particulière. Elles concernent l'hygiène et la sécurité : l'interdiction de certains travaux utilisant des produits nocifs ou dangereux, la réglementation des charges...

## 3 La protection des femmes enceintes et des mères de famille

***Toute discrimination à l'embauche fondée sur l'état de grossesse est interdite***.

La femme salariée enceinte a ***droit à un congé de maternité*** avant et après l'accouchement.

***Un congé d'adoption est accordé à la mère ou au père adoptif***. Il part du jour où l'enfant arrive au foyer. Il est égal au congé maternité qui suit l'accouchement.

La durée du congé de maternité ou d'adoption est variable selon le nombre d'enfants.

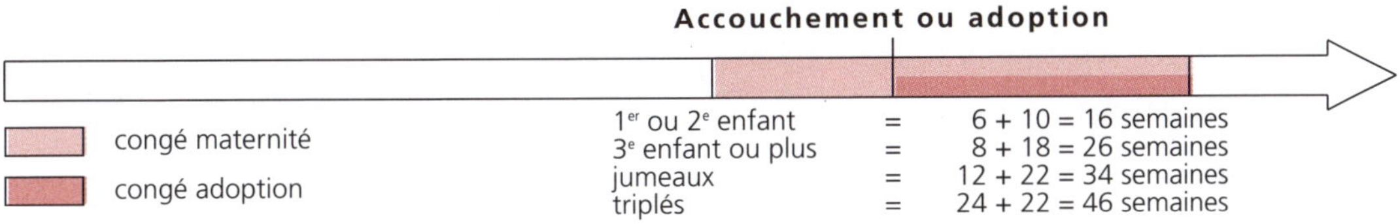


La durée du congé est augmentée en cas :

- de naissances ou d'adoptions multiples ;
- ou de pathologie de la mère (2 semaines avant l'accouchement et/ou 4 semaines après).

La femme enceinte n'est pas obligée d'utiliser son droit au congé. Mais l'employeur ne peut en aucun cas l'accepter au travail pendant une période de 8 semaines avant et après l'accouchement.

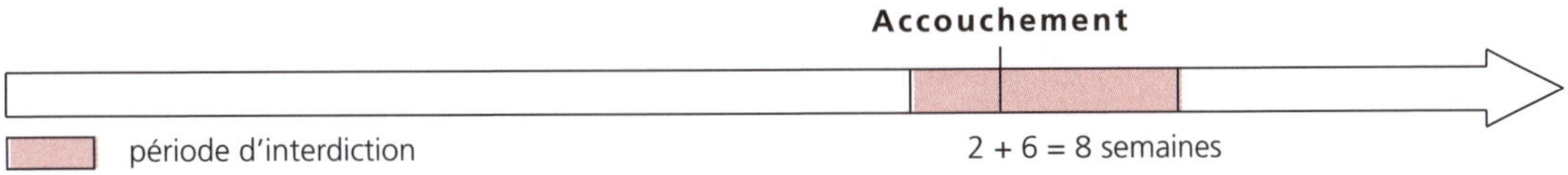


Pendant sa grossesse, la salariée peut à sa demande – ou sur proposition de l'employeur – être mutée à un autre poste sans réduction de sa rémunération, sous réserve que cette mutation soit nécessitée par des raisons médicales reconnues par le médecin du travail.

Lorsque la salariée en état de grossesse médicalement constaté ou ayant accouché, durant une période n'excédant pas un mois après son retour de congé postnatal au titre des répercussions sur sa santé ou sur l'allaitement qu'elle pratique, occupe un poste de travail l'exposant à des risques déterminés par décret, l'employeur est tenu de lui proposer, compte tenu des conclusions écrites du médecin du travail, un aménagement de son poste de travail ou un autre emploi compatible avec son état sans diminution de sa rémunération. Si l'employeur est dans l'impossibilité de procéder au reclassement temporaire, le contrat de travail est suspendu jusqu'à la période couverte par le congé légal de maternité, et pour une durée n'excédant pas un mois après son retour de congé postnatal. Durant la suspension de son contrat, la salariée bénéficie d'une garantie de rémunération composée de l'allocation journalière de maternité spécifique (*cf.* chapitre 21) et de l'indemnité complémentaire à la charge de l'employeur, sans condition d'ancienneté.

Le travail de nuit est interdit pour les femmes enceintes et pendant la durée du congé postnatal. Si l'employeur ne peut reclasser la salariée à un poste de jour, le contrat de travail est suspendu jusqu'au début du congé maternité avec garantie de rémunération.

***La femme enceinte bénéficie d'une protection contre le licenciement***. Il est interdit à tout employeur de licencier une femme enceinte, sauf en cas de faute grave. La protection contre le licenciement s'applique aussi à la mère ou au père adoptif qui utilise le droit au congé adoption, ainsi qu'au père pendant les 4 semaines qui suivent la naissance de son enfant.

La période de protection s'étend du jour où l'employeur est informé de son état – par certificat médical – jusqu'à la 4e semaine suivant l'expiration du congé maternité.

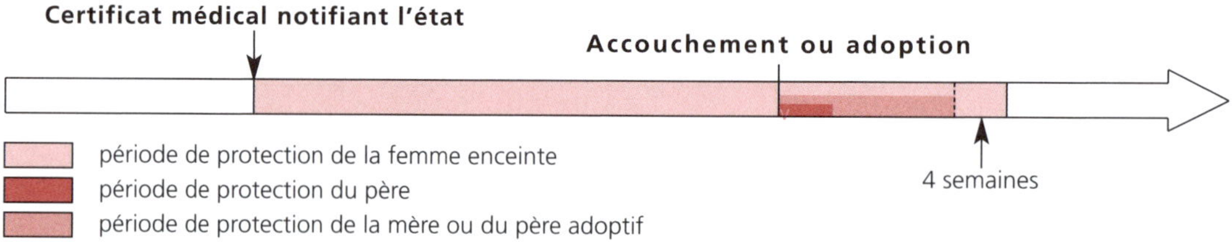


Tout licenciement est annulé, si dans les 15 jours suivant sa notification, la femme justifie de son état par certificat médical, ou fournit une attestation justifiant l'arrivée d'un enfant adopté dans les 8 jours.

La femme enceinte peut rompre son contrat de travail sans préavis pendant sa grossesse ou à l'issue de son congé maternité. Elle doit prévenir dans les 15 jours précédant la fin du congé de son intention de ne pas reprendre son travail. Elle reste prioritaire à l'embauche pendant l'année qui suit son congé maternité. La mère ou le père adoptif bénéficie des mêmes dispositions.

La mère allaitant son enfant dispose, à cet effet, d'une heure par jour pendant les heures de travail, durant une année, à compter du jour de la naissance.

La femme de moins de 21 ans bénéficie de 2 jours de congés payés supplémentaires par enfant à charge.

**À NOTER •** Les conventions collectives accordent souvent des avantages particuliers aux femmes enceintes. Par exemple, la possibilité d'arriver après ou partir avant l'heure afin d'éviter les bousculades.

# Les conflits individuels : le conseil de prud'hommes

Chapitre **18**

## 1 L'organisation des conseils de prud'hommes

***Le conseil de prud'hommes est une juridiction élective et paritaire***. Il est composé, ainsi que ces différentes formations, d'un nombre égal de conseillers salariés et de conseillers employeurs.

Un conseil de prud'hommes, au moins, est créé dans le ressort de chaque tribunal de grande instance. Chaque conseil de prud'hommes est ***divisé en 5 sections autonomes*** et comporte obligatoirement ***une formation commune de référé***. Les frais de fonctionnement des conseils de prud'hommes sont à la charge de l'État.

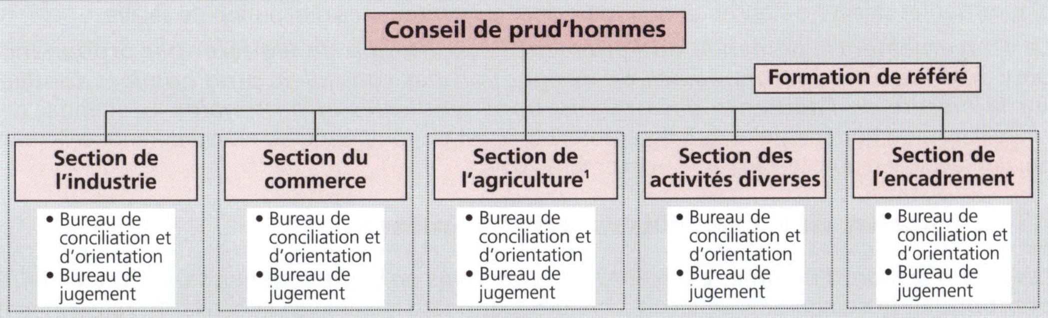


1. Une section de l'agriculture dans le ressort de chaque tribunal de grande instance, même si plusieurs conseils ont été créés.

Une section peut être divisée en plusieurs chambres.

Chaque section ou chaque chambre comporte au moins :

– ***un bureau de conciliation et d'orientation*** : 1 conseiller salarié et 1 conseiller employeur ;

– ***un bureau de jugement*** : 2 conseillers salariés et 2 conseillers employeurs, incluant le président ou le vice-président siégeant alternativement. Dans sa composition restreinte, il se compose d'un conseiller salarié et d'un conseiller employeur ;

– ***une formation de référé*** : un conseiller salarié et un conseiller employeur.

***Les conseillers prud'hommes réunis en assemblée générale élisent parmi eux un président et un vice-président pour une année***. La présidence et la vice-présidence du conseil sont assurées alternativement par un conseiller salarié et un conseiller employeur. ***Si les conseillers salariés élisent le président, les conseillers employeurs élisent le vice-président et inversement l'année d'après***. Il est procédé de la même façon au niveau des sections et des chambres.

La présidence du bureau de conciliation et d'orientation, du bureau de jugement ou de la formation de référé est assurée par roulement par un conseiller salarié ou employeur.

L'appartenance à l'une de ces sections est déterminée :

- ***pour l'employeur***, par son activité principale ;
- ***pour le salarié***, par l'activité principale de l'entreprise (sauf pour la section de l'encadrement qui concerne : les cadres et assimilés, les ingénieurs et les VRP).

## 2 La désignation des conseillers prud'hommes

***Initialement, les conseillers prud'hommes étaient élus pour un mandat de 5 ans, renouvelable***. L'élection avait lieu à la représentation proportionnelle suivant la règle de la plus forte moyenne. Les listes de candidatures étaient établies par les organisations syndicales des salariés et des employeurs pour chaque conseil, par section et par collège distinct : employeurs et salariés. Les électeurs étaient inscrits sur la liste électorale de la commune dans laquelle ils exercent leur activité professionnelle principale. Ils votaient par collège dans la section à laquelle ils sont rattachés. Les élections avaient lieu pendant le temps de travail. L'employeur était tenu d'autoriser les salariés à s'absenter pour participer au scrutin, sans diminution de salaire.

***Le Gouvernement a demandé au Parlement l'autorisation de légiférer par ordonnance pour fixer de nouvelles modalités de désignation des conseillers prud'hommes fondées sur la mesure de l'audience des organisations syndicales et patronales***. Le mandat des conseillers prud'hommes, élus le 3 décembre 2008, est prorogé jusqu'au prochain renouvellement qui doit avoir lieu au plus tard au 31 décembre 2017.

## 3 Le statut des conseillers prud'hommes

***Les conseillers prud'hommes exercent leurs fonctions en toute indépendance, impartialité et probité*** et se comportent de façon à exclure tout doute légitime à cet égard. Ils s'abstiennent, notamment, de tout acte ou comportement public incompatible avec leur fonction.

Les conseillers prud'hommes sont tenus au secret des délibérations. Leur est interdit toute action concertée de nature à arrêter ou à entraver le fonctionnement des juridictions lorsque le renvoi de l'examen du dossier risquerait d'entraîner des conséquences irrémédiables ou manifestement excessives pour les droits d'une partie.

L'employeur doit laisser au salarié, conseiller prud'hommes, le temps nécessaire pour se rendre et participer aux missions liées à son mandat. Les absences sont assimilées à un temps de travail effectif. Elles sont rémunérées, l'État remboursant l'employeur. L'exercice des fonctions en dehors des heures de travail, donne droit à une indemnisation.

***Les conseillers prud'hommes suivent une formation initiale obligatoire à l'exercice de leur fonction juridictionnelle et une formation continue***.

La formation initiale organisée par l'État. ***Tout conseiller prud'hommes qui n'a pas satisfait à l'obligation de formation initiale, dans un délai fixé par décret, est réputé démissionnaire***.

La formation continue peut être dispensée par les organisations syndicales de salariés et les organisations professionnelles d'employeurs.

Pour les besoins de leur formation, les employeurs accordent aux salariés de leur entreprise membres d'un conseil de prud'hommes des autorisations d'absence, qui peuvent être fractionnées, dans la limite de :

– 5 jours par mandat, au titre de la formation initiale ;

– 6 semaines par mandat, au titre de la formation continue.

Ces absences sont rémunérées par l'employeur. Elles sont admises au titre de la participation des employeurs au financement de la formation professionnelle.

***Le conseiller prud'hommes salarié bénéficie de la même protection contre le licenciement que celle des représentants du personnel***. En cas de licenciement, l'employeur doit respecter la procédure accordée aux délégués syndicaux (voir p. 118).

L'employeur tentant ou portant atteinte à la libre désignation, à l'indépendance ou à l'exercice des fonctions de conseillers prud'hommes commet un délit d'entrave.

## 4 Le défenseur syndical

***Le défenseur syndical exerce des fonctions d'assistance ou de représentation devant les conseils de prud'hommes et les cours d'appel en matière prud'homale***. Il est inscrit sur une liste arrêtée par l'autorité administrative sur proposition des organisations d'employeurs et de salariés représentatives.

***Dans les entreprises d'au moins 11 salariés, le défenseur syndical dispose du temps nécessaire à l'exercice de ses fonctions, dans la limite de 10 heures par mois***. Ces heures, assimilées à un temps de travail effectif, sont rémunérées par l'employeur qui est remboursé par l'État.

L'employeur accorde au défenseur syndical, à la demande de ce dernier, des autorisations d'absence pour les besoins de sa formation, dans la limite de 2 semaines par période de 4 ans. Ces absences sont rémunérées par l'employeur. Elles sont admises au titre de la participation des employeurs au financement de la formation professionnelle.

Le défenseur syndical est tenu au secret professionnel. Il est tenu à une obligation de discrétion à l'égard des informations présentant un caractère confidentiel et données comme telles par la personne qu'il assiste ou représente ou par la partie adverse dans le cadre d'une négociation. Toute méconnaissance de ces obligations peut entraîner la radiation de l'intéressé de la liste des défenseurs syndicaux par l'autorité administrative.

***Le défenseur syndical bénéficie de la même protection contre le licenciement que le conseiller prud'hommes salarié***.

## 5 La compétence des conseils de prud'hommes

***Le conseil de prud'hommes règle par voie de conciliation les différends qui peuvent s'élever à l'occasion du contrat de travail entre les employeurs et les salariés qu'ils emploient.***

***Il juge les litiges lorsque la conciliation n'a pas abouti.***

Pour qu'il soit compétent, ***4 conditions*** doivent être réunies :

- ***l'existence d'un contrat de travail soumis aux dispositions du Code du travail*** ;
- ***le litige doit être né à l'occasion de ce contrat*** ;
- ***le litige doit être d'ordre individuel*** (plusieurs salariés peuvent avoir individuellement le même litige) ;
- ***l'activité professionnelle de l'employeur ou du salarié doit entrer dans la compétence du conseil.***

Il est également compétent pour apprécier la régularité de la procédure suivie et le caractère réel et sérieux des motifs invoqués pour le licenciement pour motif personnel et pour apprécier les motifs du licenciement pour motif économique.

***Le conseil de prud'hommes règle aussi les litiges nés entre salariés à l'occasion du travail.***

Le conseil de prud'hommes territorialement compétent est :

– celui du lieu de l'établissement, si le travail est effectué dans un établissement ;

– celui du domicile du salarié, si le travail est effectué en dehors d'un établissement.

Le salarié a la possibilité de saisir le conseil de prud'hommes du lieu où l'embauche s'est effectuée ou celui du lieu où l'employeur est établi.

En cas de litige pour la détermination de la section compétente, c'est le président du conseil de prud'hommes qui décide.

## 6 La procédure prud'homale

### 1) La saisine du conseil de prud'hommes

Le conseil de prud'hommes est saisi par une demande formée au greffe ou adressée par lettre recommandée avec AR. Si la demande est recevable, le greffe informe le demandeur de la date de conciliation soit verbalement lors de la présentation de la demande, soit par lettre simple. Il informe le défenseur par lettre recommandée avec AR. Dans la convocation, le greffe invite les parties à se munir de toutes les pièces utiles.

### 2) La conciliation, l'orientation et la mise en état de l'affaire

Les séances du bureau de conciliation et d'orientation ne sont pas publiques.

***Le bureau de conciliation et d'orientation est chargé de concilier les parties.*** Dans le cadre de cette mission, il peut entendre chacune des parties séparément et dans la confidentialité. Un procès-verbal est établi.

En cas d'échec de la conciliation, le bureau de conciliation et d'orientation peut, par simple mesure d'administration judiciaire :

– si le litige porte sur un licenciement ou une demande de résilliation judiciaire du contrat de travail, renvoyer les parties, avec leur accord, devant le bureau de jugement dans sa composition restreinte. La formation restreinte doit statuer dans un délai de 3 mois ;

– si les parties le demandent ou si la nature du litige le justifie, renvoyer les parties devant le bureau de jugement présidé par un juge du tribunal de grande instance : le juge départiteur.

À défaut, l'affaire est renvoyée devant le bureau de jugement.

La formation saisie connaît l'ensemble des demandes des parties, y compris des demandes additionnelles ou reconventionnelles.

Si, sauf motif légitime, une partie ne comparaît pas, personnellement ou représentée, le bureau de conciliation et d'orientation peut juger l'affaire, en l'état des pièces et moyens que la partie comparante a contradictoirement communiquées. Dans ce cas, le bureau de conciliation et d'orientation statue en tant que bureau de jugement dans sa composition restreinte.

En cas de partage des voix, l'affaire est renvoyée à une audience ultérieure du bureau de conciliation et d'orientation. Cette audience, présidée par le juge départiteur, est tenue dans le mois du renvoi.

## 3) le jugement

Les séances du bureau de jugement, en formation restreinte ou non, sont publiques.

Les parties sont convoquées par lettre recommandée avec AR. Elles peuvent se faire représenter.

Le juge peut prendre en compte un référentiel qui fixe, par décret, le montant de l'indemnité susceptible d'être allouée, en fonction notamment de l'ancienneté, de l'âge et de la situation du demandeur par rapport à l'emploi, sans préjudice des indemnités légales, conventionnelles ou contractuelles. Si les parties en font conjointement la demande, l'indemnité est fixée par la seule application de ce référentiel. ***Les décisions du bureau de jugement sont prises à la majorité absolue des voix***. En cas de partage de voix, les débats doivent reprendre, sous la présidence d'un juge du tribunal de grande instance : le juge départiteur, dans le délai d'un mois.

Si la demande est inférieure à 4 000 €, le bureau de jugement juge en dernier ressort ; au-delà, il juge en premier ressort. Le délai d'appel est de 1 mois après la notification du jugement. Il est suspensif à l'égard du jugement. Le délai du pourvoi en cassation est de 2 mois. Il n'est pas suspensif.

## 4) La formation de référé

La formation de référé peut, dans tous les cas d'urgence, ordonner toutes les mesures qui ne se heurtent à aucune contestation sérieuse ou que justifie l'existence d'un différend. Elle peut prescrire les mesures conservatoires ou de remise en état qui s'imposent pour prévenir un dommage imminent ou un trouble manifestement illicite. Les décisions de référé sont provisoires. L'ordonnance de référé est exécutoire à titre provisoire. Le délai d'appel est de 15 jours.

À NOTER • Un ou deux conseillers rapporteurs peuvent être désignés par le bureau de conciliation et d'oreintation ou par le bureau de jugement afin de mettre l'affaire en état d'être jugée. Il en est de même pour la formation de référé.

## 5) La procédure spécifique concernant le contentieux du licenciement

***Une procédure spécifique est mise en place concernant le contentieux du licenciement, pour motif personnel ou économique***, à l'exclusion des contestations portant sur le PSE ou sur la régularité de la procédure des licenciements collectifs pour motif économique, qui rélèvent d'une autre juridiction (*cf.* chapitre 9). La procédure est la suivante :

- ***la phase de conciliation*** : lors de la conciliation, ***l'employeur et le salarié peuvent convenir ou le bureau de conciliation et d'orientation proposer de mettre un terme par accord au litige qui les oppose***. Cet accord prévoit le versement par l'employeur au salarié d'une ***indemnité forfaitaire*** dont le montant, exprimé en mois de salaire, est fixé par décret en fonction de l'ancienneté du salarié :

| Indemnité forfaitaire en fonction de l'ancienneté du salarié dans l'entreprise | | | | |
|---|---|---|---|---|
| Moins de 2 ans | Entre 2 et 8 ans | Entre 8 et 15 ans | Entre 15 et 25 ans | Au-delà de 25 ans |
| 2 mois | 4 mois | 8 mois | 10 mois | 14 mois |

***L'indemnité fortaitaire est versée sans préjudice des indemnités légales, conventionnelles ou contractuelles dues au salarié***.

Le procès-verbal constatant l'accord vaut renonciation des parties à toutes réclamations relatives à la rupture du contrat ;

- ***la phase de jugement*** : à défaut d'accord, le bureau de jugement forme sa conviction au vu des éléments fournis par les parties. Il justifie dans le jugement qu'il prononce le montant des indemnités qu'il octroie. Si un doute subsiste, il profite au salarié.

## 6) Les principaux délais de prescription

***Les principaux délais de prescription*** (à compter du jour où celui qui exerce l'action a connu ou aurait dû connaître les faits lui permettant d'exercer son droit) sont les suivants :

- ***pour les actions relatives au contrat de travail : 2 ans*** (sauf actions en réparation d'un dommage corporel causé à l'occasion de l'exécution du travail : 10 ans ; actions fondées sur une discrimination ou des faits de harcèlement sexuel ou moral : 5 ans) ;
- ***pour l'action en paiement du salaire : 3 ans*** ;
- ***pour la contestation de la rupture d'un contrat résultant de l'adhésion à un contrat de sécurisation professionnelle : 12 mois*** ;
- ***pour la contestation d'une rupture conventionnelle : 12 mois*** ;
- ***pour la dénonciation du reçu pour solde de tout compte : 6 mois***.

# *Les conflits collectifs : la grève, le lock-out*

Chapitre
**19**

## 1 La grève

***La grève est un arrêt de travail collectif et concerté du personnel pour obtenir la satisfaction de revendications d'ordre professionnel*** (par exemple : l'amélioration des conditions de travail, l'obtention davantages en matière de salaires).

Le droit de grève est ***un droit constitutionnel***, son exercice suppose :

- ***un arrêt complet du travail*** : la durée de l'arrêt n'est pas réglementée ;
- ***un arrêt collectif du travail*** : il peut concerner tout le personnel ou une partie seulement ;
- ***un arrêt concerté du travail*** : il suppose une volonté commune du personnel concerné ;
- ***l'existence de revendications d'ordre professionnel*** : les revendications doivent concerner les conditions de travail, de rémunération, d'emploi...

L'arrêt de travail d'un seul salarié, au sein d'une entreprise, n'est pas une grève sauf :

- si le salarié agit à l'occasion d'une grève nationale ;
- ou si le salarié est le seul salarié de l'entreprise et qu'il exerce son droit de grève afin de défendre ses revendications professionnelles.

Les modalités de l'exercice du droit de grève sont :

- ***dans le secteur privé*** : la grève peut être déclenchée à tout moment. Selon la jurisprudence, la grève doit être motivée par des revendications professionnelles préalablement présentées à l'employeur mais les salariés ne sont pas tenus d'attendre son refus de les satisfaire pour la déclencher.
- ***dans le secteur public*** : la loi réglemente le droit de grève :
  - *le respect d'un préavis de 5 jours francs* émanant d'un syndicat pendant lequel les parties sont tenues de négocier,
  - *l'obligation d'assurer un service minimum* pour certaines catégories de salariés (par exemple le personnel de la télévision publique, le personnel des transports terrestres réguliers de voyageurs…).

***La grève ne rompt pas le contrat de travail sauf faute lourde, imputable au salarié***. À l'issue de la grève, le salarié retrouve son emploi.

Il est interdit de licencier ou de sanctionner un salarié en raison de l'exercice normal du droit de grève. Sauf faute lourde, le licenciement d'un gréviste est nul. Il peut donc demander sa réintégration en référé prud'homal.

La faute lourde du salarié (violences, dégradations, entrave à la liberté du travail, séquestration, participation à une grève illicite...) constitue un motif légitime de licenciement sans préavis, ni indemnités. L'employeur doit cependant respecter la procédure de licenciement.

***Aucune discrimination en matière de rémunération et d'avantages sociaux n'est autorisée à l'occasion de l'exercice du droit de grève***.

La grève dispense l'employeur de l'obligation de verser le salaire correspondant aux heures de grève aux grévistes.

Il est par contre, tenu de le verser aux salariés non-grévistes sauf en cas de force majeure : la grève le mettant dans l'impossibilité de fournir un travail aux non-grévistes (ceux-ci peuvent intenter une action en paiement devant le conseil de prud'hommes contre les grévistes ou les responsables de la grève).

Les primes d'assiduité sont admises par la jurisprudence si dans les modalités d'attribution aucune distinction n'est faite quant à l'origine de l'absence du salarié (grève, maladie...).

## Les différents types de grève

| Types de grève | Caractéristiques du mouvement de grève | Grève licite ou illicite |
|---|---|---|
| La grève nationale | Elle a lieu à l'initiative d'une ou plusieurs organisations syndicales nationales. | licite |
| La grève politique | Elle a pour but de protester contre les décisions gouvernementales sans rapport avec les intérêts professionnels. | illicite |
| La grève d'avertissement | Elle consiste à effectuer des débrayages de courte durée et répétés, sans volonté d'aboutir à la désorganisation de l'entreprise. | licite |
| La grève perlée | Elle consiste pour les salariés grévistes à exécuter leur travail au ralenti ou dans des conditions volontairement défectueuses | illicite |
| La grève du zèle | Elle consiste à exécuter le travail en appliquant à la lettre tous les règlements, afin d'en ralentir le plus possible l'exécution. | licite |
| La grève tournante | Elle affecte successivement différents secteurs de l'entreprise sans volonté d'aboutir à la désorganisation de l'entreprise (interdite dans le secteur public). | licite |

| Types de grève | Caractéristiques du mouvement de grève | Grève licite ou illicite |
|---|---|---|
| La grève surprise ou la grève sauvage | Elle est déclenchée spontanément à la base sans que les organisations syndicales en soient à l'origine. | licite |
| La grève avec occupation des locaux | Elle s'accompagne de l'occupation des locaux et éventuellement de piquets de grève destinés à dissuader les non-grévistes de travailler.<br>L'employeur peut saisir le juge des référés (le président du tribunal de grande instance) pour obtenir une ordonnance d'expulsion. | illicite le plus souvent |
| La grève de solidarité | Elle a pour but de soutenir les revendications d'autres salariés de l'entreprise ou des salariés d'autres entreprises. | licite |
| La grève d'autosatisfaction | Elle consiste pour les salariés grévistes à faire grève en autosatisfaisant leur revendication (ex. : faire grève le samedi pour obtenir la fermeture de l'entreprise le samedi). | illicite |

À NOTER • L'employeur ne peut pas recourir à des intérimaires ou embaucher des salariés avec un contrat à durée déterminée pour remplacer des salariés grévistes.

## 2 Le lock-out

***Le lock-out est la fermeture temporaire de l'entreprise à l'initiative de l'employeur en réponse à un conflit collectif de travail existant ou imminent.***

***Le lock-out suspend le contrat de travail.*** Il peut être :

→ ***licite***, si l'employeur peut justifier de l'impossibilité absolue de faire fonctionner l'entreprise :

– soit en raison d'une grève désorganisant l'entreprise,

– soit pour des raisons de sécurité ;

→ ***illicite***, s'il constitue une mesure préventive ou une mesure de rétorsion à l'occasion d'un conflit. Dans ce cas, l'employeur doit verser les salaires aux salariés.

La fermeture de l'entreprise pour des difficultés extérieures (coupures de courant, grève des transports...) ne constitue pas un lock-out si les heures perdues donnent lieu à récupération.

## 3 Le règlement des conflits collectifs

Pour tenter de résoudre les conflits collectifs, la loi prévoit ***trois procédures*** : la conciliation, la médiation et l'arbitrage.

→ ***La conciliation*** a pour but de mettre les parties en présence pour faciliter un accord. Elle peut être :

- prévue par la convention ou l'accord collectif sans pour autant constituer un préalable à la grève,
- ou engagée à l'initiative de l'une des parties, du ministre du Travail, du directeur régional du travail ou de l'emploi, ou du préfet.

Selon l'importance du conflit, la conciliation a lieu devant la commission nationale, régionale ou devant une section départementale ou inter-départementale. La commission ou section est constituée de représentants des organisations représentatives des salariés et des employeurs en nombre égal et de représentants des pouvoirs publics.

Les parties sont tenues de comparaître en personne – ou de se faire représenter – devant la commission de conciliation.

Un procès-verbal est établi. Il constate l'accord ou le désaccord partiel ou total.

L'accord partiel ou total est applicable aux parties.

→ ***La médiation*** peut être engagée à l'initiative du président de la commission de conciliation ou du ministre du Travail à la demande ou non des parties. Si le conflit porte sur l'établissement, la révision ou le renouvellement d'une convention ou accord collectif, la médiation peut être engagée sans qu'il y ait eu préalablement conciliation.

Le médiateur – personnalité compétente – est désigné d'un commun accord par les parties ou en cas de désaccord par le ministre du Travail. Il dispose d'un délai d'un mois, à compter de sa désignation, pour remettre aux parties des propositions visant au règlement du conflit. Les parties ont 8 jours pour accepter ou rejeter les propositions.

Le rapport du médiateur peut être rendu public sur décision du ministre du Travail.

→ ***L'arbitrage*** peut être engagé si les parties le décident d'un commun accord ou si la convention ou l'accord collectif de travail le prévoit expressément. L'arbitre est choisi par les parties.

La sentence arbitrale doit être motivée. Elle est obligatoire aux parties. Elle peut faire l'objet d'un recours devant la cour supérieure d'arbitrage. Ses arrêts s'imposent à tous.

# PARTIE 2

# *Le droit de la protection sociale*

# *La Sécurité sociale : dispositions générales*

Chapitre **20**

***La Sécurité sociale garantit les travailleurs et leur famille contre les risques de toute nature susceptibles de réduire ou de supprimer leur capacité de gain***.

Elle couvre les risques de maladie, de maternité, d'invalidité, de vieillesse, de décès, d'accidents du travail et de maladies professionnelles ainsi que les charges de famille par le versement des prestations familiales.

***L'origine des risques*** est :

→ soit ***professionnelle*** : les accidents du travail et les maladies professionnelles ;

→ soit ***non-professionnelle*** : la maladie, la maternité, l'invalidité, la vieillesse et le décès.

Il existe ***plusieurs régimes*** de Sécurité sociale :

- ***le régime général de la Sécurité sociale des salariés*** : il couvre les salariés – non soumis à un régime particulier – de l'industrie, du commerce et des services, ainsi que certaines catégories de travailleurs assimilés à des salariés. C'est le régime le plus important (80 % de la population française relève du régime général ; il constitue, de ce fait, le régime de référence de la Sécurité sociale) ;
- ***le régime agricole*** : il couvre l'ensemble des salariés agricoles et des exploitants. Il est géré par la Mutualité sociale agricole (MSA) ;
- ***les régimes spéciaux*** : ils concernent des entreprises ou des activités. La spécialité d'un régime peut être totale ou partielle (dans ce cas, c'est le régime général qui prend à sa charge les risques non couverts) :
  - régimes totalement spéciaux : SNCF, RATP, militaires de carrière, marins, Banque de France... ;
  - régimes partiellement spéciaux : EDF-GDF, fonctionnaires de l'État et des collectivités territoriales, étudiants... ;
- ***le régime des travailleurs non salariés non agricoles*** : il couvre les travailleurs non salariés des professions non agricoles (artisans, commerçants, industriels et professions libérales). Il est géré par le Régime social des indépendants (RSI).

# 1 L'organisation du régime général de la Sécurité sociale

## A – La structure

Le régime général comprend 4 branches :

– *la Caisse nationale d'assurance maladie des travailleurs salariés (CNAMTS)* : elle est organisée en 2 branches : la branche maladie, maternité, invalidité, décès et la branche accidents du travail et maladies professionnelles. La CNAMTS est chargée :

- de financer de façon distincte la branche maladie, maternité, invalidité, décès et la branche accidents du travail et maladies professionnelles,
- d'organiser le contrôle médical,
- de promouvoir la prévention des accidents du travail et des maladies professionnelles,
- d'animer et coordonner l'action sanitaire et sociale des organismes.

La CNAMTS est constituée :

– ***d'une structure médicale*** constituée en un service national unique dirigée par la CNAMTS, indépendant des caisses régionales et primaires d'assurance maladie. Cette indépendance du contrôle médical est destinée à garantir l'impartialité et l'équité des avis donnés,

– ***d'une structure administrative*** organisée au niveau local ou régional :

- *les caisses d'assurance retraite et de la santé au travail (CARSAT)* ou les caisses régionales d'assurance maladie (CRAM) pour l'Île-de-France et l'Alsace-Moselle exercent une mission de service public dans les domaines de la retraite, de la prévention-tarification des risques professionnels, et de l'action sociale,
- *les Caisses primaires d'assurance maladie (CPAM)* chargées de l'immatriculation et de l'affiliation des assujettis, du versement des prestations et de l'action sanitaire et sociale auprès des assurés,

– ***la Caisse nationale d'assurance vieillesse des travailleurs salariés (CNAVTS)*** : elle est chargée de la gestion de l'assurance vieillesse et de l'assurance veuvage. La gestion directe – gestion, liquidation et paiement des pensions vieillesse – est assurée par les CARSAT. La CNAVTS assure aussi une action sanitaire et sociale en faveur des personnes âgées (développement du maintien à domicile, recherche de solutions d'hébergement adaptées...) ;

– ***la Caisse nationale d'allocations familiales (CNAF)*** : elle gère la politique familiale qui s'inscrit dans le cadre de la politique familiale définie par les pouvoirs publics. La CNAF est impliquée dans d'autres politiques qui dépassent largement le domaine de la famille, notamment dans le cadre du logement et de la lutte contre la précarité. Au plan local, *les Caisses d'allocations familiales (CAF)* sont chargées de verser les diverses prestations familiales ;

– ***l'Agence centrale des organismes de Sécurité sociale (ACOSS)*** : elle assure la gestion commune et centralisée des ressources et de la trésorerie du régime général de la Sécurité sociale. Au plan local, *les Unions de recouvrement des cotisations de Sécurité sociale et d'allocations familiales (URSSAF)* assurant l'encaissement des cotisations et des contributions.

Chaque caisse nationale dispose de la personnalité juridique et de l'autonomie financière.

Un organisme particulier – l'Union des caisses nationales de Sécurité sociale (UCANSS) – gère les questions d'intérêt commun au régime général de la Sécurité sociale, notamment la gestion immobilière et la gestion du personnel (convention collective, formation continue, négociations salariales…).

**Organisation administrative du régime général de la Sécurité sociale**

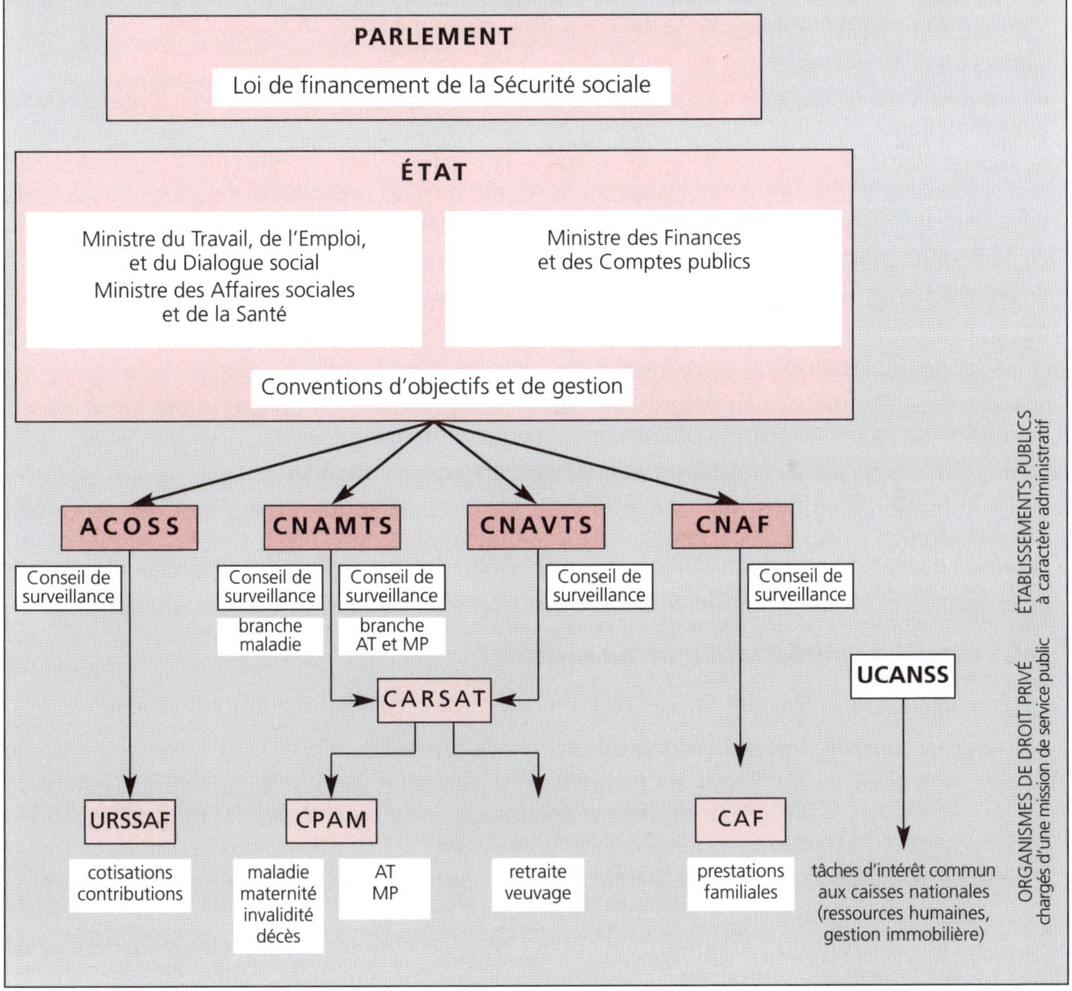

## B – Le fonctionnement

Le fonctionnement administratif d'un organisme de Sécurité sociale (aussi bien au niveau national, régional que local) relève de la compétence :

- ***du conseil d'administration*** : instance collégiale, expression de la démocratie sociale, qui détient une compétence générale pour exercer les attributions de l'organisme ;
- ***du directeur*** : il prépare et exécute les décisions du conseil. Le directeur est nommé au niveau national, par décret délibéré en Conseil des ministres après consultation du président du conseil d'administration, et au niveau régional ou local, par le conseil d'administration qui choisit parmi une liste de 3 noms proposée par le directeur de l'organisme national.

Chaque conseil d'administration est composé :

- de représentants des salariés désignés par les organisations syndicales de salariés représentatives au plan national ;
- de représentants des employeurs et des travailleurs indépendants désignés par les organisations professionnelles nationales d'employeurs et les institutions ou organisations professionnelles des travailleurs indépendants représentatives au niveau national ;
- de personnes qualifiées désignées par l'État ;
- de représentants, selon les branches, de la mutualité française ou des associations familiales ;
- de représentants élus du personnel de l'organisme.

Le mandat des administrateurs et de leurs suppléants est fixé à 5 ans.

Chaque conseil élit en son sein un président et un vice-président, un bureau et des commissions (commission de recours amiable, commission de contrôle des comptes…).

Les administrateurs salariés bénéficient pendant la durée de leur mandat :

- de l'autorisation d'absence sans diminution de salaire pour se rendre et participer au conseil d'administration et aux commissions qui en dépendent ainsi qu'aux formations organisées pour l'exercice de leurs fonctions. La caisse concernée rembourse à l'employeur le maintien du salaire ;
- de la protection contre le licenciement identique à celle du délégué syndical (*cf.* chapitre 11).

## C – La tutelle administrative et financière

Le régime général de la Sécurité sociale assurant une mission de service public est soumis :

- ***au contrôle des pouvoirs publics*** : double tutelle :
  - le ministre du Travail, de l'Emploi et du Dialogue social et le ministre des Affaires sociales et de la Santé veillent à l'application de l'ensemble des dispositions législatives et réglementaires relatives à la Sécurité sociale,
  - le ministre des Finances et des Comptes publics participe à la tutelle des différents organismes pour les questions de sa compétence ;
- ***au contrôle du Parlement*** : le budget de la Sécurité sociale est soumis chaque année au vote et au contrôle du Parlement (lois de financement de la Sécurité sociale).

***Des conventions d'objectifs et de gestion*** sont conclues entre l'État et la CNAVTS pour la branche maladie et pour la branche accidents du travail et maladies professionnelles, la CNAVTS, la CNAF et l'ACOSS dans le respect des lois de financement de la Sécurité sociale. Elles sont signées, pour une période de 3 ans au moins, pour le compte de chaque organisme national, par le président du conseil d'administration et par le directeur de l'organisme. Elles comportent les engagements réciproques des signataires et déterminent les objectifs pluriannuels de gestion, les moyens de fonctionnement dont les branches et les organismes disposent pour les atteindre et les actions mises en œuvre à ces fins par chacun des signataires.

***Un conseil de surveillance*** est institué auprès de chaque caisse nationale du régime général avec pour mission d'examiner les conditions de mise en œuvre des conventions d'objectifs et de gestion sur la base d'un rapport présenté par la caisse nationale.

## D – Les organismes concourant à la Sécurité sociale

***L'Union nationale des caisses d'assurance maladie (UNCAM)*** regroupe la CNAMTS, la Caisse nationale du RSI et la MSA. Il a pour rôle, dans le respect des objectifs de la politique de santé publique et des objectifs fixés par les lois de financement de la Sécurité sociale :

- de négocier et signer l'accord-cadre, les conventions, leurs avenants et annexes et les accords et contrats régissant les relations avec les professions de santé et les centres de santé ;
- de prendre les décisions en matière de prise en charge ou de remboursement par l'assurance maladie de tout acte ou prestation réalisé par un professionnel de santé ;
- de fixer la participation de l'assuré aux tarifs servant de base au calcul des prestations ;
- d'assurer les relations des régimes obligatoires de base de l'assurance maladie avec l'Union nationale des organismes d'assurance maladie complémentaire ;
- de rendre un avis motivé et public sur les projets de loi et de décret relatifs à l'assurance maladie.

***Les agences régionales de santé (ARS)*** ont pour mission de définir et de mettre en œuvre la politique régionale de santé, dans le respect des objectifs nationaux, afin de répondre aux besoins de santé de la population et de veiller à la gestion efficiente du système de santé.

***L'Union nationale des organismes d'assurance maladie complémentaire (UNOCAM)*** regroupe des représentants des mutuelles et des institutions de prévoyance qui offrent des garanties portant sur le remboursement ou l'indemnisation de frais occasionnés par une maladie, une maternité ou un accident. Elle émet des avis sur les propositions de décisions de l'UNCAM concernant la participation de l'assuré aux tarifs servant de base au calcul des prestations et la prise en charge ou le remboursement par l'assurance maladie de tout acte ou prestation réalisé par un professionnel de santé.

***L'Union nationale des professionnels de santé (UNPS)*** regroupe des représentants de l'ensemble des professions de santé libérales. Elle émet un avis sur la proposition de décision de l'UNCAM concernant la participation de l'assuré aux tarifs des prestations.

***La Haute Autorité de santé (HAS)***, autorité publique indépendante à caractère scientifique, est chargée, notamment, de procéder à l'évaluation périodique du service attendu des produits, actes ou prestations de santé et du service qu'ils rendent.

***Le Haut conseil de la Famille (HCF)*** a pour mission d'animer le débat public sur la politique familiale, de formuler des recommandations et des propositions de réforme et de mener des réflexions sur le financement de la branche famille de la Sécurité sociale et son équilibre financier.

***Le Conseil d'orientation des retraites (COR)*** est une instance indépendante composée de représentants des partenaires sociaux, des parlementaires et de l'État. Il est notamment chargé :

- de décrire les évolutions et les perspectives à moyen et long termes des régimes de retraite obligatoires, au regard des évolutions économiques, sociales et démographiques, et d'élaborer, au moins tous les 5 ans, des projections de leur situation financière ;
- de formuler un avis sur l'évolution de la durée d'assurance nécessaire pour bénéficier d'une pension de retraite au taux plein ;
- de suivre la mise en œuvre des principes communs aux régimes de retraite et l'évolution des niveaux de vie des actifs et des retraités.

***Le Comité de suivi des retraites*** est chargé de rendre chaque année un avis public portant sur les objectifs financiers et sur les objectifs d'équité assignés au système de retraite (la pérennité financière, le traitement équitable des assurés, la solidarité entre les générations…). S'il estime que le système de retraite s'éloigne des objectifs qui lui sont assignés, le Comité de suivi adresse au Gouvernement, au Parlement et aux régimes de retraites des recommandations publiques. Le Gouvernement doit présenter au Parlement, après consultation des partenaires sociaux, les suites qu'il entend donner à ces recommandations.

***Le Comité d'alerte sur l'évolution des dépenses de l'assurance maladie (CAAM)*** est chargé d'alerter le Gouvernement, le Parlement et les caisses nationales d'assurance maladie en cas d'évolution des dépenses d'assurance maladie incompatible avec le respect de l'objectif national voté par le Parlement.

***Le Haut conseil pour l'avenir de l'assurance maladie (HCAAM)*** a pour mission d'évaluer le système d'assurance maladie et ses évolutions, de décrire la situation financière et les perspectives des régimes d'assurance maladie et d'apprécier les conditions requises pour assurer leur pérennité à terme, de veiller à la cohésion du système d'assurance maladie au regard de l'égal accès à des soins de haute qualité et d'un financement juste et équitable et de formuler des recommandations ou propositions de réforme de nature à répondre aux objectifs de cohésion sociale et de pérennité financière des régimes d'assurance maladie.

***Le Haut conseil du financement de la protection sociale (HCFi-PS)*** a pour mission d'établir un état des lieux du système de financement de la protection sociale, d'examiner l'efficacité des règles de gouvernance et d'allocation des recettes de l'ensemble du système de protection sociale de manière à assurer son équilibre pérenne et de formuler des recommandations ou propositions de réforme.

## 2 Le financement du régime général de la Sécurité sociale

Le régime général de la Sécurité sociale est financé de façon distincte selon les caisses et le risque couvert. Son financement provient :

- *de cotisations prélevées sur les revenus de l'activité salariée* ;
- *de contributions prélevées sur l'ensemble des revenus* ;
- *de différentes sources.*

### A – Le financement par cotisation

La base de calcul des cotisations (l'assiette des cotisations) comprend toutes les sommes versées au salarié en contrepartie ou à l'occasion du travail, notamment les salaires ou gains, les indemnités de congés payés, les indemnités, primes, gratifications et tous autres avantages en argent, les avantages en nature, ainsi que les sommes perçues directement ou par l'entremise d'un tiers à titre de pourboire. Le montant du salaire pris en compte ne peut être inférieur au SMIC.

Des exonérations ou des allégements de cotisations concernent différentes catégories de salariés.

Les cotisations sont calculées en pourcentage du salaire brut dans la limite – ou non – d'un salaire plafonné fixé par décret au 1er janvier de chaque année.

Le plafond mensuel est fixé au 1er janvier 2015 à 3 170 €.

**Taux des cotisations de Sécurité sociale du régime général**

| Cotisations | Salaire plafonné | | Totalité du salaire | |
|---|---|---|---|---|
| | Employeur | Salarié | Employeur | Salarié |
| • Maladie, maternité, invalidité, décès | – | – | 12,80 % | 0,75 % |
| • Contribution solidarité autonomie | – | – | 0,30 % | – |
| • Vieillesse[1] | 8,50 % | 6,85 % | 1,80 % | 0,30 % |
| • Allocations familiales[2] | – | – | 5,25 % | – |
| • Fonds national d'aide au logement (FNAL) | | | | |
| – Entreprises de moins de 20 salariés | 0,10 % | – | – | – |
| – Entreprises d'au moins 20 salariés | – | – | 0,50 % | – |
| • Accidents du travail (taux moyen) | – | – | 2,21 % | – |

1. Les cotisations Vieillesse plafonnées et sur la totalité du salaire employeur et salarié augmentent de 0,05 % au 1er janvier 2016.
2. 3,45 % pour les salaires inférieurs à 1,6 fois le SMIC.

L'employeur est responsable du versement des cotisations patronales ainsi que des cotisations salariales précomptées sur les rémunérations.

Les cotisations sont versées auprès de l'URSSAF d'affiliation de l'entreprise ou de l'établissement.

La date et la périodicité du versement des cotisations sont déterminées par référence à l'effectif de l'entreprise. Des majorations de retard sont appliquées aux cotisations non acquittées dans les délais légaux.

## B – Le financement par contribution

### 1) La contribution sociale généralisée (CSG)

***La contribution sociale généralisée (CSG)*** est un prélèvement de nature fiscale sur l'ensemble des revenus ayant pour objet de financer le régime général de la Sécurité sociale. Son taux est de :

- ***7,5 % pour les salaires*** et les allocations de préreraite : le taux s'applique sur le montant brut du salaire (avant déduction supplémentaire pour frais professionnels mais majoré des contributions patronales de retraite supplémentaire et de prévoyance) après un abattement de 1,75 % pour frais professionnels. Les primes de participation et d'intéressement sont concernées par la CSG ;
- ***6,2 % pour les allocations de chômage et pour les indemnités journalières*** ou allocations versées par les organismes de Sécurité sociale ou, pour leur compte, par les employeurs à l'occasion de la maladie, de la maternité ou de la paternité, des accidents du travail et des maladies professionnelles : un abattement de 1,75 % pour frais professionnels est appliqué sur le montant des allocations de chômage. La contribution pesant sur les allocations de chômage ne peut avoir pour effet de réduire le montant net de celles-ci en deçà du SMIC ;
- ***6,6 % pour les pensions de retraite et les pensions d'invalidité*** : le taux peut être ramené à 3,8 % dans certains cas ;
- ***8,2 % pour les revenus du patrimoine et les produits de placement*** ;
- ***6,9 %, 9,5 % ou 12 % pour les sommes engagées ou redistribuées par les jeux***.

La CSG sur les revenus d'activité et de remplacement est prélevée à la source, par l'URSSAF. Celle sur les revenus du patrimoine, les produits de placement et les sommes engagées ou produits réalisés à l'occasion des jeux est recouvrée par l'administration fiscale. Elle est déductible au regard de l'impôt sur le revenu à hauteur de 5,1 % pour les revenus d'activité et du patrimoine et de 3,8 % pour les revenus de remplacement.

### 2) La contribution au remboursement de la dette sociale (CRDS)

***La contribution au remboursement de la dette sociale (CRDS)*** est un prélèvement de nature fiscale sur l'ensemble des revenus ayant pour objet d'apurer le déficit cumulé du régime général de la Sécurité sociale. Elle est versée à la Caisse d'amortissement de la dette sociale (CADES), créée à cet effet. La CRDS sera prolongée jusqu'à l'extinction de la dette.

***Le taux de la CRDS est de 0,5 %***. Son assiette est plus large que celle de la CSG. Elle s'étend à la ***quasi-totalité des revenus des personnes physiques*** à l'exception des revenus correspondant aux minima sociaux et aux intérêts du livret A et des livrets assimilés. Elle concerne aussi les ventes de métaux précieux et d'objets d'art ainsi qu'une fraction des sommes misées sur les jeux de la Française des jeux, au PMU ou dans les casinos.

L'assiette de la CRDS pour les revenus d'activité et pour les allocations de chômage tient compte de la réduction forfaitaire de 1,75 % pour frais professionnels. La CRDS est non déductible au titre de l'impôt sur le revenu. Son recouvrement est identique à celui de la CSG.

### C – Les autres sources de financement

Le régime général de la Sécurité sociale bénéficie d'autres sources de financement, notamment :

- *un prélèvement social de 4,5 %* : seuls sont concernés par ce prélèvement les revenus du patrimoine, les revenus de placement et les revenus de l'épargne exonérés d'impôt sur le revenu ;
- *un forfait social de 20 %* : il concerne l'épargne salariale (taux fixé à 8 % pendant 6 ans pour les entreprises de moins de 50 salariés concluant un premier ou un nouvel accord) et l'indemnité de rupture conventionnelle dans la limite de 2 fois le plafond annuel de la Sécurité sociale ;
- *un forfait social de 8 %* : il concerne les contributions patronales de prévoyance complémentaire exclues de l'assiette des cotisations de Sécurité sociale pour les employeurs de 10 salariés et plus ;
- *une contribution sur les actions gratuites et les stock-options au moment de la levée d'option* : le taux de la contribution pour l'employeur est de 30 % et de 10 % pour le salarié ;
- *une contribution pour l'industrie pharmaceutique sur la vente des médicaments* ;
- *une contribution sur l'assurance obligatoire automobile* ;
- *des droits sur les alcools, les boissons mélangées, le tabac et sur les jeux* ;
- *le remboursement par l'État de mesures d'exonérations de cotisations*...

## 3 L'affiliation et l'immatriculation

### A – L'employeur

L'immatriculation de l'employeur est l'opération administrative au terme de laquelle on attribue à l'entreprise un numéro URSSAF. Elle incombe à l'employeur dans les 8 jours qui suivent :

- soit l'ouverture ou l'acquisition d'une entreprise employant du personnel salarié, opération faite auprès d'un centre de formalités des entreprises ;
- soit l'embauche du premier salarié, opération faite à l'aide de la déclaration préalable à l'embauche.

L'affiliation de l'employeur est le rattachement de l'employeur à l'URSSAF de la circonscription dans laquelle se trouve son entreprise. Si l'entreprise comprend plusieurs établissements fixes et géographiquement distincts du siège social, chacun d'eux doit être immatriculé et l'URSSAF compétente est celle de la circonscription dans laquelle se situe l'établissement.

### B – Le salarié

***Tout salarié*** relevant du régime général est ***obligatoirement affilié*** quel que soit son âge, sa nationalité, le montant et la nature de sa rémunération. Certaines personnes n'exerçant pas ou plus d'activité professionnelle sont rattachées au régime général : retraités, chômeurs, détenus, bénéficiaires de la CMU (voir p. 236).

***L'immatriculation*** est l'opération administrative au terme de laquelle on attribue à l'assuré social un numéro de Sécurité sociale. L'employeur doit dans les 8 jours suivant l'embauche d'un salarié non immatriculé procéder à son immatriculation. Il utilise à cet effet la déclaration préalable à l'embauche.

L'assuré social reçoit une ***carte d'immatriculation*** qui comporte son numéro définitif et immuable.

***L'assuré*** est la ***personne immatriculée***, qui cotise (actif, chômeur ou retraité).

**Exemple de numéro d'immatriculation**

**1 50 09 57 033 102 65**

- 65 → clé de contrôle
- 102 → numéro d'ordre de naissance sur le registre des naissances
- 033 → numéro de la commune de naissance
- 57 → département de naissance
- 09 → mois de naissance
- 50 → année de naissance (les 2 derniers du millésime)
- 1 → sexe : 1 = masculin, 2 = féminin

***Les ayants droit*** sont les ***personnes à la charge de l'assuré*** :

- ***le conjoint ou pacsé*** qui n'exerce pas d'activité ;
- ***le conjoint ou pacsé séparé***, non divorcé, qui n'exerce pas d'activité ;
- ***le concubin*** ;
- ***le cohabitant à la charge effective et permanente de l'assuré*** depuis plus de 12 mois, soit le compagnon de même sexe, soit toute autre personne avec ou sans lien de parenté ;
- ***les enfants à la charge*** de l'assuré, du conjoint ou pacsé ayant droit, légitimes, naturels, reconnus ou non, adoptifs ou recueillis :
  - de moins de 16 ans,
  - jusqu'à 20 ans s'ils poursuivent leurs études ou, si la scolarité a été retardée pour des raisons médicales, jusqu'à la fin de l'année au cours de laquelle ils ont 21 ans,
  - jusqu'à 20 ans s'ils sont dans l'impossibilité de travailler par suite d'infirmité ou de maladie chronique.

  À partir de l'âge de 16 ans, les ayants droit peuvent être, sur demande de leur part auprès de leur caisse primaire, des ayants droit autonomes : ils bénéficient ainsi du remboursement de leurs soins à titre personnel, par virement de leur caisse sur leur propre compte bancaire ou postal. Les étudiants, âgés de 16 à 20 ans, sont automatiquement des ayants droit autonomes ;
- ***les ascendants*** (parents, grand-parents), ***les descendants*** (enfants, petits-enfants), ***les collatéraux*** (frère/sœur, neveu/nièce, oncle/tante), ***les alliés*** (beau-frère/belle-sœur, beau-père/belle-mère, neveu, nièce, oncle ou tante par alliance) à condition de vivre chez l'assuré et de se consacrer aux travaux ménagers et à l'éducation d'au moins 2 enfants de moins de 14 ans à la charge de l'assuré.

L'assuré est rattaché à la CPAM dans la circonscription de laquelle il a sa résidence habituelle. En cas de déménagement, il doit régulariser sa situation auprès de sa nouvelle caisse.

L'assuré reçoit une carte Vitale (carte électronique) qui remplace la carte d'assuré social papier. La carte Vitale atteste de son affiliation à la Sécurité sociale et de ses droits à l'assurance maladie.

La carte Vitale comporte les données administratives concernant l'assuré et ses ayants droit. Chaque ayant droit reçoit une carte Vitale à partir de 16 ans et plus. Elle ne comporte pas de date d'expiration. Si la situation du titulaire de la carte Vitale change (grossesse, naissance, attribution ou prolongation d'une exonération du ticket modérateur), il doit la mettre à jour auprès de sa caisse primaire ou sur une des bornes de mise à jour Vitale implantées sur l'ensemble du territoire.

La carte Vitale devient une véritable carte d'identité de santé. Elle contiend la biométrie, c'est-à-dire la photo de l'assuré afin de s'assurer que le porteur de la carte Vitale en est le bénéficiaire. Elle sera aussi, à terme, la clé d'accès au dossier médical personnel de l'assuré et contiendra les données médicales utiles le concernant, en cas d'urgence. La nouvelle carte Vitale est progressivement diffusée par les CPAM.

***Le maintien des droits*** : toute personne cessant de remplir les conditions requises, soit en tant qu'assuré social, soit en tant qu'ayant droit, bénéficie du maintien de ses droits acquis pour une période de 1 an, à l'issue de laquelle la personne peut bénéficier de la CMU (*cf.* chapitre 24).

## 4 Les litiges avec la Sécurité sociale

### A – Le contentieux général

Le contentieux général concerne les ***différends nés de l'assujettissement à la Sécurité sociale, du paiement des cotisations et de l'attribution des prestations***.

La procédure a lieu devant :

- ***la Commission de recours amiable (CRA)*** : toute décision contestée doit d'abord lui être soumise dans un délai de 2 mois à partir du jour où elle a été notifiée. La CRA est composée de 4 administrateurs désignés par le conseil d'administration de l'organisme : 2 appartiennent à la même catégorie que le demandeur et les 2 autres aux autres catégories d'administrateurs. La commission juge sur pièces et dispose d'un délai d'un mois pour prendre sa décision ;
- ***le Tribunal des affaires de la Sécurité sociale (TASS)*** : en cas de maintien de la décision, le litige peut être porté devant le tribunal des affaires de la Sécurité sociale dans un délai de 2 mois après notification du recours. Le tribunal est composé d'un magistrat professionnel et de 2 assesseurs : un salarié et un employeur. Il statue en premier et dernier ressort jusqu'à 4 000 €. Le jugement peut faire l'objet d'un appel (délai : 1 mois pour un jugement en premier ressort) et/ou d'un pourvoi en cassation (délai : 2 mois après appel ou pour un jugement en premier et dernier ressort).

## B – Le contentieux technique

Le contentieux technique concerne les ***différends relatifs à l'état ou au degré d'invalidité (en cas d'accident ou de maladie non professionnels) ou d'incapacité (en cas d'AT ou de MP) et à la tarification des accidents du travail***.

La procédure a lieu devant :

- ***le Tribunal du contentieux de l'incapacité*** : toute contestation du taux d'invalidité ou d'incapacité doit lui être soumis dans un délai de 2 mois à partir du jour où elle a été notifiée (en cas d'incapacité liée à un accident du travail ou une maladie professionnelle, un recours amiable est d'abord possible). Le tribunal, présidé par un magistrat honoraire de l'ordre judiciaire ou administratif assisté de deux assesseurs : un salarié et un employeur. Il statue en premier et dernier ressort pour l'incapacité liée à un accident du travail ou une maladie professionnelle dont le taux est inférieur à 10 %.

  Le jugement peut faire l'objet d'un appel devant la Cour nationale de l'incapacité et de la tarification de l'assurance des accidents du travail et/ou d'un pourvoi en cassation dans les mêmes délais que pour le TASS ;
- ***la Cour nationale de l'incapacité et de la tarification de l'assurance des accidents du travail*** : elle juge en premier et dernier ressort les contestations relatives aux taux de cotisation d'accident du travail. Elle est composée de magistrats, de fonctionnaires et de représentants des professions intéressées.

  Le jugement peut faire l'objet d'un pourvoi en cassation dans les mêmes délais que pour le TASS.

## C – L'expertise médicale

L'expertise médicale concerne les ***différends relatifs à l'état du malade ou de la victime d'un accident du travail***.

La demande peut émaner du malade ou de la victime d'un accident du travail, de la CPAM ou par le juge de la juridiction compétente.

Le médecin-expert est désigné d'un commun accord entre le médecin traitant de l'assuré et le médecin-conseil de la CPAM. En cas de désaccord, il est désigné par le directeur de l'Agence régionale de santé (ARS). L'expert remet son rapport dans un délai d'un mois. L'avis de l'expert s'impose à l'assuré et à la caisse ; il n'y a jamais de contre-expertise. Le juge n'est pas lié par l'avis de l'expert et il peut demander une nouvelle expertise.

# Les prestations maladie, maternité, invalidité, décès

Chapitre 21

## 1 L'assurance maladie

### A – Les prestations en nature

***Les prestations en nature sont destinées au remboursement total ou partiel des dépenses médicales, para-médicales et des frais d'hospitalisation.***

Les ***bénéficiaires*** de ces prestations sont ***l'assuré et ses ayants droit***.

Les droits de l'assuré sont ouverts si, à la date des soins, l'une des conditions suivantes est remplie :

- avoir travaillé 60 heures, ou avoir cotisé sur un salaire au moins égal à 60 fois la valeur du SMIC horaire, pendant un mois civil ou 30 jours consécutifs ;
- avoir travaillé 120 heures, ou avoir cotisé sur un salaire au moins égal à 120 fois la valeur du SMIC horaire, pendant 3 mois civils ou 3 mois de date à date ;
- avoir travaillé au moins 1 200 heures, ou avoir cotisé sur un salaire au moins égal à 2 030 fois la valeur du SMIC horaire dans l'année civile.

L'assuré nouvellement immatriculé, quel que soit son âge, est dispensé de la justification de la condition d'ouverture des droits pendant un délai de 3 mois à la date de son entrée dans le régime. À l'issue de ce délai, si l'assuré a moins de 25 ans, ses droits sont ouverts pour une nouvelle période de 3 mois s'il justifie d'avoir travaillé au moins 60 heures ou d'avoir cotisé sur 60 fois la valeur du SMIC horaire depuis le début de l'activité.

L'assuré fait en principe l'avance des frais engagés par la maladie ou l'accident. Une partie lui est remboursée par la CPAM, l'autre partie reste à sa charge : elle constitue ***le ticket modérateur***. L'assuré peut en être exonéré dans certains cas. En plus du ticket modérateur, l'assuré contribue à ses dépenses de santé par le versement de ***participations***. Si l'assuré est membre d'une mutuelle, celle-ci peut lui rembourser en partie ou en totalité le montant du ticket modérateur ainsi que le montant de certaines participations (*cf.* chapitre 25).

Pour se faire rembourser, l'assuré doit fournir à sa CPAM la feuille de soins (papier ou électronique) délivrée par le médecin accompagnée, si nécessaire, de l'ordonnance rédigée par le médecin prescripteur. La feuille de soins indique la nature de l'acte thérapeutique et le montant des honoraires du médecin.

## La participation de l'assuré aux dépenses médicales

**Remboursement par la caisse primaire** — Ticket modérateur + participations de l'assuré

*médicaments* :
- 100 % : médicaments irremplaçables pour affections graves et invalidantes ;
- 65 % : médicaments ayant service médical rendu majeur ou important ;
- 30 % : médicaments ayant service médical rendu modéré ;
- 15 % : médicaments ayant service médical rendu faible ;
- 0 % : médicaments ayant service médical rendu insuffisant.

Les médicaments ayant une version générique sont remboursés sur la base du tarif forfaitaire de responsabilité (TFR), calculé à partir du prix des génériques. La différence de prix reste à la charge de l'assuré.

*Droit de substitution* : le pharmacien peut délivrer un médicament générique à la place du médicament inscrit sur l'ordonnance du médecin.

*médecins* : 70 % du tarif conventionnel. L'assuré a le libre choix de son praticien. Les médecins conventionnés ont adhéré à la convention de la CNAM fixant leurs honoraires : le tarif conventionnel. Certains médecins sont autorisés à le dépasser.

*examens de laboratoire* : 60 % du tarif. Pour donner lieu à remboursement, ils doivent figurer sur la nomenclature établie par la Sécurité sociale.

*frais d'optique – appareils dentaires* : 65 % du tarif de responsabilité. Le coût des articles proposés étant plus élevé, la participation de l'assuré est plus importante.

*hospitalisation* : 80 % dans les hôpitaux publics ou cliniques agréées.

*La participation forfaitaire de 1 €* : elle s'applique sur toute consultation ou acte réalisé par un médecin généraliste ou spécialiste, sur les examens radiologiques et les analyses de biologie médicale. Elle est déduite directement du montant des remboursements. Elle ne peut être prise en charge par les organismes complémentaires. La participation de l'assuré est plafonnée à 50 € par an. Les mineurs, les femmes enceintes et les bénéficiaires de la CMU complémentaire en sont exonérés.

*La participation forfaitaire de 18 €* : elle s'applique sur les actes dont le tarif est égal ou supérieur à 120 €, ou ayant un coefficient égal ou supérieur à 60. Les personnes qui bénéficient d'une prise en charge à 100 % en raison de leur situation ou de leur état de santé ne sont pas concernées.

*Les franchises médicales* : elles s'appliquent sur les boîtes de médicaments, les actes paramédicaux et les transports sanitaires. Elles ne peuvent être prises en charge par les organismes complémentaires. Le montant des franchises est de :
- 0,50 € par boîte de médicaments et par acte paramédical ;
- 2 € par transport sanitaire.

Le montant total des franchises est plafonné à 50 € par an. Les mineurs, les femmes enceintes et les bénéficiaires de la CMU complémentaire en sont exonérés.

*Le forfait hospitalier* : il consiste en une participation aux frais d'hébergement et d'entretien pour toute hospitalisation de plus d'une journée. Son montant est de :
- 18 € par jour à l'hôpital ou en clinique ;
- 13,50 € par jour dans un service de psychiatrie d'un établissement de santé.

Cetaines personnes en sont exonérées : femmes enceintes, victimes d'un AT ou d'une MP, bénéficiaires de la CMU complémentaire…

***Le tiers payant*** dispense l'assuré de faire l'avance des frais. Il ne paye alors que les sommes non remboursées par la Sécurité sociale.

Pour le remboursement de certains traitements (cures thermales, appareils dentaires...) l'assuré doit obtenir au préalable l'accord de la caisse. ***L'entente préalable*** est demandée par le médecin ou le chirurgien et envoyée à la caisse par l'assuré.

***Le médecin traitant*** : tout assuré, de plus de 16 ans, choisit librement son médecin traitant, en accord avec celui-ci, qui peut être un médecin généraliste ou un médecin spécialiste exerçant en cabinet, à l'hôpital ou dans un centre de santé. Le médecin traitant soigne son patient et le suit tout au long de ses soins. Il tient à jour son dossier médical : résultats d'examens, diagnostics, traitements... Si nécessaire, il l'oriente vers d'autres soins, vers un médecin spécialiste ou un service hospitalier. Il recueille les informations et les résultats, et coordonne son suivi médical.

L'assuré est moins bien remboursé s'il consulte directement sans prescription de son médecin traitant 30 % au lieu de 70 % du tarif conventionnel (sauf cas d'urgence ou d'éloignement géographique ou en cas de consultation, pour des actes précis, d'un ophtalmologiste, d'un gynécologue, d'un psychiatre ou d'un dentiste).

***Le dossier médical personnel*** : il est destiné à garantir le bon respect des protocoles de soins en permettant de suivre le cheminement du malade dans le système de soins. Chaque bénéficiaire de l'assurance maladie, âgé de plus de 16 ans, dispose, dans le respect du secret médical, d'un dossier médical personnel. Ce dossier est constitué de l'ensemble des données de santé à caractère personnel, recueillies ou produites à l'occasion des activités de prévention, de diagnostic ou de soins.

Le dossier médical personnel entrera en vigueur dans les années à venir et sera entièrement informatisé. Le niveau de prise en charge des actes et prestations de soins sera subordonné à l'autorisation que donnera le patient, à chaque consultation ou hospitalisation, aux professionnels de santé auxquels il aura recours, d'accéder à son dossier médical personnel et de le compléter.

## B – Les prestations en espèces

***Les prestations en espèces ou indemnités journalières (IJ) sont destinées à compenser la perte de salaire due à l'arrêt de travail.***

Le ***bénéficiaire*** de ces prestations est ***l'assuré***.

L'ouverture du droit aux prestations en espèces nécessite une activité salariée variable selon la durée de l'arrêt.

Les conditions d'ouverture du droit sont appréciées au jour de l'interruption de travail et variables selon que l'arrêt de travail est inférieur ou supérieur à 6 mois :

– ***pour un arrêt de travail ne dépassant pas 6 mois*** :

- soit avoir cotisé sur au moins 1 015 fois le SMIC horaire au cours des 6 mois civils précédant l'interruption de travail,
- soit avoir travaillé au moins 200 heures au cours des 3 mois civils ou des 90 jours précédant l'interruption de travail ;

– ***au-delà du 6e mois d'arrêt de travail, 2 conditions*** :

- d'une part être immatriculé depuis au moins 12 mois à la date d'interruption du travail,
- d'autre part :
  – soit avoir cotisé, pendant les 12 mois civils précédant l'arrêt de travail, sur au moins 2 030 fois le SMIC horaire dont 1 015 fois au moins au cours des 6 premiers mois,
  – soit avoir travaillé au moins 800 heures au cours des 12 mois civils ou des 365 jours précédant la date d'interruption de travail, dont 200 heures pendant les 3 premiers mois.

L'assuré doit aviser la caisse et son employeur dans les 2 jours de l'interruption par ***un arrêt de travail*** fourni par le médecin (les volets 1 et 2 pour la caisse et le volet 3 pour l'employeur). Il doit procéder de la même façon en cas de prolongation. Tout retard apporté à produire l'avis médical d'arrêt de travail peut entraîner une réduction de 50 % du montant des indemnités journalières concernant la période écoulée entre la date de prescription de l'arrêt et la date d'envoi.

***La prolongation d'arrêt de travail*** doit, en principe, être décidée par le médecin prescripteur de l'arrêt initial ou par le médecin traitant, sous peine de faire perdre au salarié son droit à indemnisation par la Sécurité sociale. Cette règle comporte 3 exceptions pour lesquelles l'indemnisation perdure lorsque la prolongation d'arrêt de travail est prescrite :

– à l'occasion d'une hospitalisation ;

– par un médecin spécialiste consulté à la demande du médecin traitant ;

– par le médecin remplaçant le médecin prescripteur de l'arrêt initial ou le médecin remplaçant le médecin traitant.

***Le contrôle médical*** : l'assuré en arrêt de travail peut faire l'objet d'un contrôle médical par un médecin-conseil de la caisse primaire. En cas d'interruption de travail de plus de 3 mois, le médecin-conseil de la Sécurité sociale peut, à son initiative ou à celle du médecin traitant, saisir le médecin du travail pour recueillir son avis sur la capacité du salarié à reprendre son travail.

***Le salaire journalier de base servant au calcul de l'indemnité journalière est égale à 1/91,25e du salaire de référence*** (salaire brut des 3 mois antérieurs à l'arrêt de travail dans la limite de 1,8 SMIC).

***Le montant de l'indemnité journalière est égal à 50 % du salaire journalier de base***. Elle est majorée à compter du 31e jour d'arrêt de travail continu si l'assuré a 3 enfants à charge. Son montant est alors égal à 66,66 % du salaire journalier de base. L'indemnité journalière ne peut dépasser les limites suivantes :

→ ***montant maximal de l'indemnité journalière*** : 1/730e x 1,8 SMIC x 12 ;

→ ***montant maximal de l'indemnité journalière majorée*** : 1/547,5e x 1,8 SMIC x 12.

Il existe un ***délai de carence de 3 jours***. L'indemnité journalière est donc versée à partir du 4e jour, les jours ouvrables ou non. Elle est versée pendant une période maximale :

– de 360 jours sur 3 ans pour les maladies ordinaires ;

– de 3 ans, de date à date pour les maladies chroniques.

La revalorisation de l'indemnité journalière intervient lorsque l'interruption de travail se prolonge au-delà de 3 mois et qu'une augmentation générale des salaires est constatée.

La revalorisation se fait soit par application au salaire journalier de base d'un coefficient de majoration fixé par arrêté ministériel, soit en se référant à la convention collective ou à ses avenants applicable à l'assuré pour le salaire normal prévu pour sa catégorie professionnelle.

À la reprise de son travail, l'assuré doit fournir à la caisse une attestation de reprise établie par l'employeur faisant apparaître la durée de l'arrêt et le salaire perçu par l'assuré avant l'arrêt.

***Une indemnité complémentaire est versée par l'employeur*** en cas d'arrêt de travail pour maladie ou accident, quel qu'en soit l'origine, dès lors que le salarié justifie d'un an d'ancienneté dans l'entreprise. Cette indemnité garantit, avec les prestations en espèces de la Sécurité sociale et de la mutuelle, le maintien d'un pourcentage du salaire brut que le salaié aurait perçu s'il avait continué à travailler. Ce pourcentage varie selon la durée de l'arrêt. L'indemnité est versée à l'issue d'un délai de carence de 7 jours calendaires.

Pour un salarié ayant moins de 6 ans d'ancienneté, la durée de l'indemnisation est de :

| À compter du 8e jour d'absence | |
|---|---|
| **Durée de l'indemnisation** | **Pourcentage de la rémunération brute garantie** |
| pendant les 30 premiers jours soit du 8e jour au 37e jour | ***90 % de la rémunération brute*** que le salarié aurait perçue s'il avait continué à travailler. |
| pendant les 30 jours suivants soit du 38e jour au 67e jour | ***66,66 % de la rémunération brute*** que le salarié aurait perçue s'il avait continué à travailler. |

La durée de l'indemnisation est augmentée dans ces 2 cas de 10 jours par période de 5 ans (au-delà de la première année). Sans pouvoir excéder 90 jours dans chaque cas. En cas d'arrêts successifs, la durée d'indemnisation est limitée, au cours d'une période de 12 mois consécutifs, à la durée d'indemnisation acquise, par le salarié, au titre de l'ancienneté. L'employeur qui verse l'indemnité complémentaire peut décider d'une contre-visite par le médecin de son choix.

L'employeur peut maintenir l'intégralité du salaire soit de sa propre initiative soit en application d'une convention collective. Il touchera à la place du salarié les indemnités journalières.

Les indemnités journalières sont imposables.

## 2 L'assurance maternité

### A – Les prestations en nature

***Les prestations en nature sont destinées au remboursement de l'ensemble des frais médicaux, pharmaceutiques, d'analyse et d'examen de laboratoire, d'appareillage et d'hospitalisation, qu'ils soient ou non en rapport avec la grossesse, l'accouchement et ses suites, à partir du 1er jour du 6e mois de la grossesse jusqu'à 12 jours après la date réelle de l'accouchement***. En outre, certains actes sont pris en charge à 100 % dès la déclaration de grossesse.

Les bénéficiaires de ces prestations sont l'assurée ou ses ayants droit. L'ouverture du droit aux prestations en nature nécessite les mêmes conditions que celles requises pour l'assurance maladie.

La femme enceinte doit prévenir la caisse primaire et sa caisse d'allocations familiales dans les 14 premières semaines de sa grossesse. La caisse lui remet un carnet de santé indispensable pour percevoir les prestations.

Elle bénéficie d'une protection médicale particulière et obligatoire :

- ***7 examens prénataux*** : le 1er examen avant la fin du 3e mois de grossesse, c'est le plus complet, puis un examen par mois ;
- ***1 examen post-natal*** : dans les 8 semaines qui suivent l'accouchement.

L'enfant bénéficie, lui aussi, d'une protection médicale particulière et obligatoire :

- 9 examens au cours de la première année, respectivement dans les 8 jours suivant la naissance, avant la fin du premier mois puis au cours des 2e, 3e, 4e, 5e, 6e, 9e et 12e mois de l'enfant ;
- 3 examens au cours de la seconde année de l'enfant au cours des 16e, 20e et 24e mois ;
- 1 examen tous les 6 mois au cours des 4 années suivantes.

Tous les soins concernant directement la maternité sont pris en charge à 100 % du tarif agréé. Il n'y a ni ticket modérateur ni forfait hospitalier et ni participation forfaitaire.

La femme enceinte est exonérée de la participation forfaitaire pendant une période qui débute au 1er jour du 6e mois de grossesse et se termine 12 jours après la date de l'accouchement.

## B – Les prestations en espèces

***Les prestations en espèces ou indemnités journalières (IJ) sont destinées à compenser la perte de salaire pendant le congé maternité*** (*cf.* chapitres 13 et 17).

La bénéficiaire de ces prestations est l'assurée.

***L'ouverture du droit*** aux prestations en espèces implique que l'assurée ait :

- au moins 10 mois d'immatriculation à la date présumée de l'accouchement ;
- une durée d'activité salariée identique à celle de l'assurance maladie ;
- déclaré sa grossesse et subi les examens obligatoires ;
- un arrêt de travail minimal de 8 semaines.

***Le salaire journalier de base servant au calcul de l'indemnité journalière est égale à 1/91,25e du salaire de référence*** (salaire brut des 3 mois antérieurs à l'arrêt de travail dans la limite du plafond mensuel de Sécurité sociale) ***diminué d'un taux forfaitaire de cotisations de 21 %***.

***Le montant de l'indemnité journalière*** est égal à ***100 % du salaire journalier de base*** dans les limites suivantes :

→ ***indemnité journalière maximum : 1/30e du plafond mensuel de la Sécurité sociale*** ;

→ ***indemnité journalière minimum : 1/365e du montant minimum de la pension d'invalidité***.

Elle est attribuée sans délai de carence, tous les jours ouvrables ou non.

Elle est aussi versée en cas d'adoption à la mère ou au père adoptif.

L'employeur peut maintenir l'intégralité du salaire à la salariée soit de sa propre initiative soit en application d'une convention collective. Il touchera à la place du salarié les indemnités journalières.

La salariée enceinte ou ayant accouché dont le contrat de travail est suspendu en raison de l'exposition à des risques déterminés par décret bénéficie, hors de la période ouvrant droit au congé légal de maternité, d'une allocation journalière de maternité spécifique. Cette allocation est accordée selon les mêmes conditions que l'indemnité journalière de maladie. Elle n'est pas cumulable avec l'indemnisation des congés de maternité, de maladie ou d'accident du travail, le complément de l'allocation d'éducation de l'enfant handicapé lorsqu'il est accordé en contrepartie d'une cessation d'activité ou la prestation partagée d'éducation de l'enfant à taux plein ou à taux partiel.

Les indemnités journalières sont imposables.

## C – Les prestations en espèces dans le cadre du congé de paternité et d'accueil de l'enfant

***Après la naissance de l'enfant, le père salarié ainsi que, le cas échéant, le conjoint salarié de la mère ou la personne salariée liée à elle par un pacte civil de solidarité (PACS) ou vivant maritalement avec elle, bénéficie d'un congé de paternité et d'accueil de l'enfant***.

***Les prestations en espèces ou indemnités journalières (IJ) sont destinées à compenser la perte de salaire pendant la durée du congé*** (*cf.* chapitre 13). Le bénéficiaire de ces prestations est l'assuré.

***Les conditions d'ouverture de droits aux indemnités journalières (IJ)*** s'apprécient à la date du début du congé. L'assuré(e) doit remplir les conditions suivantes :

- avoir au moins 10 mois d'immatriculation à la date du début du congé ;
- avoir travaillé au moins 200 heures au cours des 3 mois civils ou des 90 jours précédant la date du début du congé, ou avoir cotisé sur un salaire au moins égal à 1 015 fois le montant du SMIC horaire au cours des 6 mois précédant la date du début du congé ;
- justifier de la filiation de l'enfant ou de son lien avec la mère de l'enfant et adresser à la caisse d'assurance maladie :
  - une copie de l'acte de naissance de l'enfant,
  - ou une copie du livret de famille mis à jour,
  - ou, le cas échéant, la copie de l'acte de reconnaissance de l'enfant.

  Cependant, cette pièce justificative peut aussi être adressée à la caisse d'assurance maladie du salarié par son employeur en même temps que l'attestation de salaire.
- cesser toute activité salariée ou assimilée.

L'indemnité journalière est identique à celle versée pour le congé maternité. Elle est attribuée sans délai de carence tous les jours ouvrables ou non.

Les indemnités journalières sont imposables.

L'employeur peut maintenir l'intégralité du salaire au salarié en congé de paternité soit de sa propre initiative soit en application d'une convention collective. Il touchera à la place du salarié les indemnités journalières.

## 3 L'assurance invalidité

***L'assurance invalidité a pour but d'assurer un revenu de remplacement à un assuré présentant une invalidité réduisant au moins des 2/3e sa capacité de travail ou de gain.***

Le ***bénéficiaire*** de cette assurance est ***l'assuré***.

L'ouverture du droit aux prestations nécessite les mêmes conditions que celles requises pour l'assurance maladie pour un arrêt de plus de 6 mois.

L'assuré invalide bénéficie des prestations en nature. Il est pris en charge à 100 % du tarif conventionné pour tous les soins liés ou non à son état.

La pension d'invalidité est calculée sur la base du salaire annuel moyen de l'assuré devenu invalide obtenu à partir des 10 meilleures années. Un pourcentage lui est appliqué en fonction de la catégorie d'invalidité qui est attribuée à l'assuré :

- ***1re catégorie*** : il est capable d'exercer une activité rémunérée : taux de 30 % ;
- ***2e catégorie*** : il est incapable d'exercer une activité rémunérée : taux de 50 % ;
- ***3e catégorie*** : il appartient à la 2e catégorie et il est dans l'obligation d'avoir recours à l'assistance d'une tierce personne pour effectuer les actes ordinaires de la vie : taux de 50 % plus une majoration pour assistance d'une tierce personne.

Elle peut être révisée en cas d'aggravation de l'état de l'assuré ou être suspendue en cas de reprise d'une activité assurant des ressources supérieures à un plafond déterminé. À 60 ans, elle est remplacée par une pension vieillesse dont le montant ne peut être inférieur à celui de la pension d'invalidité.

## 4 L'assurance décès

***L'assurance décès a pour but de garantir aux ayants droit d'un assuré décédé un secours de première urgence – le capital décès – destiné à compenser la perte de ressources.***

Les ***bénéficiaires*** de cette assurance sont les ***personnes à la charge effective et permanente de l'assuré*** au moment du décès.

L'ouverture du droit au capital-décès nécessite les mêmes conditions que celles requises pour les prestations en nature de l'assurance maladie pendant 1 an.

Le montant du capital-décès est égal à 90 fois le salaire journalier de base de l'assuré décédé. Il ne peut être ni supérieur à 3 fois le plafond mensuel ni inférieur à 1 % du plafond annuel. Il est versé par ordre de préférence au conjoint puis à défaut aux enfants, aux ascendants, ou à la concubine.

# L'assurance vieillesse

Chapitre **22**

## 1 La pension vieillesse

***La pension vieillesse a pour but d'assurer des ressources à l'assuré âgé qui, ayant atteint l'âge légal de départ à la retraite, ne désire plus exercer son activité professionnelle.***

***Le départ en retraite est un droit mais non une obligation.*** Le salarié peut travailler jusqu'à 70 ans, âge à compter duquel l'employeur peut décider unilatéralement de le mettre à la retraite.

### A – Les conditions d'ouverture du droit à la pension de vieillesse

Pour avoir droit a une pension de vieillesse, il faut :

- ***avoir cotisé au moins un trimestre*** au régime général d'assurance vieillesse ;
- ***avoir atteint l'âge légal de départ à la retraite*** ; l'assuré peut retarder sa demande de retraite soit pour acquérir les trimestres requis pour avoir une pension à taux plein, soit pour bénéficier d'une majoration de sa pension ;
- ***avoir cessé son activité professionnelle*** ; la reprise d'une activité professionnelle après liquidation de la retraite est possible.

### B – L'âge légal de départ à la retraite

L'âge légal de départ à la retraite dépend de la date de naissance de l'assuré :

– ***assuré né avant le 1er juillet 1951 : 60 ans*** ;

– ***assuré né entre le 1er juillet 1951 et le 31 décembre 1954 : l'âge légal de départ à la retraite est progressivement augmenté*** ;

– ***assuré né après le 1er janvier 1955 : 62 ans.***

| Date de naissance | | | | | |
|---|---|---|---|---|---|
| **Né avant le 1er juillet 1951** | **Né entre le 1er juillet et le 31 décembre 1951** | **Né en 1952** | **Né en 1953** | **Né en 1954** | **Né à partir du 1er janvier 1955** |
| **Âge légal de départ à la retraite** | | | | | |
| 60 ans | 60 ans et 4 mois | 60 ans et 9 mois | 61 ans et 2 mois | 61 ans et 7 mois | 62 ans |

## C – Le montant de la pension de vieillesse

Le montant annuel de la pension de vieillesse est déterminé par la formule suivante :

$$P_V = T \times SAM \times \frac{D}{d}$$

| | |
|---|---|
| $P_V$ | : pension vieillesse annuelle |
| T | : taux de la pension |
| SAM | : salaire annuel moyen brut |
| D | : durée d'assurance dans le régime général |
| d | : durée de référence pour une pension non proratisée |

### 1) La durée d'assurance au régime général (D)

***La durée d'assurance est l'ensemble des trimestres cotisés réunis par l'assuré au régime général***. Elle est ***limitée au nombre de trimestres retenus pour la durée de référence***.

Pour déterminer la durée d'assurance au régime général on comptabilise :

- ***les périodes de cotisations au régime général*** : un trimestre est validé si l'assuré a cotisé sur la base de 150 heures de SMIC en vigueur au 1er janvier de l'année considérée avec un maximum de 4 trimestres par année ;
- ***les périodes assimilées*** : les périodes où l'assuré a perçu des prestations (maladie, maternité, invalidité et accident du travail), des revenus de remplacement (allocations chômage, allocations de solidarité...), a effectué son service national, a effectué des stages de formation professionnelle. Le jeune peut valider jusqu'à 6 trimestres d'assurance vieillesse au titre de la première période de chômage non indemnisée ;
- ***les majorations de périodes d'assurance applicables*** :
  - ***à la mère au titre de la grossesse, de l'accouchement ou de l'adoption*** : 4 trimestres pour chaque enfant. En cas d'adoption, les parents en désignent le bénéficiaire ou définissent entre eux de sa répartition,
  - ***à la mère et/ou au père au titre de l'éducation*** : 4 trimestres pour chaque enfant mineur au titre de son éducation pendant les 4 ans suivant sa naissance ou son adoption. Les parents en désignent le bénéficiaire ou définissent entre eux de sa répartition. Pour les enfants nés ou adoptés avant le 1er janvier 2010, elle est accordé à la mère,
  - ***aux parents ayant élévé un enfant handicapé ouvrant droit à l'AEEH et son complément*** : majoration, pour chacun des parents, d'un trimestre par période d'éducation de 30 mois, dans la limite de 8 trimestres (cumul possible avec la majoration de trimestre pour enfant attribuée à la mère ou au père),
  - ***au père ou à la mère qui a bénéficié d'un congé parental d'éducation*** : majoration égale à la durée du congé (non cumulable avec la majoration au titre de la maternité, de l'adoption ou de l'éducation ; la majoration la plus avantageuse est appliquée),
  - ***à l'assuré atteignant l'âge d'attribution du taux plein qui, ne totalisant pas le nombre de trimestres d'assurance requis pour le taux plein, diffère sa demande de pension*** : majoration de sa durée d'assurance de 2,5 % par trimestre postérieur à cet âge.

L'assuré, âgé d'au moins 20 ans et de moins de 67 ans et dont la pension de retraite dans le régime général n'a pas été liquidée, peut ***demander le rachat de trimestres***, dans la limite de 12, des périodes suivantes :

- années d'études, ayant donné lieu à l'obtention d'un diplôme, précédant l'affiliation à un régime ;
- années civiles ayant donné lieu à affiliation à l'assurance vieillesse du régime général sans pour autant permettre la validation de 4 trimestres d'assurance.

## 2) La durée de référence (d)

La durée de référence correspond au nombre de trimestres requis pour avoir droit à une pension non proratiséel. Elle est de 160 trimestres pour tous les assurés nés en 1948. Depuis le 1er janvier 2009, ***la durée de référence évolue au même rythme que la durée d'assurance exigée des assurés pour l'obtention d'une pension à taux plein***.

## 3) Le taux de la pension (T)

Le taux de la pension dépend de l'âge du demandeur et de sa durée d'assurance tous régimes de base confondus.

➤ ***Le taux plein de 50 %*** : pour bénéficier d'une retraite à taux plein, l'assuré doit :

- ***avoir atteint l'âge légal de départ à la retraite tout en ayant cotisé, tous régimes de base confondus, le nombre de trimestres requis pour bénéficier du taux plein*** : depuis le 1er janvier 2009, le nombre de trimestres requis – 160 trimestres – est majoré d'un trimestre par génération pour atteindre ***164 trimestres pour les assurés nés en 1952. Fixé à 165 trimestres pour les assurés nés en 1953 et 1954***, puis à ***166 trimestres pour les assurés nés en 1955, 1956 et 1957***, il augmentera ensuite, pour les assurés nés à compter du 1er janvier 1958, d'un trimestre toutes les 3 générations pour atteindre ***172 trimestres (43 ans) pour les assurés nés en 1973 et après*** ;
- ***avoir atteint l'âge d'attribution du taux plein*** : pour les assurés nés avant le 1er juillet 1951, l'âge d'obtention du taux plein est fixé à 65 ans ; pour les assurés nés après le 1er juillet 1951, l'âge d'obtention du taux plein correspond à l'âge légal de départ en retraite augmenté de 5 ans.

➤ ***Le taux minoré*** : ***l'assuré prenant sa retraite entre l'âge légal de départ à la retraite et l'âge d'attribution du taux plein, sans atteindre le nombre de trimestres requis, voit son taux de pension minoré***.

Le coefficient de minoration pour chaque trimestre manquant est fixé selon l'année de naissance de l'assuré. Il est de 1,25 % pour les assurés nés à partir de 1952.

Le taux de la pension est diminué de la moitié de la valeur du coefficient de minoration pour chaque trimestre manquant par rapport soit à la durée exigée pour le taux plein, soit du nombre de trimestres séparant l'âge atteint par l'assuré, à la date d'effet de sa pension, de l'âge légal du taux plein en fonction de son année de naissance. Le nombre de trimestres est arrondi au chiffre supérieur. Le plus petit nombre est retenu. Le taux minoré ne peut pas être inférieur à 25 %.

***Cas particuliers*** : l'assuré bénéficie dès l'âge de 60 ans d'une retraite à taux plein, même s'il ne justifie pas de la durée d'assurance requise, s'il remplit une des conditions suivantes :

- être titulaire d'une pension d'invalidité, de l'allocation adulte handicapé ou être reconnu inapte au travail ;
- être ancien combattant, ancien prisonnier de guerre, ancien déporté ou interné de la Résistance ;
- être mère de famille salariée ayant élevé au moins 3 enfants à condition de justifier d'au moins 30 ans d'assurance dans le régime général (et agricole) et d'avoir exercé un travail manuel ouvrier pendant au moins 5 ans au cours des 15 dernières années.

### 4) Le salaire annuel moyen (SAM)

Le salaire annuel moyen correspond à ***la moyenne des salaires bruts perçus au cours des 25 meilleures années civiles d'assurance dans la limite du plafond de la Sécurité sociale*** en vigueur au cours de l'année considérée. Les salaires servant de base au calcul sont revalorisés à l'aide de cœfficients de majoration fixé par arrêté ministériel pour tenir compte de l'inflation.

### 5) Le montant mensuel de la pension

Le montant mensuel de la pension pour un assuré bénéficiant du taux plein ne peut être :

- ***ni supérieur à un maximum égal à 50 % du plafond mensuel de la Sécurité sociale*** ;
- ***ni inférieur à un minimum contributif*** de 628,99 €/mois ***ou à un minimum contributif majoré*** de 687,32 €/mois depuis le 1er avril 2013. Ce montant minimum est servi intégralement à tout assuré justifiant d'une durée d'assurance ouvrant droit au taux plein ; en deçà, le minimum est réduit proportionnellement.

La revalorisation du montant des pensions de retraite est fixé au 1er octobre de chaque année.

***Le montant de la pension de vieillesse est majoré dans les cas suivants*** :

- ***la surcote*** : tout assuré qui travaille au-delà de l'âge légal de départ à la retraite tout en justifiant d'une durée d'assurance nécessaire à l'obtention d'une retraite à taux plein, bénéficie d'une majoration de pension. Le taux de cette majoration est de 1,25 % pour chaque trimestre accompli. Le principe de la surcote est appliqué aux bénéficiaires du minimum contributif ;
- ***la bonification pour enfants*** : l'assuré a élevé au moins 3 enfants à sa charge ou à celle de son conjoint pendant 9 ans avant leur 16e anniversaire. Le taux de cette majoration est de 10 % ; chacun des conjoints peut y prétendre pour sa pension ;
- ***la majoration pour tierce personne*** : l'assuré titulaire d'une pension de vieillesse attribuée pour inaptitude au travail a besoin d'une tierce personne pour accomplir les actes ordinaires de la vie : majoration de 40 % sans pouvoir être inférieure à 1 103,08 €/mois depuis le 1er avril 2014.

### 6) La demande de liquidation de la pension

L'assuré demande la liquidation de sa pension auprès de la CARSAT de son lieu de résidence. Le point de départ de la pension est fixé au 1er jour du mois choisi par l'assuré. Il ne peut être antérieur au 1er jour du mois qui suit le dépôt de la demande.

Le montant de la pension ne peut être révisé même si le salarié reprend une activité salariée.

## D – Le départ en retraite avant l'âge légal

### 1) Les assurés justifiant d'une incapacité d'origine professionnelle

***Tout assuré frappé d'un taux d'incapacité d'origine professionnelle d'au moins 20 %*** peut partir en retraite ***dès l'âge de 60 ans*** à taux plein même s'il ne justifie pas de la durée d'assurance requise. Il peut bénéficier de la même mesure, après avis favorable d'une commission pluridisciplinaire, si ce taux est compris entre 10 % et 20 %.

### 2) Les assurés justifiant d'une longue carrière

***Tout assuré ayant effectué une longue carrière peut bénéficier de sa pension de vieillesse avant l'âge légal de départ à la retraite***. Selon les situations, le départ anticipé à la retraite peut avoir lieu dès 60 ans ou avant l'âge de 60 ans. L'assuré doit remplir les ***conditions*** suivantes :

- ***avoir travaillé avant l'âge anniversaire de 20 ans*** ;
- ***justifier d'au moins 5 trimestres cotisés à la fin de l'année civile au cours de laquelle est survenu son 16e, 17e ou 20e anniversaire ou 4 trimestres s'il est né au cours du 4e trimestre de ces mêmes années*** ;
- ***justifier de la durée d'assurance cotisée nécessaire pour le taux plein***, tous régimes de base confondus, pour un départ à 60 ans. Pour un départ avant 60 ans, l'assuré doit justifier de la même durée, majorée de 4 ou 8 trimestres selon l'âge de début d'activité.

La durée d'assurance requise comprend, outre la durée directement cotisée (périodes de travail avec cotisation sur le salaire), les périodes suivantes considérées avoir donné lieu à cotisation : le service national dans la limite de 4 trimestres, les périodes de chômage dans la limite de 4 trimestres, les trimestres civils avec paiement d'une pension d'invalidité dans la limite de 2 trimestres, les périodes de maladie, maternité et accident du travail dans la limite de 4 trimestres, l'ensemble des trimestres acquis au titre de la maternité ainsi que tous les trimestres de majoration de durée d'assurance attribués au titre du compte personnel de prévention de la pénibilité.

***Le départ devient possible dès que le salarié remplit toutes les conditions***.

## E – Le compte personnel de prévention de la pénibilité

***Tout salarié exposé à un ou plusieurs des facteurs de risques professionnels susceptibles de laisser des traces durables identifiables et irréversibles sur sa santé acquiert des points*** (1 ou 2 points par trimestre d'exposition, doublement des points en cas de cumul de 2 facteurs ou plus ou à partir de 58,5 ans) ***qui figurent sur son compte personnel de prévention de la pénibilité***. Les points lui restent acquis jusqu'à leur liquidation ou à son admission à la retraite. Le nombre total de points cumulables tout au long de la carrière ne peut exceder 100 points.

***Les facteurs de risques professionnels pris en compte sont ceux liés :***

- ***à des contraintes physiques marquées*** (manutentions manuelles de charge, postures pénibles et vibrations mécaniques) ;
- ***à un environnement physique agressif*** (agents chimiques dangereux y compris poussières et fumées, activités exercées en milieu hyperbare c'est-à-dire de haute pression, températures extrèmes et bruit) ;

– ***à certains rythmes de travail*** (travail de nuit, travail en équipes successives alternantes et travail répétitif caractérisé par la répétition d'un même geste).

Le compte personnel de prévention de la pénibilité est mis en place depuis le 1er janvier 2015 pour 4 des 10 facteurs de risques professionnels (les 3 liés au rythme du travail et celui lié à l'activité exercée en milieu hyperbare) et au 1er janvier 2016 pour les autres facteurs de risques. Il est financé par une contribution à la charge de l'employeur.

Les points peuvent être utilisés, en tout ou partie, à une ou plusieurs des 3 utilisations suivantes :

– ***participer au financement d'une action de formation permettant une reconversion dans un emploi moins pénible*** (les 20 premiers points doivent être consacrés à la formation) ;

– ***assurer un complément de rémunération lors d'un passage à temps partiel en fin de carrière*** ;

– ***acquérir des trimestres de retraite permettant d'avancer l'âge de départ à la retraite*** (10 points correspondent à un trimestre), jusqu'à 2 ans plus tôt que l'âge légal de départ à la retraite. Ces trimestres ainsi acquis sont pris en compte pour de déterminer le taux de la pension. Ils sont, de plus, réputés cotisés pour le bénéfice du dispositif de départ anticipé pour longue carrière.

## F – La retraite progressive

La retraite progressive est la ***possibilité, pour un assuré du régime général ou agricole de poursuivre une activité professionnelle à temps partiel*** auprès de son employeur, ***tout en faisant liquider une partie de sa pension de retraite***. Le dispositif est ouvert aux salariés qui travaillent à temps partiel ou qui passent à temps partiel au moment de leur demande de retraite progressive.

L'assuré doit remplir les ***trois conditions cumulatives*** suivantes :

- ***avoir atteint l'âge légal de départ à la retraite diminué de 2 ans***, sans pouvoir être inférieur à 60 ans ;
- ***justifier d'une durée d'assurance et de périodes reconnues équivalentes fixées à 150 trimestres validés dans le régime général et, le cas échéant, dans un ou plusieurs autres régimes obligatoires*** ;
- ***exercer une activité professionnelle à temps partiel comprise entre 80 % et 40 % de la durée légale ou conventionnelle du travail applicable dans l'entreprise***, soit entre 28 heures et 14 heures pour la durée légale du travail.

***Le montant de la retraite progressive égal à la différence entre 100 % et la quotité de travail à temps partiel par rapport à la durée du travail à temps complet dans l'entreprise***. Pour un travail à temps partiel de 65 %, l'assuré en retraite progressive percevra 35 % de sa retraite. L'assuré bénéficie d'une fraction identique de sa retraite complémentaire.

Le salarié en retraite progressive continue à acquérir des droits lui permettant d'obtenir une seconde liquidation de pension. Il peut, avec l'accord de son employeur, cotiser sur un salaire à temps plein.

La pension de vieillesse est soumise à l'impôt sur le revenu, à la CSG et à la CRDS.

## *G – Le cumul emploi-retraite*

L'assuré social peut ***cumuler sa pension et le revenu d'une activité professionnelle*** s'il remplit les ***3 conditions cumulatives*** suivantes :

- ***avoir rompu son contrat de travail*** ;
- ***avoir liquidé l'ensemble de ses pensions des régimes de retraite obligatoires, de base comme complémentaires*** ;
- ***avoir atteint l'âge légal de départ à la retraite dès lors qu'il justifie d'une durée d'assurance*** et de périodes reconnues équivalentes nécessaires ***pour bénéficier d'une retraite à taux plein ou***, à défaut, ***avoir atteint l'âge d'attribution du taux plein, quelle que soit sa durée d'assurance***.

Pour l'assuré qui n'a pas cotisé la durée nécessaire pour bénéficier d'une retraite à taux plein, le cumul emploi-retraite n'est possible que dans certaines limites :

- le plafond de cumul emploi-retraite ne doit pas dépasser un plafond correspondant à la moyenne mensuelle des 3 derniers salaires ou un montant équivalent à 160 % du SMIC ;
- si la reprise de l'activité a lieu chez le dernier employeur, elle ne peut intervenir, au plus tôt, que 6 mois après la date d'entrée en jouissance de la pension (aucun délai chez un autre employeur).

## *H – La mise à la retraite à partir de l'âge d'attribution du taux plein*

L'employeur doit, s'il envisage de mettre à la retraite un salarié en mesure de bénéficier d'une retraite à taux plein, interroger par écrit le salarié, 3 mois avant son anniversaire, sur son intention de quitter volontairement l'entreprise pour bénéficier d'une pension de vieillesse.

Le salarié dispose d'un délai d'un mois pour faire connaître sa réponse. En l'absence de réponse ou en cas de réponse négative, l'employeur ne peut mettre le salarié à la retraite pendant l'année qui suit.

La même procédure est applicable les années suivantes, c'est-à-dire jusqu'aux 70 ans du salarié, âge à compter duquel l'employeur peut décider unilatéralement de le mettre à la retraite.

L'employeur doit, dans la déclaration annuelle des données sociales (DADS) adressée à l'URSSAF, indiquer le nombre de salariés partis en préretraite ou placés en cessation anticipée d'activité, mis à la retraite d'office ainsi que le nombre de salariés âgés d'au moins 55 ans licenciés ou ayant bénéficié de la rupture conventionnelle au cours de l'année civile précédant la déclaration.

## *I – La pension de reversion*

La pension de reversion permet de faire bénéficier, sous conditions de ressources, le conjoint survivant ou divorcé d'un assuré décédé ou disparu d'une fraction de la pension de retraite dont il bénéficiait ou aurait pû bénéficier à l'âge de sa retraite.

Les ressources personnelles de l'intéressé ou, le cas échéant, celles du ménage ne doivent pas excéder le montant annuel du SMIC (soit 2 080 fois le taux horaire du SMIC).

Le montant de la pension de reversion ne peut excéder 54 % de la pension principale dont l'assuré bénéficiait ou eût bénéficié. Il est possible de cumuler, sous certaines conditions, une pension de reversion avec une retraite personnelle.

## 2 L'allocation de solidarité aux personnes âgées (ASPA)

L'allocation de solidarité aux personnes âgées (ASPA) a pour but d'***assurer un minimum vieillesse à toute personne âgée***. L'ASPA est une allocation non contributive, elle n'est pas la contrepartie d'un versement de cotisation.

L'ASPA est attribuée à toute personne remplissant les conditions suivantes :

- *être âgé d'au moins 65 ans ou 60 ans pour inaptitude au travail* ;
- *justifier d'une résidence stable et régulière sur le territoire métropolitain ou dans un département d'outre-mer* ;
- *ne pas disposer de ressources supérieures à un plafond annuel déterminé* :
  – soit pour une *personne seule* : 9 600 € au 1er octobre 2014,
  – soit pour un *ménage* (y compris concubinage) : 14 904 € au 1er octobre 2014.
  Le calcul des ressources inclut le montant des allocations à percevoir.

Le montant maximum servi au titre de l'ASPA varie selon la composition du foyer :

– ***pour une personne seule*** ou lorsque seul un des conjoints, concubins ou partenaires liés par un PACS en bénéficie : à 800 €/mois depuis le 1er octobre 2014 ;

– ***pour les deux conjoints***, concubins ou partenaires liés par un PACS : 1 242 €/mois depuis le 1er octobre 2014. Dans ce cas, le montant est servi par moitié à chacun des 2 allocataires concernés.

L'ASPA est revalorisée chaque année au 1er avril. Afin de soutenir le pouvoir d'achat des retraités les plus modestes, elle a fait l'objet d'une revalorisation exceptionnelle à compter du 1er octobre 2014. Compte tenu de la faible inflation constatée pour 2014 et de l'inflation prévisionnelle pour 2015, l'ASPA n'a pas été revalorisée au 1er avril 2015.

L'ASPA est versée à taux réduit – allocation différentielle – en cas de dépassement des ressources. Elle est liquidée et servie soit par la caisse de retraite qui sert au demandeur un avantage de retraite de base, soit par le service de l'ASPA géré par la Caisse des dépôts et consignations si la personne ne relève d'aucun régime de base obligatoire d'assurance vieillesse. Les sommes servies au titre de l'ASPA sont recouvrées sur la partie de la succession excédant 39 000 €.

L'ASPA peut être révisée, suspendue ou supprimée à tout moment lorsqu'il est constaté que l'une des conditions exigées pour son service n'est pas remplie ou lorsque les ressources de l'allocataire ont varié.

## 3 Les retraites complémentaires

***Les retraites complémentaires ont pour but d'assurer un complément de ressources qui s'ajoute à la pension vieillesse du régime général.***

***L'affiliation*** à un régime complémentaire de retraite est ***obligatoire pour tout salarié assujetti à l'assurance vieillesse du régime général***.

Il existe ***2 régimes de retraites complémentaires*** :

- ***l'Association pour le régime de retraite complémentaire des salariés (ARRCO)*** est un régime unique de retraite complémentaire. Tous les salariés doivent y être affiliés :
  - les salariés non cadres sur l'intégralité de leur rémunération dans la limite de 3 fois le plafond de la Sécurité sociale,
  - les salariés cadres, relevant de l'AGIRC, pour la partie de leur rémunération n'excédant pas le plafond de la Sécurité sociale ;
- ***l'Association générale des institutions de retraite des cadres (AGIRC)*** regroupe les institutions de retraite des cadres. Les ingénieurs, cadres et assimilés (ayant un coefficient hiérarchique égal ou supérieur à 300 ou 200 dans certaines entreprises) doivent y être affiliés pour la partie de leur rémunération excédant le plafond de la Sécurité sociale dans la limite de 8 fois ce plafond.

Les différents régimes ont été institués par accords nationaux interprofessionnels entre les organisations syndicales de salariés et d'employeurs. Les conseils d'administration de ces régimes sont gérés paritairement par des représentants des salariés et des employeurs.

***Le financement*** de ces régimes est assuré par ***une cotisation à la charge de l'employeur et du salarié***. La répartition la plus fréquente est 60 % pour l'employeur et 40 % pour le salarié. Les taux de cotisation de retraite complémentaire (les taux contractuels) sont affectés d'un taux d'appel fixé à 125 %. Ce taux d'appel est destiné à accorder un surplus de financement aux régimes de retraite. Les 25 % excédentaires sont non productifs de points de retraite.

**Taux des cotisations des régimes ARRCO et AGIRC au 1er janvier 2015**

| Plafond pour le calcul des cotisations | Employeur | Salarié |
|---|---|---|
| **Régime ARRCO (taux effectif)** | | |
| *Salarié non-cadre* : | | |
| • tranche 1 (T1) : 1 x plafond | 4,65 % | 3,10 % |
| • tranche 2 (T2) : 1 x plafond à 3 x plafond | 12,15 % | 8,10 % |
| *Salarié cadre* : | | |
| • tranche A : 1 x plafond | 4,65 % | 3,10 % |
| **Régime AGIRC (taux effectif)** | | |
| • tranche B : 1 x plafond à 4 x plafond | 12,75 % | 7,80 % |
| • tranche C : 4 x plafond à 8 x plafond[1] | 12,75 % | 7,80 % |

1. 20,55 % : répartition libre entre employeur et salarié.

Les régimes de retraites complémentaires sont des ***régimes de répartition***, les cotisations encaissées dans l'année sont utilisées pour servir les retraites de la même année.

***La demande de liquidation de la retraite complémentaire*** peut être faite :

- ***à l'âge d'attribution du taux plein fixé par le régime général de la Sécurité sociale pour obtenir une retraite complémentaire à taux plein*** (entre 65 et 67 ans en fonction de sa génération). La liquidation de la retraite avant cet âge entraîne l'application d'un taux minoré ;
- ***dès l'âge légal de départ à la retraite fixé par le régime général de la Sécurité sociale, par dérogation et sans abattement, si l'assuré justifie de la durée d'assurance qui permet d'obtenir dans le régime général une pension vieillesse à taux plein et a fait liquider cette pension ou est inapte au travail***. Il en est de même pour l'assuré bénéficiant d'un départ anticipé en retraite.

  Le surcoût de la retraite dès l'âge légal est financé par une cotisation (à la charge de l'employeur et du salarié) versée à l'Association pour la gestion du fonds de financement de l'AGIRC et de l'ARRCO (AGFF) créée à cet effet en remplacement de l'Association pour la structure financière (ASF).

  Les cotisations sont recouvrées par les institutions, dans les mêmes conditions que les cotisations des régimes AGIRC et ARRCO.

| Plafond pour le calcul de la cotisation AGFF | Employeur | Salarié |
|---|---|---|
| • tranche A : 1 x plafond<br>• tranche B[1] : 1 x plafond à 4 x plafond | 1,20 %<br>1,30 % | 0,80 %<br>0,90 % |

1. Tranche T2 pour les salariés non-cadre (1 x plafond à 3 x plafond).

***Le nombre de points acquis par le salarié au cours d'une année est obtenu en divisant le montant des cotisations versées par le salaire de référence*** (il représente le prix d'achat du point pour une année donnée ; il est fixé par l'institution de retraite concernée).

***Le montant de la retraite annuelle est calculé en multipliant le nombre de points acquis par la valeur du point de retraite en vigueur au moment de la liquidation***. La valeur du point de retraite est fixée chaque année par le régime. Le montant de la retraite représente environ 30 % du salaire.

Des majorations familiales sont accordées pour l'assuré ayant des enfants à charge ou ayant élevé au moins 3 enfants à sa charge ou à celle de son conjoint pendant 9 ans avant leur 16e anniversaire.

***Une pension de reversion*** est prévue pour le conjoint survivant dès l'âge de 55 ans pour l'ARRCO et 60 ans pour l'AGIRC. Son montant ne peut excéder 60 % de la retraite complémentaire de l'asssuré décédé.

L'employeur doit constituer une ***couverture décès minimum pour ses cadres*** couverte par une cotisation de 1,50 % sur la tranche A des rémunérations. Le montant du capital décès varie en fonction du contrat souscrit par l'entreprise auprès de l'organisme d'assurance ou auprès de l'institution de retraite.

# Les accidents du travail et les maladies professionnelles

Chapitre 23

## 1 Les risques professionnels garantis

***L'accident du travail (AT) est un accident survenu par le fait ou à l'occasion du travail et ce quelle qu'en soit la cause***. Il implique nécessairement :

- ***un accident*** : qui est un fait soudain, brutal, extérieur qui provoque une lésion du corps humain ;
- ***en relation avec le travail*** : l'accident doit survenir sur le lieu et pendant le temps de travail ou pour un salarié en mission, résulter d'actes inhérents à la vie professionnelle.

***L'accident de trajet est assimilé à l'accident du travail*** s'il survient pendant le trajet aller et retour entre :

- le lieu de travail et la résidence principale du salarié ou sa résidence secondaire si elle présente un caractère de stabilité ;
- le lieu de travail et le lieu où le salarié prend habituellement ses repas.

Le parcours ne doit pas être interrompu ou détourné pour un motif dicté par l'intérêt personnel et étranger aux nécessités essentielles de la vie courante.

***La maladie professionnelle (MP) est une maladie due à une action lente et prolongée de certains agents nocifs avec lesquels le salarié a été en contact pendant le travail, à une infection microbienne sur le lieu de travail ou à une ambiance ou une attitude entraînée par le travail.*** Pour être reconnue comme maladie professionnelle, l'affection doit :

- ***soit être une maladie désignée dans un des tableaux de maladies professionnelles et contractée dans les conditions mentionnées à ces tableaux***. Pour chaque maladie, les tableaux indiquent :
  - la désignation de la maladie ou affections provoquées par la maladie,
  - la liste des travaux susceptibles de les provoquer,
  - le délai de prise en charge : la première constatation médicale doit être faite au plus tard dans le délai fixé pour chaque maladie ou affection à partir de la cession d'exposition aux risques ;
- ***soit être une maladie non désignée par un des tableaux lorsqu'il est établi qu'elle est essentiellement et directement causée par le travail habituel de la victime*** et qu'elle a entraîné soit son décès, soit une incapacité permanente égale à 66,6 %.

***La garantie du risque d'accident du travail ou de maladie professionnelle concerne*** :

– tous les salariés ;

– les élèves et les étudiants pour tout accident survenu au cours d'enseignements dispensés en ateliers, en laboratoires ou à l'occasion de stages effectués dans le cadre de leurs études ;

– les détenus exécutant un travail pénal ;

– les personnes participant bénévolement au fonctionnement d'organismes à objet social.

## 2 Les formalités à accomplir

***Le salarié victime d'un accident du travail – ou de trajet – doit prévenir – directement ou par lettre recommandée – l'employeur*** (ou son représentant) ***dans les 24 heures qui suivent l'accident*** (sauf en cas de force majeure).

***L'employeur*** – ou son représentant – ***doit déclarer dans les 48 heures l'accident à la CPAM*** dont relève la victime. La déclaration d'accident du travail est envoyée par lettre recommandée avec AR (utilisation d'un imprimé spécial) ou saisie en ligne sur le site *www.net-entreprises.fr*. En cas d'arrêt de travail, l'employeur doit adresser à la caisse primaire ou remplir en ligne l'attestation de salaire permettant le calcul des indemnités journalières.

***Il doit délivrer à la victime une feuille d'accident***. La feuille d'accident du travail est conservée par la victime. Elle doit être présentée systématiquement au praticien qui dispense les soins, ou le cas échéant à l'hôpital, ainsi qu'à l'auxiliaire médical(e), au pharmacien et au biologiste chaque fois qu'une ordonnance est exécutée. Ces derniers doivent la remplir afin d'attester la prestation des actes et l'exécution des ordonnances. La feuille d'accident du travail permet à la victime de bénéficier du tiers payant et de la gratuité des soins, dans la limite des tarifs conventionnels.

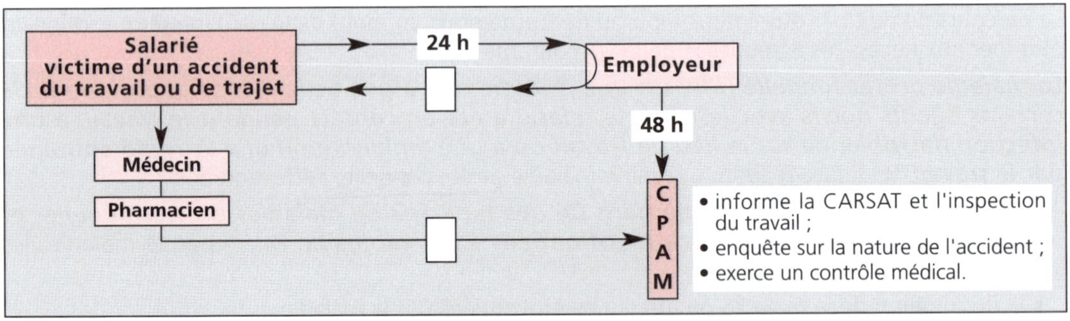


***Le médecin établit*** :

- ***un certificat médical initial*** dans lequel il décrit la ou les lésions, précise si cet accident donne lieu à un arrêt de travail et indique quelle sera la suite des soins. S'il y a lieu, il établit des certificats de prolongation ;
- ***un certificat médical final*** dans lequel il indique les conséquences définitives de l'accident.

Chaque certificat est établi en 2 exemplaires : le premier est destiné à la CPAM et le second est conservé par le salarié.

La CPAM informe la CARSAT et l'inspection du travail. Elle peut procéder :

– à un contrôle médical auquel le salarié doit se soumettre ;

– à une enquête si le caractère professionnel de l'accident ou de la maladie ne lui paraît pas évident ;

– à une enquête obligatoire si la blessure risque d'entraîner la mort ou une incapacité permanente totale de travail ou lorsque la victime est décédée.

***Le salarié victime d'une maladie professionnelle doit faire lui-même la déclaration à la CPAM dans les 15 jours qui suivent la cessation du travail***. Il doit fournir en même temps une attestation de salaire établie par l'employeur et les certificats médicaux délivrés par le médecin. La CPAM lui remet alors une feuille d'accident.

**À NOTER** • En cas d'accident du travail n'entraînant ni arrêt ni soin en dehors du service médical de l'entreprise, l'employeur doit uniquement le mentionner sur le registre d'infirmerie.

## 3 Les prestations

### A – En cas d'incapacité temporaire

#### 1) Les prestations en nature

L'assuré a droit à la ***prise en charge à 100 % pour l'ensemble des dépenses nécessaires à son traitement*** et ce jusqu'à la guérison ou la consolidation. Il n'a pas à faire l'avance des frais (sauf pour les frais de transport). La prise en charge ne s'applique que sur la base des tarifs conventionnels.

L'assuré est soumis à la participation forfaitaire de 1 €.

#### 2) Les prestations en espèces

Il n'y a ***pas de délai de carence en cas d'arrêt de travail***. L'assuré perçoit les ***indemnités journalières (IJ)*** à partir du jour suivant l'arrêt. Le jour où se produit l'accident est intégralement payé par l'employeur.

***Le salaire journalier de base*** est égal à ***1/30,42e du salaire de référence*** (salaire brut du mois précédant l'arrêt de travail) ***diminué d'un taux forfaitaire de cotisations de 21 %*** dans la limite de 0,834 % du plafond annuel de Sécurité sociale.

Le ***montant de l'indemnité journalière*** est égal à :

→ ***60 % du salaire journalier de base pendant les 28 premiers jours***,
(montant maximum : plafond annuel de Sécurité sociale x 0,834 % x 60 %) ;

→ ***80 % du salaire journalier de base à partir du 29e jour***,
(montant maximum : plafond annuel de Sécurité sociale x 0,834 % x 80 %).

L'indemnité journalière ne peut dépasser le montant du gain journalier net perçu par la victime.

Les indemnités journalières sont non soumises à l'impôt sur le revenu (à hauteur de 50 % de leur montant), mais assujetties à la CSG et à la CRDS.

Le salarié victime d'un AT ou d'une MP a droit à l'indemnité complémentaire sans délai de carence. L'employeur peut lui maintenir son salaire dans les mêmes conditions que s'il avait été en arrêt pour maladie (*cf.* chapitre 21).

## B – En cas d'incapacité permanente

À la fin du traitement :

– soit il y a ***guérison*** : le salarié retrouve la totalité de sa capacité de travail ;

– soit il y a ***consolidation*** : le salarié garde des séquelles qui entraînent une incapacité permanente, partielle ou totale de travail. Dans ce cas, le salarié a droit à une rente.

***Le montant de la rente est obtenu en multipliant le salaire de base annuel par le taux d'incapacité*** :

→ ***le salaire de base annuel*** : il est constitué par le salaire perçu par la victime (comme pour les indemnités journalières) pendant les 12 mois qui ont précédé l'arrêt de travail

Pour le calcul de la rente, un salaire minimal est fixé pour déterminer la partie du salaire de base annuel prise en compte. Le salaire minimal est revalorisé périodiquement. Le salaire de base annuel est pris en compte :

– en totalité jusqu'à 2 fois le montant du salaire minimal,

– pour 1/3 en ce qui concerne la partie du salaire de base annuel comprise entre 2 et 8 fois le montant du salaire minimal. La partie du salaire supérieure à 8 fois ce montant n'est pas prise en compte.

Pour un taux d'incapacité d'au moins 10 %, le salaire de base annuel ne peut être inférieur au salaire minimal ;

→ ***le taux d'incapacité*** : il mesure la réduction permanente de la capacité professionnelle du salarié. Il est déterminé d'après la nature de l'infirmité, l'âge, les facultés physiques et mentales, les aptitudes et la qualification professionnelle de la victime.

À partir du taux d'incapacité on calcule le taux de la rente en réduisant de moitié la partie du taux d'incapacité inférieure à 50 % et en multipliant par 1,5 la partie du taux supérieur à 50 %. Le taux de la rente s'applique au salaire de base.

La rente est versée pendant toute la vie du bénéficiaire. Elle est revalorisée une fois par an au 1er janvier. Elle est augmentée de 40 % si l'état de la victime nécessite l'assistance d'une tierce personne. Elle est révisée en cas de modification de l'état de la victime. Elle peut être convertie en capital : obligatoirement si le taux d'incapacité est inférieur à 10 % ; facultativement après 5 ans.

## C – En cas d'accident mortel

Les ayants droit de la victime décédée à la suite d'un accident du travail, d'un accident de trajet ou d'une maladie professionnelle peuvent prétendre à une rente destinée à compenser la perte de ressources que l'assuré procurait à son foyer par l'exercice d'une activité salariée ou par la perception d'une rente.

Le décès doit être la conséquence directe :

– d'un accident du travail ou d'un accident de trajet, que le décès ait été instantané (ou peu de temps après l'accident) ou qu'il ait eu lieu un certain temps après une aggravation progressive de l'état de la victime ;

– d'une maladie professionnelle, à condition que l'affection ayant entraîné la reconnaissance de la maladie professionnelle ait été la cause directe du décès. Les proches perçoivent une rente (calculée d'après le salaire annuel de l'assuré).

Le montant de la rente correspond à un pourcentage du salaire annuel de la victime (identique à celui utilisé pour le calcul de la rente d'incapacité permanente) ; il est variable selon le bénéficiaire :

– 30 % pour le conjoint survivant non divorcé ou 50 % s'il a 55 ans ou s'il est reconnu inapte au travail pour une incapacité de travail d'au moins 50 % ;

– 15 % pour chacun des 2 premiers enfants à charge, 10 % pour chacun des suivants ;

– 10 % pour chacun des ascendants à charge sans excéder au total 30 %.

L'ensemble des rentes versées ne doit pas excéder 85 %. Le montant de la rente est revalorisé au 1er janvier de chaque année.

Les frais funéraires sont pris en charge par la CPAM dans la limite de 1/24e du plafond annuel de la Sécurité sociale.

## 4 Les incidences en cas de faute intentionnelle ou inexcusable

Les droits à réparation résultant d'un accident du travail, d'un accident de trajet ou d'une maladie professionnelle peuvent être modifiés si la faute est imputable à l'employeur (ou à l'un de ses préposés) ou à la victime elle-même.

### A – La faute intentionnelle

***La faute intentionnelle traduit un acte ou une omission, librement consenti et impliquant l'intention de nuire.*** Si elle est *imputable* :

- ***à la victime*** : elle perd tout droit aux prestations dues pour un accident de travail. Elle garde le bénéfice des prestations en nature de l'assurance maladie ;
- ***à l'employeur, à un salarié de l'entreprise ou à un tiers extérieur à l'entreprise*** : la victime peut demander à l'auteur de l'accident la réparation du préjudice, en plus des prestations versées par la CPAM. La CARSAT peut intenter contre l'auteur de l'accident, une action en remboursement des sommes payées à la victime. Elle peut imposer une cotisation supplémentaire à l'employeur.

### B – La faute inexcusable

***L'employeur est tenu envers ses salariés à une obligation générale de résultat en matière de sécurité.*** Le manquement à cette obligation a le caractère d'une faute inexcusable lorsque l'employeur avait ou aurait dû avoir conscience du danger auquel était exposé le salarié et qu'il n'a pas pris les mesures nécessaires pour l'en préserver. L'absence d'intention de provoquer le dommage distingue la faute inexcusable de la faute intentionnelle. La reconnaissance de la faute inexcusable est automatique lorsque l'employeur a été averti par le CHSCT ou des salariés du risque qui s'est finalement réalisé.

La victime peut demander à l'employeur réparation du préjudice et bénéficier d'une majoration du montant de sa rente. La CARSAT récupère la majoration de la rente par la perception d'une cotisation complémentaire à la charge de l'employeur et peut, en outre, lui imposer une cotisation supplémentaire.

La faute inexcusable peut être le fait de l'employeur ou de ceux qu'il s'est subsistué dans la direction, c'est-à-dire de ceux qui dirigent l'exécution du travail (cadres, chefs de chantier...).

L'auteur de la faute est responsable sur son patrimoine personnel. L'employeur peut s'assurer pour lui et ses représentants contre les conséquences financières d'une faute inexcusable. La responsabilité pénale de l'employeur – ou de ses représentants – reste entière.

La faute inexcusable de la victime est caractérisée par une faute volontaire de sa part, d'une exceptionnelle gravité, l'exposant sans raison à un danger dont il aurait dû avoir conscience (ex. : ivresse). Ces critères sont cumulatifs. Dans ce cas, le montant de la rente peut être réduit.

## 5 La protection contre le licenciement

Le salarié victime d'un accident du travail ou d'une maladie professionnelle bénéficie d'une protection contre le licenciement.

***Le contrat de travail est suspendu pendant toute la durée de l'arrêt*** et s'il y a lieu pendant la durée du stage de réadaptation, de rééducation ou de formation professionnelle.

***Tout licenciement pendant la suspension du contrat est nul*** sauf en cas de faute grave du salarié ou d'impossibilité de maintenir le contrat pour un motif non lié à l'accident ou à la maladie. En cas de refus de réintégration, le conseil de prud'hommes condamne l'employeur à verser au salarié une indemnité égale au moins à 12 mois de salaire. Le salarié perçoit aussi :

- une indemnité de licenciement égale au double de l'indemnité légale de licenciement ou à l'indemnité conventionnelle de licenciement si celle-ci est supérieure ;
- l'indemnité compensatrice de préavis.

Le salarié doit à l'issue de son traitement passer ***une visite médicale de reprise*** auprès du médecin du travail :

- ***si le salarié est reconnu apte*** : il doit être réintégré dans son emploi ou un emploi équivalent sans réduction de salaire. En cas de licenciement, l'employeur est condamné soit à la réintégration du salarié, soit à lui verser les mêmes indemnités que citées précédemment ;
- ***si le salarié est reconnu inapte*** : l'employeur doit lui proposer un emploi approprié à ses capacités. En cas d'impossibilité ou de refus – non abusif – du salarié pour le reclassement, celui-ci perçoit l'indemnité de licenciement égale au double de l'indemnité légale et l'indemnité compensatrice de préavis.

L'accident de trajet n'est pas concerné par ces mesures.

# *Les prestations familiales, l'aide sociale, le RSA et la CMU*

Chapitre **24**

## 1 Les prestations familiales

***Les prestations familiales sont destinées à atténuer les charges de famille que supporte l'allocataire – salarié ou non – pour élever ses enfants ou pour faire face à certaines situations*** (le logement, le handicap…).

Elles constituent des revenus sociaux. Elles représentent une participation de la collectivité nationale aux charges occasionnées par la présence d'un ou plusieurs enfants dans une famille.

***L'allocataire est le père ou la mère***. Le couple a la possibilité de choisir qui du père ou de la mère sera l'allocataire. Si ce droit d'option n'est pas exercé, la mère est automatiquement l'allocataire. L'allocataire peut être une personne autre que les parents si elle a la charge effective et permanente de l'enfant.

***Les conditions générales d'attribution des prestations*** à l'allocataire sont :

- *résider en France* : il n'est donc pas nécessaire d'être de nationalité française ;
- *assumer la charge effective et permanente de l'enfant* (c'est-à-dire assumer de manière générale les frais d'entretien et la responsabilité d'éducation de l'enfant). L'enfant est considéré à charge :
  - jusqu'à la fin de l'obligation scolaire : tout enfant âgé de moins de 16 ans ;
  - au-delà de l'obligation scolaire : tout enfant de moins de 20 ans (21 ans pour certaines allocations) à condition que la rémunération qu'il perçoit ne dépasse pas 55 % du SMIC, calculé sur la base de la durée légale du travail.

  Les enfants doivent résider en France. Les enfants d'un travailleur étranger – restant dans le pays d'origine – ouvrent droit à certaines prestations s'il existe des accords internationaux.

***Le montant des prestations correspond, en général, à un pourcentage de la base mensuelle de calcul des allocations familiales (BMAF)***. Elle est fixée par décret chaque année au 1er avril. Son montant est de 406,21 € au 1er avril 2015.

Les prestations familiales sont versées mensuellement à partir du 1er jour du mois civil qui suit celui de l'ouverture du droit aux prestations. Elles cessent d'être versées le 1er jour du mois civil où les conditions d'ouverture ne sont plus réunies.

Elles sont non soumises à l'impôt sur le revenu et à la CSG, mais soumises à la CRDS sauf pour l'AEEH et la prime de déménagement.

## A – Les prestations liées à la présence d'un ou plusieurs enfants

| Prestations familiales | % de la BMAF |
|---|---|
| **Allocations familiales (AF)** | |
| Compenser les dépenses occasionnées par l'éducation de 2 enfants ou plus :<br>– sans condition de ressources ;<br>– majoration pour chacun des enfants à charge de plus de 14 ans (sauf pour l'aîné dans les familles de moins de 3 enfants) : 16 % de la BMAF.<br>Depuis le 1er juillet 2015, les allocations familiales ainsi que la majoration pour âge sont modulées en fonction des revenus de l'allocataire.<br>Au-delà des plafonds de ressources, fixés par décret, le montant des allocations familiales et de la majoration pour âge est divisé par 2 ou par 4. Les plafonds de ressources sont revalorisés au 1er janvier de chaque année. | *Deux enfants* :<br>32 %<br>*Par enfant en plus* :<br>41 % |
| **Complément familial (CF)** | |
| Compenser les dépenses occasionnées par l'éducation de 3 enfants ou plus de plus de 3 ans (jusqu'à l'âge de 21 ans) :<br>– ne pas dépasser un plafond annuel de ressources.<br>Le montant du CF est majoré si les ressources sont ine dépassent pas un plafond qui varie en fonction du nombre d'enfants à charge. | *Taux de base* :<br>41,65 %<br>*Taux majoré* :<br>49,99 % |
| **Prestation d'accueil du jeune enfant (PAJE)** | |
| ***La prime à la naissance ou à l'adoption***[1] : compenser les dépenses occasionnées par la naissance d'un enfant ou par l'adoption d'un enfant :<br>– ne pas dépasser un plafond annuel de ressources ;<br>– déclarer sa grossesse dans les 14 premières semaines ;<br>– versée au cours du 7e mois de grossesse et, en cas d'adoption, le mois suivant l'arrivée au foyer. | *Naissance* :<br>229,75 %<br>*Adoption* :<br>459,50 % |
| ***L'allocation de base***[1] : compenser les dépenses liées à l'arrivée d'un enfant :<br>– ne pas dépasser un plafond annuel de ressources (taux plein ou taux partiel selon les ressources) ;<br>– avoir fait passer à l'enfant les examens médicaux obligatoires ;<br>– pas de cumul avec le CF et en cas d'adoption avec l'ASF ;<br>– versée à compter du mois de naissance de l'enfant et jusqu'au mois précédent son 3e anniversaire (en cas d'adoption, pendant 3 ans). | *Taux plein* :<br>49,95 %<br>*Taux partiel* :<br>24,975 % |
| ***La prestation partagée d'éducation de l'enfant (PreParE)*** : compenser la perte de revenu dû au fait de cesser totalement ou partiellement son activité professionnelle pour vouloir s'occuper de son ou ses enfants :<br>– sans condition de ressources ;<br>– avoir exercé une activité professionnelle minimale ;<br>– cesser de travailler (taux plein) ou travailler à temps partiel (taux partiel variable) ;<br>– pas de cumul avec le CF et l'AJPP.<br>Versée à chacun des parents pendant 6 mois si un enfant à charge ou pendant 2 ans si 2 enfants à charge ou plus (ou jusqu'au 3e anniversaire du dernier). | *Taux plein* :<br>96,62 %<br>*Taux partiel* :<br>*Temps partiel de 50 % maximum* :<br>62,46 %<br>*Temps partiel entre 50 % et 80 %* :<br>36,03 % |

1. Les montants de la prime à la naissance, de la prime à l'adoption et de l'allocation de base ne seront pas revalorisés jusqu'à ce que le montant du complément familial soit égal au montant de l'allocation de base.

| Prestations familiales | % de la BMAF |
|---|---|
| ***Le complément de libre choix du mode de garde (CLCMG)*** : compenser la charge occassionnée par l'emploi d'une assistante maternelle agréée ou d'une garde d'enfant à domicile ou par le recours à une association ou une entreprise habilitée pour au moins 16 heures par mois :<br>– avoir 3 enfants à charge dont au moins un enfant de moins de 6 ans ;<br>– avoir une activité professionnelle minimale, salarié ou non-salarié. | *Selon ressources*<br>*Enfant –3 ans*<br>de 43,14 % à 208,53 %<br>*Enfant de 3 à 6 ans*<br>de 21,57 % à 104,26 % |
| **Allocation journalière de présence parentale (AJPP)** | |
| Compenser la perte de revenu occassionnée par le fait de cesser son activité professionnelle pour s'occuper de son enfant victime d'une maladie, d'un accident ou d'un handicap grave rendant indispensables une présence soutenue et des soins contraignants :<br>– sans condition de ressources ;<br>– crédit de 310 jours ouvrés pour un même enfant et par maladie, correspondant au nombre maximum d'allocations journalières, à utiliser pendant une période de 3 ans au maximum. Le crédit de 310 jours ouvrés peut ne pas être utilisé en continu ;<br>– pas de cumul avec le complément de libre choix d'activité de la PAJE, le complément et la majoration de l'AEEH et l'AAH ;<br>– complément pour frais, sous conditions de ressources, si l'état de l'enfant exige des dépenses supérieures à un montant fixé à 27,19 % de la BMAF. | *Personnes en couple* :<br>10,63 %<br>*Personne seule* :<br>12,63 % |
| **Allocation de soutien familial (ASF)** | |
| Compenser les dépenses occasionnées par l'éducation d'un enfant pour le père ou la mère vivant seul(e), lorsque l'un des parents se soustrait au versement d'une pension alimentaire ou pour la personne ayant recueilli cet enfant :<br>– sans condition de ressources. | Orphelin père et mère :<br>33 %<br>Autres cas :<br>24,76 % |
| **Allocation d'éducation de l'enfant handicapé (AEEH)** | |
| Compenser les dépenses occassionnées par la charge d'un enfant atteint d'une incapacité permanente égale ou supérieure à 80 % (entre 50 et 80 % si l'enfant fréquente un établissement d'éducation spécialisée) :<br>– sans condition de ressources ;<br>– complément accordé, en fonction de la catégorie du handicap, dans le cas où l'état de l'enfant entraîne des dépenses particulières ou nécessite le recours à une tierce personne ou contraint l'un des parents à réduire ou cesser son activité (majoration en cas de parent isolé). | *Par enfant concerné* :<br>32 % |
| **Allocation de rentrée scolaire (ARS)** | |
| Compenser les dépenses occassionnées par la rentrée scolaire d'un ou plusieurs enfants à charge âgés d'au moins un enfant de 6 ans et 18 ans au plus en scolarité ou en apprentissage :<br>– ne pas dépasser un plafond annuel de ressources ;<br>– versée, pour chaque enfant, au début de l'année scolaire en fonction de son âge. | *Par enfant concerné* :<br>6 à 10 ans : 89,72 %<br>11 à 14 ans : 94,67 %<br>15 à 18 ans : 97,95 % |

## B – Les prestations liées au logement

| Prestations ou allocations de logement | % de la BMAF |
|---|---|
| **Allocation de logement (AL)** | |
| *L'allocation de logement à caractère familial (AL)* : compenser une partie des dépenses liées au loyer ou au remboursement du prêt pour l'accession à la propriété de la résidence principale :<br>– ne pas dépasser un plafond annuel de ressources ;<br>– être dans l'une des situations suivantes :<br>• bénéficier de l'une des prestations familiales (AF, CF, PAJE, ASF, AEEH),<br>• ménage de moins de 40 ans (pendant 5 ans à compter du mariage),<br>• ménage ou personne ayant un enfant à charge ou un ascendant à charge ;<br>– consacrer au logement principal un pourcentage minimum de ressources. | Variable en fonction :<br>– des ressources ;<br>– du loyer ou du prêt ;<br>– du nombre de personnes à charge. |
| *L'allocation de logement à caractère social (ALS)* : compenser une partie des dépenses liées au loyer ou au remboursement du prêt pour l'accession à la propriété de la résidence principale :<br>– ne pas dépasser un plafond annuel de ressources ;<br>– toute personne quel que soit son âge, sa situation familiale ou professionnelle et bénéficiant d'aucune allocation répondant au même objet (AL, APL) ;<br>– consacrer au logement principal un pourcentage minimum de ressources. | |
| **Aide personnalisée au logement (APL)** | |
| Compenser une partie des dépenses liées au loyer ou au remboursement d'un prêt d'accession à la propriété (PAP), d'un prêt d'accession sociale (PAS) ou d'un prêt conventionné (PC) destiné à la construction, l'achat ou l'amélioration de la résidence principale (ou d'un logement destiné à être loué) :<br>– ne pas dépasser un plafond annuel de ressources. | Variable en fonction :<br>– des ressources ;<br>– du loyer ou du prêt ;<br>– du statut d'occupation. |
| **Prêt à l'amélioration de l'habitat** | |
| Compenser les dépenses occassionnées par des travaux destinés à l'amélioration de la résidence principale (locataire ou propriétaire) :<br>– sans condition de ressources ;<br>– percevoir au moins une prestation familiale (sauf AAH, l'APL ou l'allocation de logement versée aux personnes sans enfant).<br>Le taux du prêt est de 1 %. Il est remboursable en 36 mensualités égales. | 80 %<br>des dépenses engagées dans la limite de<br>1 067,14 € |
| **Prime de déménagement** | |
| Compenser une partie des dépenses liées au déménagement à l'occasion de la naissance d'un 3e enfant ou plus :<br>– déménager entre le 1er jour du mois suivant le 3e mois de grossesse et le dernier jour du mois qui précède les 2 ans du 3e enfant, du 4e enfant... ;<br>– remplir les conditions d'ouverture à l'AL, l'ALS ou l'APL dans les 6 mois au plus qui suivent le déménagement. | *3 enfants* :<br>240 %<br>*par enfant en plus* :<br>+ 20 % |

## 2 L'aide sociale

L'aide sociale est due aux personnes :

– disposant de ressources insuffisantes et donc dans l'impossibilité de pourvoir aux nécessités de la vie ;

– de nationalité française ou originaire d'un pays ayant passé une convention avec la France ;

– résidant en France.

La demande d'aide sociale est déposée à la mairie de résidence auprès du bureau d'aide sociale.

Les prestations d'aide sociale sont :

– ***l'aide sociale à l'enfance*** (ASE) : elle apporte une aide aux parents en difficultés : allocations secours, aide à domicile d'une travailleuse familiale... Elle prend en charge les pupilles de l'État. Elle recueille aussi temporairement les enfants dont les parents sont hospitalisés, emprisonnés... ;

– ***l'aide sociale aux familles*** : elle est constituée par une allocation de soutien aux familles dont les ressources sont insuffisantes. Elle apporte aussi une aide en matière de logement, d'hébergement et de réadaptation à des familles en difficultés ;

– ***l'aide aux personnes âgées*** : elle apporte divers types d'aides aux personnes âgées de plus de 65 ans (ou 60 ans en cas d'inaptitude au travail) :

  - aide ménagère, foyer restaurant... avec prise en charge totale ou partielle selon les ressources,
  - placement dans un foyer logement ou dans une maison de retraite,
  - *allocation personnalisée d'autonomie* (APA) : elle permet aux personnes âgées qui ont perdu leur autonomie de recourir à toutes les aides nécessaires pour l'accomplissement des actes de la vie quotidienne (déplacement, toilette...). La perte d'autonomie est mesurée en utilisant une grille comportant 6 groupes, des personnes les moins autonomes (groupe 1) aux personnes ayant conservé leur autonomie (groupe 6). Les 4 premiers groupes bénéficient de l'APA. Le montant de la prestation varie suivant le niveau de dépendance et les revenus du bénéficiaire ;

– ***l'aide aux personnes handicapées*** : constitue un handicap, toute limitation d'activité ou restriction de participation à la vie en société subie dans son environnement par une personne en raison d'une altération substantielle, durable ou définitive d'une ou plusieurs fonctions physiques, sensorielles, mentales, cognitives ou psychiques, d'un polyhandicap ou d'un trouble de santé invalidant. L'aide aux personnes handicapées comporte diverses prestations :

  - *l'allocation aux adultes handicapés* (AAH) : elle est destinée à aider tout adulte handicapé dans l'impossibilité de se procurer un emploi. Le bénéficiaire doit remplir les conditions suivantes :
    – ne pas dépasser un plafond de ressources,
    – avoir au moins 20 ans et une incapacité permanente d'au moins 80 % ou 50 % si la commission des droits et de l'autonomie des personnes handicapées (CDAPH) instituée au sein des Maisons départementales des personnes handicapées (MDPH) reconnaît l'impossibilité d'exercer un emploi.

  L'allocation aux adultes handicapés (AAH) est accordée, par la CDAPH, pour une période de 1 à 5 ans. Son montant est égal à 1/12$^{e}$ du minimum vieillesse annuel. Si la personne handicapée a besoin d'une tierce personne pour les actes essentiels de la vie, l'allocation est majorée. Son paiement est assuré par la CAF,

- *la prestation de compensation du handicap à domicile* : elle est destinée à compenser l'ensemble des surcoûts liés au handicap dans la vie quotidienne : aides humaines, techniques, aménagement du logement mais aussi charges spécifiques ou exceptionnelles comme les aides animalières. La prestation est accordée par la CDAPH. Elle a le caractère d'une prestation en nature ; elle peut être versée, selon le choix du bénéficiaire, en nature ou en espèces. Le montant de la prestation varie suivant le niveau de dépendance et les revenus du bénéficiaire ;

– ***l'aide médicale de l'État*** : elle concerne les personnes étrangères en situation irrégulière ou non, résidant en France depuis plus de 3 mois. Elle dispense la personne de faire l'avance des frais.

**À NOTER •** Chaque commune peut, en plus de l'aide sociale obligatoire, innover en matière d'aide financière ou de services pour couvrir les besoins de certains de ses administrés nécessiteux.

## 3 Le revenu de solidarité active (RSA)

Le revenu de solidarité active (RSA) est une allocation qui remplace des minima sociaux existants (le revenu minimum d'insertion et l'allocation de parent isolé) et qui se substitue à des dispositifs d'intéressement de retour à l'emploi. Le RSA est destiné à répondre à ***trois objectifs*** :

→ ***assurer à ses bénéficiaires des moyens convenables d'existence*** ;
→ ***inciter à l'exercice d'une activité professionnelle*** ;
→ ***lutter contre la pauvreté de certains travailleurs, qu'ils soient ou non salariés***.

Le RSA garantit à toute personne, qu'elle soit ou non en capacité de travailler, de disposer d'un revenu garanti et de voir ses ressources augmenter quand les revenus tirés de son travail s'accroissent.

Pour bénéficier du RSA, la personne doit remplir les conditions suivantes :

– ***être âgée*** :
- ***de plus de 25 ans*** ou assumer la charge d'un ou plusieurs enfants nés ou à naître,
- ***de 18 ans au moins et de 25 ans au plus à condition d'avoir travaillé au moins 2 ans sur une période de référence de 3 ans*** précédant la date de la demande ;

– ***résider en France de manière stable et effective*** ;

– ***être français ou, pour la personne étrangère, être titulaire, depuis au moins 5 ans, d'un titre de séjour autorisant à travailler*** (3 mois pour le ressortissant d'un État de l'Union européenne) ;

– ***disposer***, au niveau du foyer, ***de ressources inférieures à un revenu garanti*** : la situation familiale (conjoint, concubin ou partenaire pacsé) et patrimoniale du bénéficiaire est prise en compte.

Le RSA est attribué par le président du conseil général du département dans lequel le demandeur réside ou a élu domicile. La demande de RSA est déposée, au choix du demandeur, auprès d'organismes agréés (services du département, centres communaux d'action sociale, caisses d'allocations familiales, associations ou organismes à but non lucratif, Pôle emploi…).

Lors du dépôt de sa demande de RSA, l'intéressé reçoit une information sur ***les droits et devoirs des bénéficiaires du RSA*** :

- ***le bénéficiaire du RSA a droit à un accompagnement social et professionnel adapté à ses besoins organisé par un référent unique*** ;
- ***le bénéficiaire du RSA est tenu lorsque, d'une part, les ressources du foyer sont inférieures au niveau du montant forfaitaire et, d'autre part, qu'il est sans emploi ou ne tire de l'exercice d'une activité professionnelle que des revenus limités, de rechercher un emploi*** ou d'entreprendre les actions nécessaires à une meilleure insertion sociale ou professionnelle.

Les mêmes droits et devoirs s'appliquent au conjoint du bénéficiaire (concubin ou pacsé).

***Le RSA assure à tout bénéficiaire un revenu garanti (RG)***. Le RSA est obtenu en appliquant les formules suivantes :

**RSA** = Revenu garanti (RG) – Ensemble des ressources du foyer

**RG** = Montant forfaitaire (MF) + 62 % des revenus du foyer

***Le montant forfaitaire (MF) varie en fonction de la composition du foyer et du nombre d'enfants à charge***. Le montant forfaitaire majoré (RSA majoré) est accordé, pendant une période d'une durée de 12 mois, pour une personne isolée assumant la charge d'un ou de plusieurs enfants ou pour une femme isolée en état de grossesse. La durée de la période de majoration est prolongée jusqu'à ce que le dernier enfant ait atteint l'âge de 3 ans.

***Le montant forfaitaire pour une personne seule est égal à 513,88 €, au 1er janvier 2015***.

| Foyer | 0 enfant | 1er enfant | 2e enfant | Par enfant en plus |
|---|---|---|---|---|
| Personne seule | Montant forfaitaire (MF) | + 50 % du MF | + 30 % du MF | + 40 % du MF |
| Couple | + 50 % du MF | + 30 % du MF | + 30 % du MF | + 40 % du MF |
| Parent isolé | 128,40 % du MF | + 42,80 % du MF | + 42,80 % du MF | + 42,80 % du MF |

***Le montant du RSA varie en fonction des revenus du travail et de la composition du foyer*** :

- ***pour une personne ou un couple sans revenu du travail***, le RSA est versé à taux plein (***RSA « socle »***) ;
- ***pour une personne ou un couple ayant de faibles revenus du travail, le RSA « activité »*** constitue un complément de revenu, dégressif au fur et à mesure que ses revenus du travail augmentent. Toute progression de ses revenus du travail se traduit par une baisse du RSA inférieure au montant de cette progression de telle sorte que ses ressources augmentent (62 % des revenus du travail lui restent acquis).

**La prime d'activité**

La loi relative au dialogue social et à l'emploi, adoptée par le Parlement fin juillet 2015, prévoit qu'au 1er janvier 2016, la prime d'activité se substituera à 2 dispositifs : la prime pour l'emploi (dispositif fiscal) et le RSA « *activité* ». La prime d'activité sera versée mensuellement et concernera les personnes rémunérées entre 0,8 à 1,2 SMIC.

Le service du RSA est assuré, dans chaque département, par les CAF et, pour leurs ressortissants, par les caisses de la Mutualité sociale agricole (MSA). Le RSA n'est pas soumis à l'impôt sur le revenu, ni à la CSG, ni à la CRDS.

Le financement du RSA est assuré par une contribution additionnelle de 1,1 % aux contributions sociales sur les revenus du capital.

## 4 La couverture maladie universelle (CMU)

***La couverture maladie universelle (CMU) vise à assurer un réel accès aux soins pour toutes les personnes et leurs familles qui ne relèvent d'aucun régime professionnel*** :

– en garantissant l'affiliation au régime général ;

– en offrant aux plus défavorisés de la population une couverture complémentaire.

L'affiliation au régime général concerne tout résident en situation stable et régulière ne disposant pas de droits ouverts par ailleurs à l'assurance maladie. Cette affiliation est gratuite si le revenu fiscal du foyer est inférieur à 9 601 € (plafond de ressources valable du 1er octobre 2014 au 30 septembre 2015). Au-delà, la cotisation est égale à 8 % appliqué au montant des revenus de l'assuré et de ses ayants droit pris en compte après déduction de l'abattement de base.

La CMU complémentaire (CMU-C) gratuite est ouverte à toute personne résidant sur le territoire français de façon stable, en situation régulière et ne dépassant pas un seuil de revenus. Le seuil de revenus prend en compte le nombre de personnes concernées.

**Plafond annuel de ressources selon la composition du foyer au 1er juillet 2015**

| 1 personne | 2 personnes | 3 personnes | 4 personnes | 5 personnes et plus |
|---|---|---|---|---|
| 8 645 € | majoration de 50 % | majoration de 30 % | majoration de 30 % | majoration de 40 % par personne |

La CMU-C est gérée soit par la caisse primaire d'assurance maladie à laquelle le bénéficiaire est rattaché, soit par un organisme complémentaire : une mutuelle, une assurance ou un régime de prévoyance.

Les droits à la CMU complémentaire sont ouverts pour un an et réexaminés chaque année.

Toute personne dont les revenus dépassent de plus de 35 % les plafonds de ressources de la CMU-C a droit à une ***aide au paiement d'une complémentaire santé (ACS)***. Le montant annuelle de l'ACS varie selon l'âge du bénéficiaire : moins de 25 ans : 100 € ; de 25 à 49 ans : 200 € ; de 49 à 59 ans : 350 € ; 60 ans et plus : 550 €.

Les bénéficiaires de la CMU sont pris en charge intégralement (ticket modérateur et forfait hospitalier compris). Ils bénéficient pour les prestations prises en charge par la CMU de la dispense d'avance des frais (le *tiers payant*). Concernant les prothèses dentaires ou auditives et les lunettes, ils bénéficient d'une prise en charge supérieure au tarif de la Sécurité sociale.

Le bénéficiaire de la CMU est soumis à la contribution forfaitaire de 1 € ; s'il bénéficie de la CMU-C, il en est exonéré.

# La prévoyance complémentaire

Chapitre **25**

## 1 La complémentaire frais de santé

### A – La couverture minimale obligatoire

La couverture minimale obligatoire comprend la prise en charge totale ou partielle des dépenses suivantes :

- ***la participation de l'assuré*** aux tarifs servant de base au calcul des prestations des organismes de Sécurité sociale pour les prestations couvertes par les régimes obligatoires (maladie, maternité ou accident), ***à savoir le ticket modérateur*** (*cf.* chapitre 21) ;
- ***le forfait journalier hospitalier*** (*cf.* chapitre 21) ;
- ***les frais exposés***, en sus des tarifs de responsabilité, ***pour les soins dentaires*** prothétiques ou d'orthopédie dentofaciale ***et pour certains dispositifs médicaux à usage individuel*** admis au remboursement comme les frais d'optique.

***L'employeur assure au minimum la moitié du financement de cette couverture***.

### B – La mise en place de la complémentaire frais de santé

Au plus tard le 1er janvier 2016, tous les salariés doivent bénéficier d'une couverture complémentaire frais de santé d'un niveau au moins équivalent à la couverture minimale obligatoire.

La couverture complémentaire frais de santé peut être mise en place :

- ***par une négociation de branche*** : les organisations liées par une convention collective de branche ou, à défaut, par des accords professionnels engagent une négociation afin de permettre aux salariés qui ne bénéficient pas d'une couverture complémentaire frais de santé obligatoire, un niveau de leur branche ou de leur entreprise, d'accéder à une telle couverture ;
- ***par une négociation d'entreprise*** : l'employeur engage, dans le cadre de la NAO, une négociation en vue d'instaurer une couverture complémentaire frais de santé obligatoire dès lors que les salariés de l'entreprise ne bénéficient pas d'une telle couverture ;
- ***par une décision unilatérale de l'employeur*** : l'employeur doit, dès lors que ses salariés ne bénéficient pas d'une telle couverture, la mettre en place par décision unilatérale. Les salariés sont informés de cette décision.

## 2 La complémentaire prévoyance

*La complémentaire prévoyance couvre* :

– *le risque de décès* ;

– *les risques portant atteinte à l'intégrité physique de la personne ou liés à la maternité* ;

– *les risques d'incapacité de travail ou d'invalidité*.

Elle peut être mise en place par convention ou accord collectif, à la suite de la ratification à la majorité des intéressés d'un projet d'accord proposé par l'employeur ou par une décision unilatérale de l'employeur constatée dans un écrit remis par celui-ci à chaque intéressé.

## 3 Les organismes assureurs

Le choix de l'organisme assureur de la complémentaire frais de santé ou prévoyance est précédé d'une mise en concurrence préalable des différents organismes concernés, à savoir :

- *les institutions de prévoyance* : elles sont gérées paritairement. Chaque conseil d'administration doit être composé pour moitié de représentants employeurs et pour moitié de représentants soit du CE si l'institution de prévoyance est créée dans le cadre d'une entreprise ou de plusieurs entreprises, soit de salariés ou retraités ;
- *les sociétés mutualistes* : elles ont des compétences territoriales ou professionnelles déterminées. Elles peuvent se regrouper en unions et fédérations. La participation des adhérents à l'administration de leur mutuelle caractérise l'esprit mutualiste. En cas de prévoyance collective, elle est gérée paritairement comme l'institution de prévoyance ;
- *les compagnies d'assurance* : elles peuvent participer à la prévoyance dans le cadre des contrats d'assurance de groupe au profit d'un ensemble de personnes présentant des caractères communs et relevant des mêmes conditions techniques pour la couverture d'un ou plusieurs risques.

## 4 La portabilité des garanties santé et prévoyance

***Les salariés, garantis collectivement par une complémentaire frais de santé et éventuellement par une complémentaire prévoyance, bénéficient du maintien à titre gratuit de cette couverture en cas de cessation du contrat de travail***, non consécutive à une faute lourde, ***ouvrant droit à prise en charge par le régime d'assurance chômage***.

Le maintien des garanties est applicable à compter de la date de cessation du contrat de travail et pendant une durée égale à la période d'indemnisation du chômage, dans la limite de la durée du dernier contrat de travail, ***sans pouvoir excéder 12 mois***.

L'employeur signale le maintien de ces garanties dans le certificat de travail et informe l'organisme assureur de la cessation du contrat de travail.

# L'indemnisation des salariés sans emploi

Chapitre **26**

Le régime d'indemnisation du chômage comporte :

- ***un régime d'assurance-chômage*** financé par les cotisations des salariés et des employeurs et versant un revenu de remplacement aux chômeurs remplissant les conditions : ***l'allocation d'aide au retour à l'emploi (ARE)*** ;
- ***un régime de solidarité*** financé par l'État et par une contribution de solidarité à la charge des agents du secteur public et versant un revenu de remplacement aux personnes se trouvant dans des situations particulières :
  - ***l'allocation temporaire d'attente (ATA)***,
  - ***l'allocation de solidarité spécifique (ASS)***.

## 1 Le régime d'assurance-chômage

Le régime d'assurance-chômage, d'origine conventionnelle, est ***géré paritairement*** dans le cadre de l'UNEDIC (Union nationale interprofessionnelle pour l'emploi dans l'industrie et le commerce) par les organisations syndicales représentatives des salariés et par les organisations patronales signataires de la convention. La gestion du régime d'assurance-chômage est assurée par Pôle emploi (*cf.* chapitre 6).

La convention met en place un dispositif où indemnisation et aide au retour à l'emploi sont liées. Elle assure aux salariés involontairement privés d'emploi, par l'intermédiaire de Pôle emploi, un revenu de remplacement dénommé ***allocation d'aide au retour à l'emploi (ARE)*** pendant une durée déterminée. Le demandeur de l'allocation est soutenu dans ses efforts de recherche d'emploi dans le cadre d'un ***projet personnalisé d'accès à l'emploi (PPAE)***.

Elle assure le financement du régime d'assurance-chômage par une double contribution patronale et salariale calculée sur la même assiette que pour les cotisations destinées au financement de la Sécurité sociale, dans la limite de 4 fois le plafond de la Sécurité sociale. Elle peut majorer ou minorer les taux des contributions en fonction de la nature du contrat de travail, de sa durée, du motif de recours au contrat d'une telle nature, de l'âge du salarié ou de la taille de l'entreprise.

Une nouvelle convention, conclue pour une durée de 24 mois, est entrée en vigueur le 1er juillet 2014.

**Barème des contributions au 1er janvier 2015**

| | |
|---|---|
| **Contribution employeur[1]** | **4,00 %** |
| **Contribution salarié** | **2,40 %** |

1. Le montant de la contribution employeur est majoré pour les CDD d'une durée inférieure ou égale à 3 mois. Il est fixé à 7 % pour le CDD inférieur à un mois, à 5,5 % pour le CDD de 1 à 3 mois et à 4,5 % pour le CDD d'usage inférieur à 3 mois (*cf.* chapitre 7). Ces taux ne s'appliquent pas si le salarié est embauché en CDI à l'issue du CDD.
Le CDD conclu en vue du remplacement d'un salarié ou du chef d'entreprise ainsi que le CDD correspondant à un emploi saisonnier sont exclus de ses dispositions.

L'employeur est responsable du versement (le recouvrement) auprès de l'URSSAF des cotisations patronales et salariales précomptées sur les rémunérations.

## *A – Les droits et les devoirs du demandeur d'emploi*

***Le demandeur d'emploi immédiatement disponible pour occuper un emploi est orienté et accompagné dans sa recherche d'emploi par Pôle emploi***. Il est tenu :

- *de participer à la définition et à l'actualisation du projet personnalisé d'accès à l'emploi (PPAE)* ;
- *d'accomplir des actes positifs et répétés de recherche d'emploi* ;
- *d'accepter les offres raisonnables d'emploi*.

### 1) Le projet personnalisé d'accès à l'emploi (PPAE)

Le projet personnalisé d'accès à l'emploi (PPAE) est élaboré, au plus tard 15 jours après l'inscription au chômage, puis actualisé tous les 3 mois conjointement par le demandeur d'emploi et Pôle emploi ou, en liaison avec elle, par tout organisme participant au service public de l'emploi.

Le PPAE précise, en tenant compte de la formation du demandeur d'emploi, de ses qualifications, de ses connaissances et compétences acquises au cours de ses expériences professionnelles, de sa situation personnelle et familiale ainsi que de la situation du marché du travail local, la nature et les caractéristiques de l'emploi ou des emplois recherchés, la zone géographique privilégiée et le niveau de salaire attendu.

Le PPAE retrace les actions que Pôle emploi s'engage à mettre en œuvre dans le cadre du service public de l'emploi, notamment en matière d'accompagnement personnalisé et, le cas échéant, de formation et d'aide à la mobilité.

### 2) L'offre raisonnable d'emploi (ORE)

*La nature et les caractéristiques de l'emploi ou des emplois recherchés, la zone géographique privilégiée et le salaire attendu, tels que mentionnés dans le PPAE, sont constitutifs de l'offre raisonnable d'emploi (ORE)*.

Le PPAE est actualisé périodiquement. Lors de cette actualisation, les éléments constitutifs de l'offre raisonnable d'emploi sont révisés notamment pour accroître les perspectives de retour à l'emploi.

Lorsque le demandeur d'emploi est inscrit sur la liste des demandeurs d'emploi, est considérée comme raisonnable :

- ***durant les 3 premiers mois***, tout offre d'emploi qui s'inscrit dans son PPAE et est au moins rémunéré au salaire antérieurement perçu ;
- ***au-delà des 3 premiers mois***, tout offre d'emploi compatible avec ses qualifications et compétences professionnelles et rémunéré à 95 % du salaire antérieurement perçu ;
- ***au-delà des 6 mois***, tout offre d'emploi répondant à ses qualifications et compétences professionnelles, rémunéré à 85 % du salaire antérieurement perçu et entraînant à l'aller un temps de trajet en transport en commun, entre le domicile et le lieu de travail, d'une durée maximale d'une heure ou une distance à parcourir d'au plus 30 km ;
- ***après un an d'inscription***, tout offre d'emploi compatible avec ses qualifications et ses compétences professionnelles, rémunéré au moins à hauteur du revenu de remplacement et entraînant à l'aller un temps de trajet en transport en commun, entre le domicile et le lieu de travail, d'une durée maximale d'une heure ou une distance à parcourir d'au plus 30 km.

Si le demandeur d'emploi suit une formation prévue dans son PPAE, les durées mentionnées ci-dessus sont prorogées du temps de cette formation.

Les dispositions définissant l'ORE ne peuvent obliger le demandeur d'emploi à accepter un niveau de salaire inférieur au salaire normalement pratiqué dans la région et dans la profession concernée. Elles s'appliquent sous réserve des autres dispositions légales et des stipulations conventionnelles en vigueur, notamment celles relatives au SMIC. Si le PPAE prévoit que le ou les emplois recherchés sont à temps complet, le demandeur d'emploi ne peut être obligé d'accepter un emploi à temps partiel.

### 3) Le contrôle de la recherche d'emploi et les sanctions

***Tout demandeur d'emploi est tenu d'accomplir de manière permanente des actes positifs et répétés en vue de retrouver un emploi, de créer ou reprendre une entreprise***. Ces démarches doivent avoir un caractère réel et sérieux apprécié compte tenu de la situation du demandeur d'emploi et de la situation locale de l'emploi. Faute de quoi, il s'expose :

- soit à une réduction de 20 % ou 50 % pendant de 2 à 6 mois de son allocation de chômage, à sa suspension pendant 2 à 6 mois ou à sa suppression. La mesure est pronocée par le préfet ;
- soit à une radiation de la liste des demandeurs d'emploi pendant une durée qui peut aller de 15 jours à 12 mois. La radiation est prononcée par Pôle emploi.

Est radiée de la liste des demandeurs d'emploi la personne qui :

- soit ne peut justifier de l'accomplissement d'actes positifs et répétés en vue de retrouver un emploi, de créer ou de reprendre une entreprise ;
- soit, sans motif légitime, refuse à 2 reprises une offre raisonnable d'emploi ;
- soit, sans motif légitime :
  - refuse d'élaborer ou d'actualiser le projet personnalisé d'accès à l'emploi,
  - refuse de répondre à toute convocation des services de Pôle emploi,

- refuse de suivre une action de formation ou d'aide à la recherche d'emploi proposée par Pôle emploi et s'inscrivant dans le cadre du PPAE,
- refuse de se soumettre à une visite médicale auprès des services médicaux de main-d'œuvre destinée à vérifier son aptitude au travail ou à certains types d'emploi,
- refuse une proposition de contrat d'apprentissage ou de contrat de professionnalisation,
- refuse une action d'insertion ou une offre de contrat aidé (*cf.* chapitre 7) ;

– soit a fait de fausses déclarations pour être ou demeurer inscrite sur cette liste.

La radiation est prononcée par Pôle emploi.

Il est créé, au sein de Pôle emploi, un médiateur national, assisté de médiateurs régionaux, dont la mission est de recevoir et de traiter les réclamations individuelles relatives au fonctionnement de Pôle emploi, sans préjudice des voies de recours existantes.

## B – Les conditions d'attribution de l'allocation d'aide au retour à l'emploi (ARE)

***La signature du PPAE entraîne le versement de l'allocation d'aide au retour à l'emploi (ARE)*** ainsi que l'accès aux services facilitant le retour à l'emploi.

***Les conditions d'attribution de l'ARE*** sont :

- ***n'avoir pas quitté volontairement son dernier emploi***. La cessation du contrat de travail doit résulter :
  - d'un licenciement,
  - d'une rupture conventionnelle,
  - d'une fin de CDD,
  - d'une rupture anticipée d'un CDD à l'initiative de l'employeur,
  - d'une rupture de contrat pour cause économique,
  - d'une démission considérée comme légitime ;
- ***être inscrit comme demandeur d'emploi*** auprès de Pôle emploi ou accomplir une action de formation inscrite dans le PPAE ;
- ***justifier d'une période d'affiliation préalable*** à la rupture du contrat ;
- ***être à la recherche effective et permanente d'un emploi*** ;
- ***ne pas pouvoir prendre sa retraite à taux plein à l'âge légal de départ à la retraite*** ; toutefois, la personne qui, à l'âge légal de départ à la retraite, ne justifie pas du nombre de trimestres d'assurance requis, tous régimes confondus, pour percevoir une pension à taux plein, peut bénéficier des allocations jusqu'à justification de ce nombre de trimestres et, au plus tard, jusqu'à l'âge requis pour bénéficier d'une retraite à taux plein, sans atteindre le nombre de trimestres requis (*cf.* chapitre 20) ;
- ***être physiquement apte à l'exercice d'un emploi*** ;
- ***résider sur le territoire national***.

## C – Le montant de l'ARE

***Le montant journalier de l'ARE est déterminé à partir de 2 méthodes de calcul, la plus avantageuse pour l'allocataire étant retenue***. Un minimum et un maximum sont institués.

Le montant de l'allocation est revalorisé chaque année au 1er juillet.

| **Montant journalier de l'allocation au 1er juillet 2015** | | |
|---|---|---|
| 40,4 % du salaire journalier de référence (sjr)<br>+<br>11,76 € (partie fixe) | ou | 57 % du salaire journalier de référence (sjr) |
| minimum : 28,67 €/j<br>maximum : 75 % du sjr | | |

***Le salaire de référence*** correspond à l'ensemble des rémunérations brutes, soumises aux cotisations de l'assurance chômage, perçues au titre des 12, 8, 6 ou 4 derniers mois civils qui précèdent le dernier jour de travail payé (coefficient réducteur pour le travailleur saisonnier). Les indemnités de 13e mois, les primes de bilan, les gratifications perçues au cours de cette période ne sont retenues que pour la fraction afférente à ladite période. ***Le salaire journalier de référence*** (sjr) s'obtient en divisant le salaire de référence par le nombre de jours correspondant (dimanche inclus).

Le taux de remplacement du salaire antérieur par l'ARE est communiqué au bénéficiaire à la fois en pourcentage du salaire net et en pourcentage du salaire brut.

La partie fixe de l'ARE et l'allocation minimale sont minorées lorsque le bénéficiaire était employé à temps partiel. Le coefficient de réduction est proportionnel à l'horaire particulier de l'intéressé.

Une allocation journalière « *plancher* », fixée à 20,54 €, est garantie à tout bénéficiaire accomplissant une action de formation dans le cadre du PPAE même s'il avait auparavant un horaire de travail réduit.

## D – La durée de versement de l'ARE

***L'ARE est accordée pendant une durée variable selon l'âge et/ou la durée d'affiliation***.

| **Durées** | **Âge de l'allocataire** | |
|---|---|---|
| | **Moins de 50 ans** | **50 ans et plus** |
| **Durée minimum d'affiliation et période de référence** | Minimum 4 mois d'activité au cours des 28 derniers mois | Minimum 4 mois d'activité au cours des 36 derniers mois |
| **Durée d'indemnisation** | Durée d'indemnisation = Durée d'affiliation | |
| **Durée maximale d'indemnisation** | 24 mois | 36 mois |

Pour déterminer la durée d'affiliation (au terme du préavis effectué ou non), seules les périodes n'ayant pas déjà servi à ouvrir des droits sont prises en compte. Elle est calculée en jours d'affiliation ou en heures de travail. L'âge s'apprécie à la fin du contrat (terme du préavis exécuté ou non).

L'allocataire atteignant l'âge légal de départ à la retraite peut, sous réserve de remplir les autres conditions, conserver le bénéfice du versement de l'ARE jusqu'à ce qu'il puisse liquider sa retraite à taux plein ou, au plus tard, jusqu'à l'âge requis pour bénéficier d'une retraite à taux plein.

Le versement de l'ARE est interrompu à compter du jour où l'allocataire retrouve une activité professionnelle salariée ou non, a épuisé ses droits ou est exclu du revenu de remplacement pour non-application du PPAE.

Le versement de l'ARE est aussi interrompu lorsque l'allocataire perçoit des prestations en espèces versées par la Sécurité sociale ou bénéficie de la prestation partagée d'éducation de l'enfant.

L'allocation est versé pour chaque jour calendaire.

## E – Le différé d'indemnisation

***Le point de départ de l'indemnisation est fixé au lendemain de la fin du contrat de travail (fin du préavis exécuté ou non) augmenté*** :

– ***d'un délai d'attente de 7 jours*** (sauf en cas de réadmission intervenant dans un délai de 12 mois à compter de la précédente admission) ;

– ***d'un différé de congés payés***, le nombre de jours de ce differé est égal à :

$$\frac{\text{Indemnité compensatrice de congés payés versée par le dernier employeur}}{\text{Salaire journalier de référence}} = x \text{ jours (arrondi à l'entier inférieur)}$$

– ***d'un différé spécifique si le salarié a perçu une indemnité de licenciement supérieure à l'indemnité légale de licenciement***. Le nombre de jours de ce differé spécifique est égal à :

$$\frac{\text{Indemnité perçue} - \text{Indemnité légale de licenciement}}{90} = x \text{ jours (arrondi à l'entier inférieur)}$$

Ce différé spécifique est limité à 180 jours (75 jours pour les salariés ayant perdu leur emploi suite à un licenciement pour motif économique).

## F – L'exercice d'une activité réduite ou conservée

Le cumul entre revenu d'activité reprise en cours d'indemnisation d'une part, et l'ARE d'autre part, est possible tout au long de la période d'indemnisation, quel que soit le volume d'heures travaillées ou le montant de la rémunération issue de l'activité reprise ou conservée.

L'allocation versée est calculée selon la formule suivante :

$$\text{Allocation mensuelle due} = \text{Allocation mensuelle sans activité} - 70\ \%\ \text{de la rémunération brute issue de l'activité réduite}$$

Un nombre de jours indemnisés dans le mois est établi sur la base de l'allocation mensuelle due.

Le cumul entre revenu d'activité reprise et l'ARE est plafonné au niveau du salaire antérieur de référence ayant servi au calcul de l'indemnité.

## G – Les droits rechargeables

L'allocataire qui reprend un emploi sans avoir épuisé ses droits à l'ARE cumule les droits acquis au titre de cette nouvelle activité avec les droits antérieurs non utilisés (applicable au 1er octobre 2014).

***Les modalités de calcul des droits rechargeables*** sont les suivantes :

- ***lors de l'ouverture des droits à indemnisation***, l'allocataire est informé des modalités de calcul, du montant de son allocation, ainsi que de la date du permier jour de paiement de l'ARE et de la durée totale d'indemnisation prévisionnelle. L'ARE ainsi calculée est versée jusqu'à épuisement du capital de droits initial ;
- ***à l'épuisement du capital de droits initial***, il est procédé à une recherche des éventuelles périodes d'activité ouvrant droit à indemnisation : une ou plusieurs périodes d'activité représentant au moins 150 heures de travail ouvrent droit à un rechargement des droits. Un nouveau capital de droits est calculé sur la base de l'ensemble des périodes d'activité ayant servi au rechargement, ainsi qu'une nouvelle durée d'indemnisation.

Le rechargement des droits est automatique, indifférement du maintien ou non de la personne sur la liste des demandeurs d'emploi en cas de reprise d'activité.

## H – Les droits des salariés « multi-employeurs »

En cas de perte de l'activité conservée, les rémunérations et l'affiliation afférentes à cette activité sont prises en compte dans leur totalité pour la détermination du nouveau droit, dans les conditions suivantes :

- le cumul du capital restant initial avec le capital de l'activité conservée qui a été perdue ;
- l'ARE versée est égale au cumul de l'allocation initiale avec l'allocation correspondant à la perte de l'activité conservée ;
- la durée d'indemnisation est déterminée par le quotient du nouveau capital par la nouvelle allocation.

L'allocation est intégralement cumulable avec les revenus tirés de l'activité occassionnelle ou réduite conservée.

## I – Les droits sociaux des chômeurs

Le chômeur indemnisé conserve sa qualité d'assuré social – c'est-à-dire son droit aux prestations en nature et en espèces – pendant toute la durée du versement de l'allocation. À la fin de son indemnisation, il conserve ses droits ouverts pendant 1 an et au-delà s'il est toujours inscrit auprès de Pôle emploi. Il continue de percevoir les prestations familiales auxquelles il peut prétendre.

Le chômeur bénéficie gratuitement du maintien des garanties de la complémentaire frais de santé et prévoyance dont il bénéficiait avant la rupture de son contrat de travail, dans la limite de son dernier contrat de travail, sans pouvoir excéder 12 mois (*cf.* chapitre 25).

Le chômage est assimilé comme temps de travail effectif pour la détermination des droits à la retraite de la Sécurité sociale.

En cas de décès d'un chômeur indemnisé, Pôle emploi verse à son conjoint une somme égale à 120 fois le montant journalier de l'allocation perçue par le défunt (majoration de 45 fois ce montant par enfant à charge).

L'ARE est assujettie à l'impôt sur le revenu, à la CSG et à la CRDS. Une cotisation de 3 % est aussi prélevée pour financer les retraites complémentaires sur la base du salaire journalier de référence.

## 2 Le régime de solidarité

Le régime de solidarité est ***entièrement à la charge de l'État*** qui perçoit une contribution de solidarité versée par les agents de service public. Les allocations sont versées par Pôle emploi.

### A – L'allocation temporaire d'attente (ATA)

L'allocation temporaire d'attente (ATA) est versée aux détenus libérés, aux salariés expatriés non couverts par le régime d'assurance-chômage et aux demandeurs d'asile pendant la durée d'instruction de leur demande.

L'ATA est versée pour une durée d'un an. La situation de l'allocataire est réexaminée au bout de 6 mois. Pour bénéficier de l'allocation, il faut :

- ***être inscrit auprès de Pôle emploi*** ;
- ***ne pas dépasser un plafond de ressources*** ; le montant de l'allocation ainsi que les autres ressources de l'intéressé sont prises en compte mais pas les allocations familiales : 90 fois le montant de l'allocation pour une personne seule (180 fois pour un couple).

L'ATA est une allocation différentielle. Le bénéficiaire la perçoit jusqu'à concurrence du plafond.

L'ATA est incessible et insaisissable.

| Bénéficiaires de l'ATA | Conditions particulières | Montant |
|---|---|---|
| • Détenus libérés | Justifier d'une durée de détention supérieure à 2 mois. | 11,45 €/j au 1/1/2015 |
| • Salariés expatriés | Justifier d'une durée de travail de 6 mois au cours des 12 mois précédant la fin du contrat de travail. | |
| • Demandeurs d'asile | | |
| | Ne pas dépasser un plafond de ressources mensuelles dans les 3 catégories de bénéficiaires. | |

### B – L'allocation de solidarité spécifique (ASS)

Tout chômeur de longue durée ayant épuisé ses droits à l'ARE ou à l'AFF peut bénéficier de l'allocation de solidarité spécifique (ASS), à condition :

- ***de satisfaire à des conditions d'activité antérieure*** ;
- ***de ne pas dépasser un plafond de ressources*** ; le montant de l'allocation ainsi que les autres ressources de l'intéressé sont prises en compte mais pas les allocations familiales : 70 fois le montant journalier de l'allocation pour une personne seule (110 fois pour un couple).

L'ASS est attribuée par périodes de 6 mois, renouvelables. Elle cesse d'être versée lorsque le demandeur d'emploi peut bénéficier d'une retraite à taux plein à l'âge légal de départ à la retraite ou a atteint l'âge requis pour bénéficier d'une retraite à taux plein.

L'ASS est une allocation différentielle. Le bénéficiaire la perçoit jusqu'à concurrence du plafond.

| Bénéficiaires de l'ASS | Durée d'activité exigée | Montant |
|---|---|---|
| ***Chômeur de longue durée*** remplissant les conditions suivantes :<br>– avoir épuisé ses droits à l'ARE ;<br>– être bénéficiaire de l'ARE, âgé d'au moins 55 ans, et avoir opté pour l'ASS ;<br>– chercher un emploi ;<br>– ne dépasser pas un plafond de ressources ;<br>– ne pas avoir atteint l'âge légal de départ à la retraite ou l'âge requis pour bénéficier d'une retraite à taux plein s'il ne remplit pas les conditions pour bénéficier d'une retraite à taux plein à l'âge légal de départ à la retraite. | 5 ans pendant les 10 dernières années (réduction d'un an par enfant élevé ou à charge dans la limite de 3 ans) | 16,25 €/j au 1/1/2015 |

## 3 Le régime d'activité partielle

***L'activité partielle des salariés a pour objectif de permettre à une entreprise de réduire l'horaire de travail en deçà de la durée légale du travail ou de fermer temporairement tout ou partie de l'entreprise plutôt que de procéder à des licenciements***. Ce dispositif, issu de la loi relative à la sécurisation de l'emploi, se substitue au chômage partiel.

***Les salariés sont placés en position d'activité partielle, après autorisation expresse ou implicite de l'UT DIRECCTE, s'ils subissent une perte de rémunération imputable :***

→ ***soit à la fermeture temporaire de tout ou partie de leur entreprise ;***

→ ***soit à la réduction de l'horaire de travail en deçà de la durée légale de travail.***

Les situations permettant à l'employeur de recourir à l'activité partielle sont les suivantes :

– la conjoncture économique ;

– des difficultés d'approvisionnement en matières premières ou en énergie ;

– un sinistre ou des intempéries de caractère exceptionnel ;

– la transformation, restructuration ou modernisation de l'entreprise ;

– toute autre circonstance de caractère exceptionnel.

En cas de réduction collective de l'horaire de travail, les salariés peuvent être placés en position d'activité partielle individuellement et alternativement.

Le contrat de travail des salariés placés en activité partielle est suspendu pendant les périodes où ils ne sont pas en activité.

Avant la mise en activité partielle effective des salariés, l'employeur doit :

- ***consulter le CE ou, à défaut, les DP, s'il en existe*** : la consultation donne lieu à un avis préalable sur la nécessité et les modalités du recours à l'activité partielle ;
- ***adresser à l'UT DIRECCTE une demande d'autorisation*** : elle précise les motifs justifiant le recours à l'activité partielle, sa durée prévisible, le nombre de salariés concernés et la durée du travail habituellement effectuée par eux. Elle est accompagnée de l'avis émis du CE (ou DP). La décision d'acceptation ou de refus motivé est notifié à l'employeur dans un délai de 15 jours à compter de la date de réception de la demande d'autorisation. L'absence de décision dans ce délai vaut acceptation implicite de la demande.

  Si l'employeur a déjà recouru à l'activité partielle au cours des 36 derniers mois précédant le dépôt d'une demande d'autorisation, il doit préciser dans cette demande les engagements qu'il propose de souscrire (obligation de maintien dans l'emploi, formation des salariés...). L'UT DIRECCTE fixe ces engagements et les notifie dans la décision d'autorisation en tenant compte de la situation de l'entreprise et des stipulations de l'accord d'entreprise relatif à l'activité partielle, lorsqu'il existe.

***Le salarié placé en activité partielle reçoit une indemnité horaire***, versée par son employeur, correspondant à ***70 % de sa rémunération brute antérieure***. Il peut bénéficier, pendant les périodes où il n'est pas en activité, de l'ensemble des actions de formation pouvant être réalisées notamment dans le cadre du plan de formation. Dans ce cas, l'indemnité horaire est portée à 100 % de la rémunération nette antérieure du salarié. Tout salarié travaillant à temps complet ou à temps partiel, quel que soit le montant de son salaire, peut bénéficier des dispositions concernant l'indemnisation de l'activité partielle.

Lorsqu'un salarié travaillant à temps complet perçoit au cours d'un mois, à titre de salaire et d'indemnité d'activité partielle, une somme inférieure au SMIC net, il lui est alloué une allocation complémentaire destinée à combler cet écart. Cette allocation est à la charge de l'employeur.

L'employeur perçoit une allocation d'activité partielle financée conjointement par l'État et l'UNEDIC, selon des modalités déterminées par la convention conclue entre l'État et l'UNEDIC. Le taux horaire de l'allocation d'activité partielle est fixé à :

- 7,74 € pour les entreprises de 1 à 250 salariés ;
- 7,23 € pour les entreprises de plus de 250 salariés.

Les heures non travaillées au titre de l'activité partielle font l'objet du versement de l'allocation dans la limite de la durée légale ou, lorsqu'elle est inférieure, dans la limite de la durée collective du travail ou de celle stipulée au contrat sur la période considérée.

***L'allocation d'activité partielle est attribuée dans la limite d'un contingent annuel d'heures indemnisables*** fixé, en tenant compte de la situation économique, par arrêté du ministre du Travail, de l'Emploi, de la Formation professionnelle et du Dialogue social. Ce contingent annuel d'heures indemnisables est fixé à ***1 000 heures*** pour l'ensemble des branches professionnelles. Une autorisation d'activité partielle peut être accordée pour une durée maximum de 6 mois. Elle peut être renouvelée en contrepartie d'engagements spécifiques souscrits par l'employeur.

Les salariés du bâtiment bénéficient d'un régime particulier concernant les arrêts de travail dus aux conditions atmosphériques : le chômage-intempérie.

# Bibliographie

## 1 Les ouvrages de référence


*ÉDITIONS DALLOZ-SIREY*

RADÉ (C.), collectif, *Code du travail*, Coll. « Codes Dalloz » , 2015.

*GUALINO ÉDITEUR*

DUQUESNE (F.), *Droit du travail*, Coll. « *Mémentos LMD* », 10e éd., 2015.

GRANDGUILLOT (D.), *Carré DCG 3 – Droit social*, Coll. « Expertise comptable », 6e éd., 2015/2016.

GRANDGUILLOT (D.), *La paie*, Coll. « En poche », 5e éd, 2015.

GRANDGUILLOT (D.), *Social*, Coll. « En poche », 8e éd 2015.

GRANDGUILLOT (D.), *L'essentiel du Droit du travail*, Coll. « Carrés Rouge », 15e éd., 2015.

GRANDGUILLOT (D.), *L'essentiel du droit de la Sécurité sociale*, Coll. « Carrés Rouge », 14e éd., 2015.

POUSSON (A.), NÉRON (S.), *Exercices corrigés de Droit du travail*, Coll. « Exos LMD », 3e éd., 2013

*ÉDITIONS GROUPE REVUE FIDUCIAIRE*

DE LA VILLEGUÉRIN (Y. de), collectif, *Social 2011*, 34e éd., 2015.

LARDY-PÉLISSIER (B.), PÉLISSIER (J.), ROSET (A.), THOLY (L.), *Le code du travail annoté*, 2015.

*ÉDITIONS LIAISONS*

FRICOTTE (I.), MARCON (A.), d'ORNANO (M.), ROUSSEAU (D.), *Mémo social*, 2015.

## 2 Les périodiques

***ÉDITIONS FRANCIS LEFEBVRE :*** Feuillet rapide social.

***ÉDITIONS GROUPE REVUE FIDUCIAIRE :*** La revue fiduciaire FR SOCIAL.

***ÉDITIONS LIAISONS :*** Social pratique.

## 3 Les sites internet

- Accueil RF Social : *http://rfsocial.grouperf.com*
- Assemblée nationale : *http://www.assemblee-nationale.fr*
- CFDT : Confédération française démocratique du travail : *http://www.cfdt.fr*
- CFE – CGC : Confédération française de l'encadrement – Confédération générale des cadres : *http://www.cfecgc.org*
- CGT : Confédération générale du travail : *http://www.cgt.fr*
- Conseil économique, social et environnemental : *http://www.lecese.fr*
- Éditions Francis Lefebvre : *http://www.efl.fr*
- FO : Confédération générale du travail – Force ouvrière : *http://www.force-ouvriere.fr*
- Legifrance – Le service public de la diffusion du droit : *http://www.legifrance.gouv.fr*
- MEDEF : Mouvement des entreprises de France : *http://www.medef.fr*
- Ministère des Affaires sociales et de la Santé : *http://www.social-sante.gouv.fr*
- Ministère du Travail, de l'Emploi et du Dialogue social : *http://www.travail-emploi.gouv.fr*
- Organisation internationale du travail : *http://www.ilo.org*
- Pôle emploi : *http://www.pole-emploi.fr*
- Revenu de solidarité active (RSA) : *http://www.rsa.gouv.fr*
- Sécurité sociale : *http://www.securite-sociale.fr*
- Sénat : *http://www.senat.fr*
- UPA : Union Professionnelle Artisanale : *http://www.upa.fr*

# Index

## A



## B



## C

Cet ouvrage a été achevé d'imprimer dans les ateliers de Leitzaran (Espagne)
Numéro d'impression : 296 - Dépôt légal : Août 2015